本书系2018年度国家社科基金项目"从德国古典哲学到古典实用主义认识论：承接、转换及当代效应"（项目编号：18BZX096）和2020年度黑龙江省省属高等学校基本科研业务费科研项目"狄尔泰构造性伦理学思想研究"（项目编号：2020-KYYWF-0948）的研究成果。

　　黑龙江大学学科建设经费资助

光明社科文库
GUANGMING DAILY PRESS:
A SOCIAL SCIENCE SERIES

·政治与哲学书系·

狄尔泰构造性伦理学思想研究

张丽娜 | 著

光明日报出版社

图书在版编目（CIP）数据

狄尔泰构造性伦理学思想研究 / 张丽娜著 . -- 北京：
光明日报出版社，2023.6
ISBN 978 - 7 - 5194 - 7309 - 9

Ⅰ. ①狄⋯ Ⅱ. ①张⋯ Ⅲ. ①狄尔泰（Dilthey,
Wilhelm 1833-1911）—伦理学—哲学思想—研究 Ⅳ.
①B516. 59 ②B82-095. 16

中国国家版本馆 CIP 数据核字（2023）第 113713 号

狄尔泰构造性伦理学思想研究
DI'ERTAI GOUZAOXING LUNLIXUE SIXIANG YANJIU

著　　者：张丽娜

责任编辑：郭思齐　　　　　　　　　责任校对：史　宁　李佳莹
封面设计：中联华文　　　　　　　　责任印制：曹　净

出版发行：光明日报出版社
地　　址：北京市西城区永安路 106 号，100050
电　　话：010-63169890（咨询），010-63131930（邮购）
传　　真：010-63131930
网　　址：http://book. gmw. cn
E - mail：gmrbcbs@ gmw. cn
法律顾问：北京市兰台律师事务所龚柳方律师

印　　刷：三河市华东印刷有限公司
装　　订：三河市华东印刷有限公司
本书如有破损、缺页、装订错误，请与本社联系调换，电话：010-63131930

开　　本：170mm×240mm
字　　数：219 千字　　　　　　　　印　　张：17
版　　次：2023 年 6 月第 1 版　　　　印　　次：2023 年 6 月第 1 次印刷
书　　号：ISBN 978 - 7 - 5194 - 7309 - 9
定　　价：95. 00 元

前　言

　　对伦理学问题的关注贯穿狄尔泰的哲学生涯，也真实反映和深刻影响了他的思想发展与变化。当时德国乃至欧洲的社会文化背景以及各种思想传统，均对他的伦理学思想乃至"历史理性批判"整体思想的产生、发展和变化有着重要影响。狄尔泰的"历史理性批判"，本质上是一种基于完整的生命经验，从鲜活的历史进程出发的认识论意义上的批判。在整个"历史理性批判"工程的实施和展开过程中，伦理学与源于生活实践的诸门具体精神科学之间存在着紧密的天然联系。诸门具体精神科学都是在社会和生活的实践需求中被建立起来的，因此必然包含价值判断与道德规范方面的内容。狄尔泰显然并不赞成对生命事实和道德规范作绝对区分，而是试图在更广泛的统一的生命框架下，由内在经验出发去理解和表达诸门具体精神科学与它们所探究的社会历史实在之间的关系。这种对狄尔泰构造性伦理学理论基础以及伦理学在其"历史理性批判"总工程中所处的基础性地位及其与精神科学体系整体之间的关联性的阐明，也进一步明晰了狄尔泰伦理学思想及其总体哲学思想之间的关联性和系统性，为接下来的研究提供了必要的框架支撑。因此，本书力图以狄尔泰三部主要伦理学著述《施莱尔马赫伦理学原则批判》《试析道德意识》及《伦理学体系》为核心，系统梳理和解读他的构造性伦理学思想，阐明伦理学奠基之于"历史理性批判"工程或者精神科学体系的重要意义，以此加强对其哲学思想整体性和融贯性的把握。

狄尔泰首先通过对施莱尔马赫伦理学思想的全面探究，初步确立了与康德伦理学相对立的构造性伦理学立场，即人们无法通过严格的先验认识论的预设去把握人类存在的总体性和历史发展过程，而是应当回到人类经验最基础层面——冲动、本能与欲望。他明确认识到施莱尔马赫构造性伦理学立场最重要的两个特征：一个是集合一切以"真实价值"为主，能够"真正起激发作用"的伦理动机，凸显伦理学在历史进程中的任务具有随着"真实动机"的不断变更去"拓宽"和"加深"伦理概念的进步意义；另一个是必须要从人类天性出发，而不是根据与之相对立的"外来的不可理解的形式法则的要求"，去实现人类自身的"内在目的"。因此，人类心绪的"自由"达成与否，关键在于它是否能在"与它所谋求的一切其他内容的关联中"被理解。但他也严厉批评施莱尔马赫将"伦理之物"转换成一个只能在"对立的统一""对立的平衡"或者"在自身中均衡一切对立的总体性"中被理解的"纯粹的逻辑序列"，从而使其丧失作为伦理事实的实在性。而施莱尔马赫想出的"补救"之法，也无外乎在伦理世界关联的真实纽带中研究"伦理之物"与真实的伦理动机之间的关系，但却改变不了其违背构造性伦理学"变革生命"的终极要求的事实，因而只能得出"与生命的一致性假象"。

如果说狄尔泰通过对道德意识形式的分析，认识到它绝非一种对所有行为都具有相同约束性的单一存在物，那么在对道德意识的内容展开深入探究之后，他无疑进一步加深了对各种道德判断及行为动机置身于多种道德意识形式及其独特性的认识。在对康德伦理学进行更为全面的批判后，狄尔泰也更加明确自身与康德伦理学相对立的伦理学立场。于是，狄尔泰对道德规范的追问，逐渐转变为基于结构心理学对个体乃至社会历史世界"内在合目的性"的探索。此外，为了确保伦理学对伦理实践的指导意义以及对生命的变革意义，狄尔泰也就如何克服康德对现象界的"实在"和本体界的"应在"的二元划分问题展开深入思考。而狄尔泰给出的克服康德"实在"与"应在"二元对立的方案——以"正直""友善"和"完满"三种"先天实践–综合判断"或者说三种出自"行为的心灵的道德天性"的"道德意志得以与价值世界交往的实践行为方式"作为道德意识的统一性说明基础，也促使他从"道德取向"以及人类道德组织的视角，重新思考如何克服道德法则的无条件性和变易性之间的矛盾。但此时的狄尔泰显然未能彻底摆脱康德先验论证方式的影响，而是在批判性接受康德的某些观点的基础上努力认识支配人类社会、理智和道德现象的法则。

与早期伦理学探索相比，《伦理学体系》时期的狄尔泰构造性伦理学思想则呈现出明显的"社会伦理学"特征，也体现出与所处时代、社会、历史发展更紧密的关联性。狄尔泰深刻认识到，英国功利主义建立于"个人幸福与共同幸福之间天然和谐"的虚幻前提之上，进而否定了单纯依靠幸福主义去探究隐藏在人类复杂生命现象背后的真正伦理动机之可能性。他还明确反对生理心理学对道德的机械认识论立场，主张在人的生命经验及其关联中去认识道德现象的根源——"自由的生命活力"。他详尽阐明了自身构造性伦理学由人的心理生命结构及其内在目的性关联构成的人类学–心理学基础，从人的主体能力的探讨回归到对生命体原初伦理过程及其生命关联的探赜。在阐明心灵生命基本结构以及个体的"伦理禀赋"之后，狄尔泰继续沿着他独特的根植于"人类学-历史分析的心理-伦理"研究道路，将目光投向它们在社会中历经的变化和发展过程——"伦理进化"，并就其内在逻辑展开论述。在狄尔泰看来，各种社会伦理力量都产生于身处社会团体中的个体的本能以及"伦理禀赋"基础之上，因此它们在共同作用下展现出的朝向"持久的满意"的发展趋向，事实上也都是社会中各种相互关联的个体意志相互作用的结果。

　　狄尔泰构造性伦理学的积极意义，首先体现在它阐明了心理学之于伦理学乃至整个精神科学体系研究的基础性地位。他的描述性心理学对现象学以及精神科学研究方法都产生了十分深远的影响。其次，狄尔泰构造性伦理学还凸显历史性生命框架对伦理学研究的重要性。他对人的此在的历史性和时间性的深刻揭示，不仅得到海德格尔和伽达默尔的重视，也在他们解释学建构方面给予重要启迪。最后，狄尔泰构造性伦理学还实现了对生命主体伦理经验及自我理解的拓展，也表现出一定的解释学特征。这突出体现在，他借助"团结"或者"纽带意识"排除个体意志间彼此理解的障碍，在"对他人之中过程的重新构造"或者"重新理解"过程基础上实现对生命的提升。由于受到所处时代社会、历史和文化背景的限制以及自身思想发展特征的影响，狄尔泰构造性伦理学思想也表现出一定的局限性。由于他秉持伦理价值多元性立场以及坚持在根植于"人类学-历史分析的心理-伦理"研究进路下对"伦理进化"内在逻辑展开思考，狄尔泰的伦理学思想常常被诟病为一种"伦理相对主义"或是"伦理自然主义"。但狄尔泰显然既未陷入彻底的"伦理相对主义"，也未将自身禁锢于"伦理自然主义"。他对道德规范根本有限性的洞悉，无损道德规范和多元的伦理价值在个体以及社会"伦理进化"过程中的发展，也使得狄尔泰不致陷入李凯尔特所批判的道德规范相对主义和道德虚无主义的泥沼。因此，尽管他最终仍为先验道德规范留有余地，却不能否定他的伦理学所具有的强烈实践指向性和指导伦理实践的重要价值。

目　录
CONTENTS

绪　论

一、狄尔泰其人其学

威廉·狄尔泰（Wilhelm Christian Ludwig Dilthey，1833—1911 年）是 19 世纪末 20 世纪初德国著名哲学家，享有"19 世纪下半叶最重要的思想家""现代解释学之父"和"人文科学领域的牛顿"等美誉。他是生命哲学、解释学和现象学等哲学流派发展过程中承前启后的关键人物。他的思想广泛，涉及伦理学、历史学、心理学、社会学、教育学和美学等各个分支学科，深刻影响了埃德蒙德·古斯塔夫·阿尔布雷希特·胡塞尔（Edmund Gustav Albrecht Husserl）、马丁·海德格尔（Martin Heidegger）和汉斯·格奥尔格·伽达默尔（Hans-Georg Gadamer）等一大批德国乃至欧洲现代哲学家。狄尔泰深信，哲学应为个人和社会提供指导，"哲学的实际运用——诊断我们所面临的问题、提示我们如何去处理这些问题——是以对人及其世界的理解为先决条件的"①。他对精神科学体系的奠基，对生命、体验、表达、解释等概念的深刻阐释，在批判伊曼努尔·康德（Immanuel Kant）的先验哲学时对理性的历史性

① H. P. 里克曼. 狄尔泰［M］. 殷晓蓉，吴晓明，译. 北京：中国社会科学出版社，1989：13.

以及意志和情感因素的强调等，均从人类生命本身出发，面向自身所处时代的现代性危机，体现出强烈的实践性特征。他的研究工作，一方面是对传统学术思想的批判性继承，另一方面也蕴含着他个人思想的独创性以及对后世的启示性。可以说，不深入研究狄尔泰的哲学思想，就很难真正把握西方哲学由近代向现代转变的内在逻辑。

在狄尔泰看来，哲学思考都是对生命经验的阐释。因此如果人们能够在一种更广泛的社会历史世界的生命关联中理解他的思想内涵，无疑会更符合狄尔泰思想原意。但是，由于他生前明确表达了想保护个人生活和隐私的意愿，因此很难找到他的家人、朋友或者同事撰写的相关公开材料。后人也只能从他去世后出版的书信集和日记中，获取有关他个人生活的部分信息和展现他内心世界的生动描述。①

（一）早年生活与学术经历

狄尔泰于 1833 年 11 月 19 日出生在德国威斯巴登市附近莱茵河畔的比布里希（Biebrich am Rhein）的一个开明牧师家庭。父亲热爱历史与政治，母亲爱好音乐与文学。在文科中学期间，狄尔泰对历史和哲学产生了浓厚兴趣。1852 年，他以最优成绩中学毕业后，便按照家庭传统到海德堡大学学习神学。在海德堡求学期间，他受指导教授费舍尔（Kuno Fischer）影响，开始研究格奥尔格·威廉·弗里德里希·黑格尔（Georg Wilhelm Friedrich Hegel）和弗里德里希·施莱尔马赫（Friedrich Daniel Ernst Schleiermacher）的哲学体系，并于三个学期后转学到柏林。

---

① 本部分主要参考 H. P. 里克曼. 狄尔泰 [M]. 殷晓蓉，吴晓明，译. 北京：中国社会科学出版社，1989：47-82；谢地坤. 走向精神科学之路——狄尔泰哲学思想研究 [M]. 南京：江苏人民出版社，2008：162-205；约斯·德·穆尔. 有限性的悲剧——狄尔泰的生命释义学 [M]. 吕和应，译. 上海：上海三联书店，2016：13-34；Nelson E S. Introduction：Wilhelm Dilthey in Context [C] //Nelson E S（ed.）. Interpreting Dilthey. Cambridge：Cambridge University Press，2019：1-4.

在柏林大学求学期间，由于受到施莱尔马赫的学生特伦德伦堡（Friedrich von Trendelenburg）以及历史学派代表人物兰克（Leopard von Ranke）的直接影响，他果断放弃康德的主体主义和黑格尔的思辨观念论。尽管当时他已经丧失对基督教的坚定信念，但为了不让父母失望，他还是于1855年通过了神学考试，并计划转攻教会史，但他的兴趣很快便转到哲学和经验性的精神科学上。

狄尔泰在学生时代就是有名的"工作狂"，他每天花费大量时间阅读文献，学习英语、希伯来语和古希腊语，研究柏拉图（Plato）和亚里士多德（Aristotle）以及古典语文学和神学注释学。1856年，他在柏林通过国家哲学考试和中学任教资格考试，开始为获得博士学位做准备。准备期间，他在一所中学任教两年，但由于无法平衡教学和哲学研究的关系，最终于1858年放弃教学工作。此后直到1867年被聘任为巴塞尔大学教授，他主要靠撰写随笔、传记和书评等方式维持生活。狄尔泰撰写的书评广泛涉及逻辑学、认识论、存在论、人类学、伦理学、文学、音乐、绘画、建筑、经济学、社会学、教育学、历史学、心理学、生物学和自然科学等领域，充分展现了他的思想发展过程。1859年，狄尔泰受邀继续完成施莱尔马赫女婿约纳斯（Ludwig Jonas）未竟的施莱尔马赫书信编纂和出版工作。同年，他还参加了施莱尔马赫解释学的征文比赛并获胜，也因此受邀为施莱尔马赫立传。1861年，狄尔泰从柏林大学神学院转到哲学院。1864年，狄尔泰凭借《施莱尔马赫伦理学原则批判》一书获得博士学位，同年凭借《试析道德意识》一书获得任教资格，并在柏林大学短期担任私人讲师。1865年，狄尔泰开始钻研孔德（Isidore Marie Auguste Francois Xavier Comte）和约翰·穆勒（John Stuart Mill）的著作。1867年，狄尔泰父亲去世。同年，他被聘为巴塞尔大学教授，发表了就职演说《1770—1800年间德国诗歌与哲学运动》以及《施莱尔马赫传》（第一卷）第一部分。在巴塞尔大学期间，狄尔泰开始研究心理学，并主讲心理学和逻辑学，同时继续撰写《施莱尔马赫传》。1865—1866 年，狄尔泰写下关于人类、社会和历史研究的计划和草稿。1868 年，狄尔泰转到基尔大学任教并于 1870 年发表《施莱尔马赫传》（第一卷）第二部分。此后他便将大部分精力放到关于人类、社会和历史的科学奠基上，因此生前并未能完成《施莱尔马赫传》（第二卷）。普法战争爆发后，狄尔泰于 1871 年到布雷斯劳大学（今属波兰）任教，三年后与比自己小 20 多岁的卡塔琳娜（Katharina Pütman）成婚，婚后育有三个孩子：最受宠的也是狄尔泰晚年重要助手克拉拉（Klara Dilthey，生于 1877 年）、马克斯（Max Dilthey，生于 1884 年）和海伦娜（Helena Dilthey，生于 1888 年）。1875 年，狄尔泰在《哲学月刊》发表论文《关于人类、社会和国家的科学历史的研究》，即《精神科学导论》草稿（又称"1875 年手稿"），并于一年后完成其续篇。1877 年，狄尔泰结识了他最重要的朋友约克伯爵（Graf Paul Yorck von Wartenburg，1835—1897 年）。直到朋友去世前，两人都保持着密切的书信往来。他们的交往不仅体现在私人层面上，还在很大程度上影响了狄尔泰哲学思想的发展。因此，人们也可以从已出版的书信集中洞悉同一时期狄尔泰精神科学理论的发展历程。狄尔泰于 1877 年制定《精神科学导论》大纲，于 1880 年完成《描述性心理学手稿》并开始撰写《精神科学导论》。1881 年赫尔曼·洛采（Rudolf Hermann Lotze）去世后，为了争取柏林大学的哲学教席，狄尔泰全力以赴地完成了《精神科学导论》（第一卷）的第一部分，并在下一年如愿获得该教席。

（二）中晚年生活与学术经历

1883 年，《精神科学导论》（第一卷）正式出版。他将这部著作献给自己的好友约克伯爵，强调他在该项研究工作中起到的重要作用。在这本著作以及诸多后来的文本中，狄尔泰常将这项研究称作"历史理性批判"。《精神科学导论》（第一卷）出版后，狄尔泰便开始了终生未能完成的《精神科学导论》（第二卷）的写作工作。但不可否认的是，他确实留下了大量关于第二卷的写作计划、手稿和片段。这些文本表明，他始终在不断修改和调整原定计划。从《精神科学导论》（第一卷）"导言"中原计划的五册（《精神科学导论》第一卷只包括前两册，即第一册《诸门具体精神科学关联总览及其阐明的某种基础学科的必要性》和第二册《作为精神科学基础的形而上学——它的繁盛与衰落》；第二卷应包括后三册，即第三册《精神科学的发展史重构以及根据价值判断认识论奠基的各种尝试》，第四册和第五册是他为精神科学进行的奠基），到1880年"布列斯劳草稿"扩充为六册（将第四册和第五册改为精神科学的认识论、逻辑论和方法论三册，第三册主要包括"作为认识论的基础科学的经验哲学""对外在经验的分析"以及"对内在经验的分析"三部分），再到1893年"柏林草稿"进行较大调整后的六册（第四册改为《生命——描述性与比较心理学》，第五册合并讨论认识论和方法论，第六册主要探讨依靠认识所获得的能力及其界限），尽管认识论在其中依然扮演着重要角色，但生命存在论层面的探讨却勾勒出狄尔泰进一步发展精神科学体系的构想。

1887年，狄尔泰与他人合办并编辑《哲学史杂志》，并于同年当选为普鲁士皇家科学院院士。1888年，他发表论文《论普遍有效的教育科学的可能性》，并于90年代陆续发表论文《论我们关于外在世界实在性信仰之起源及其权利问题的解决》（1890）、《关于一种描述性与分析性心理学的观念》（1894）以及《关于比较心理学》（1895—1896）。他还试图将大量相关草稿和片段组合成一部融贯的手稿，但却由于操劳过度而被迫中止。而狄尔泰面对艾宾浩斯（Hermann Ebbinghaus，1850—1909）对《关于一种描述性与分析性心理学的观念》的严厉批评以及儿子马克斯重病缠身的状况，无法全力以赴地完成精神科学体系奠基方面的研究，于是转而继续从事《施莱尔马赫传》（第二卷）的写作以及哲学史方面的研究工作。直到1900年胡塞尔的《逻辑研究》问世，狄尔泰才为自己的描述性心理学观点找到确证，进而得以继续开展精神科学体系奠基方面的研究。而《解释学的诞生》（1900）以及《精神科学奠基研究》（遗稿，1905—1910年）则标志着解释学似乎取代了描述性心理学作为精神科学基础学科的地位。1910年，狄尔泰在《精神科学中历史世界的建构》中最后一次尝试重新为精神科学体系拟定大纲，却给人们造成一种错误印象，即他已完全放弃前期的结构心理学主张。

晚年，狄尔泰也从事大量其他方面的研究，出版了《体验与诗》（1905）、《青年黑格尔传》（1906）、《哲学的本质》（1907）以及《世界观类型及其在形而上学体制中的形成》（1911）。其中，《体验与诗》为他赢得文学史家和文学家的声誉，《青年黑格尔传》对当时的黑格尔研究产生重要影响，后两部作品则阐明了狄尔泰的世界观理论。1907年退休后，本以为狄尔泰终于可以专心致志地进行精神科学体系研究工作，他却于1911年9月底在意大利北部塞斯（Seis am Schlern）度假时意外染病逝世，享年78岁。

二、选题的目的和意义

本书旨在系统梳理和解读狄尔泰的构造性伦理学（die bildende Ethik）思想，一方面，推进对狄尔泰伦理学思想的系统、专门研究，改变国内学界对这一主题研究近似空白的状况；另一方面，通过对狄尔泰伦理学思想的解读，明确狄尔泰对其伦理学思想的奠基之于"历史理性批判"工程或者精神科学体系的重要意义。笔者希望可以借此为国内狄尔泰研究者们提供新的思路，进而促进对狄尔泰伦理学思想及其哲学整体关系的研究。

对狄尔泰的伦理学思想研究，不仅具有重要的理论价值，也是对当下社会现实生活的观照。当代科学和技术的迅猛发展，给人类生活方式和价值观念带来比之前任何时代都更为深刻的变革。但与此同时，对自然科学和先进技术的无限推崇，却导致人类精神世界和现实生活中生命价值及其意义的进一步丧失，以及社会伦理道德的持续沦丧。在这样的社会历史背景下，哲学研究者们开始不断回溯伦理学的历史发展过程，重新审视人类心灵和社会生活中道德、宗教、习俗等文化现象，希望通过加深或者重新开启对伦理学核心主题的思考，得出新的答案或者找到新的出路。因此，19世纪末20世纪初在科学主义统治之下的欧洲的一场倡导批判传统、返回生命本真的生命哲学运动，也再次进入哲学研究者的视野。与另一位生命哲学运动的代表人物弗里德里希·威廉·尼采（Friedrich Wilhelm Nietzsche）相比，狄尔泰在突出个性的同时亦没有忽视人所具有的社会性。他对生命价值和意义的阐释，对科学主义和传统形而上学的批判以及"从历史世界伦理维度的关联角度完成的精神科学的认识论和方法论奠基"①，都集中彰显了他的哲学立场：以活生生的人的完整的生命架构为基础，来思考自我与他人、社会以及国家的关联，努力理解人的社会性和历史性——这也正是他的哲学和精神科学的关键所在。

谢地坤教授认为，狄尔泰是在科学主义和实证主义不断扩展的态势下，为了保持人文科学研究的独立性而谋求建构精神科学体系，并最终通过科学命题和概念分析脱离无拘无束的生命哲学形式，在德国非理性

---

① FAILLA M. Phenomenology and the Beginnings of the Moral Problem（Dilthey – Brentano – Husserl）[J]. Analecta Husserliana, 1991（25）：53.

主义和英法实证主义之间摸索出一条独立的发展道路。① 从这层意义上来说，研究狄尔泰的伦理学思想，不仅有助于重新彰显人生的真正价值，为提高每个人的道德水平以及为整个社会找到推动其道德发展的动力方面做出贡献，还有助于加深对人文科学研究与历史世界伦理维度间密切关联的理解，为在新的社会历史背景下重新反思自然科学思维方式对精神科学的制约和支配问题给予新的启迪。

三、国内外研究现状

（一）国内对狄尔泰哲学思想的研究现状

我国学术界最早介绍狄尔泰思想的文献是 1937 年 3 月陈铨先生在《清华大学学报》（自然科学版）发表的书评《狄尔泰与当代德国哲学》。② 在历经长达数十年的空白期后，真正意义上的狄尔泰研究直到 20 世纪 90 年代才逐步开展起来。目前，我国已出版的狄尔泰著作的中译本主要有：艾彦的《精神科学引论》（第一卷）（2012）和《历史中的意义》（2016），陈锋的《历史理性批判手稿》（2012），安延明和李河教授的《精神科学中历史世界的建构》（2010）。其中，《历史中的意义》实际上是译自里克曼（H. P. Rickman）的一本狄尔泰选集（*Meaning in History：Wilhelm's Thoughts on History and Society*，1961）。除陈锋的译著外，其余译本均出自英文本。安延明和李河教授的译著对应的是马克瑞尔（Rudolf A. Makkreel）和罗迪（Frithjof Rodi）主编的《狄尔泰选集》（第三卷）。目前，国内已翻译出版的国外狄尔泰传记及重要研究著作主要有：《狄尔泰》（H. P. 里克曼著，殷晓蓉、吴晓明译，1989），

---

① 谢地坤. 走向精神科学之路——狄尔泰哲学思想研究 ［M］. 南京：江苏人民出版社，2008：135-137.

② 付德军. 理解生命——狄尔泰生命解释学探微 ［D］. 上海：复旦大学，2010：2.

《狄尔泰传——精神科学的哲学家》（鲁道夫·马克瑞尔著，李超杰译，2003）和《有限性的悲剧——狄尔泰的生命释义学》（约斯·德·穆尔著，吕和应译，2016）。总的来说，国内相关译著并不多，现有译本也很少译自德语原著。

随着近年来对狄尔泰思想关注度的提高，国内涌现出一批相关研究专著和论文。李超杰的《理解生命——狄尔泰哲学引论》（1994）与陈锋的《生命洪流的奔涌——对狄尔泰哲学的叙述、分析和批评》（2010）侧重于对狄尔泰思想做总括性介绍，后者比前者内容更为全面、详细。陈锋的《狄尔泰教育学研究》（2007）和田方林的《狄尔泰生命解释学与西方解释学本体论转向》（2009）都是对狄尔泰思想的一个片段进行介绍和评述，具有一定的系统性。尤其是谢地坤教授是国内研究近现代欧洲大陆哲学的知名学者的研究专著《走向精神世界——狄尔泰哲学思想研究》（2008）专著的编纂得益于他开阔的学术视野、深厚的德文功底以及对西方近现代哲学发展脉络的准确把握。这部论著虽篇幅不长，却较为系统地介绍了狄尔泰的精神科学思想和他所做的认识论、方法论变革，客观地评价了他在西方哲学中的地位和对现代西方哲学发展的影响。因此，称之为国内狄尔泰研究者的"入门必读"书籍，一点儿都不为过。

截至目前，国内研究狄尔泰哲学思想的博士学位论文共有五篇，分别是李超杰的《狄尔泰的生命认识论》（1992）、陈锋的《作为整体的精神科学及其认识论与逻辑学》（2002）、孙玉良的《历史、理解与真理——狄尔泰历史解释学探微》（2008）、付德军的《狄尔泰生命解释学探微》（2010）和高桦的《狄尔泰的生命释义学》（2016）。前两篇论文都是从精神科学方法论角度进行的介绍和探讨，后三篇是从解释学角度探讨生命/历史解释学的渊源、影响和历史命运，论述均较为系统。国内重要的相关研究论文，主要有谢地坤教授的《狄尔泰与现代解释学》、张汝伦先生的《从心理学到释义学——狄尔泰描述心理学的启示》和《狄尔泰与历史哲学》，张庆熊先生的《描述心理学对先验现象学——兼谈狄尔泰和胡塞尔在哲学思想上的联姻和争论》和《狄尔泰的问题意识和新哲学途径的开拓——论精神科学的自主性及作为其方法的诠释学》，张世英先生的《"本质"的双重含义：自然科学与人文科学——黑格尔、狄尔泰、胡塞尔之间的一点链接》，倪梁康教授的《现象学的历史与发生向度——胡塞尔与狄尔泰的思想渊源》和《海德格尔思想中的黑格尔-狄尔泰动机》，高桦的《狄尔泰生命释义学的起源》《狄尔泰的意义概念》以及《"内知觉"、"意识事实"与"现象性原理"——论理解狄尔泰"体验"概念的基本前提》等。这些研究论文或是以"狄尔泰与××"为题，研究黑格尔、胡塞尔、海德格尔所代表的客观精神、现象学、现代解释学与狄尔泰思想的源流关系，或是以历史哲学和心理学等狄尔泰早期思想源头和所谓的晚期"解释学转向"作为研究对象。正如张汝伦教授为高桦的《狄尔泰的生命释义学》(2018)一书所撰写的序言中所指出的那样，20世纪90年代以来国内有关狄尔泰思想的研究既没有断过，也没有热过。可以说，关于狄尔泰思想的专门性研究，在国内学界鲜有人问津。研究者们基本都停留在各自以往的研究领域，未能在更广阔的精神科学体系的总体视野下实现根本性的理论突破。

国内学者关于狄尔泰伦理学思想的论述只是散见于对狄尔泰哲学思想的总括性介绍（例如李超杰的《理解生命——狄尔泰哲学引论》和陈锋的《生命洪流的奔涌——对狄尔泰哲学的叙述、分析和批评》），西方伦理学发展概述（例如万俊人教授的《现代西方伦理学史》和唐凯麟教授的《西方伦理学流派概论》）或者以德、法生命伦理学思想为对象的介绍性论述（例如冯俊教授的《当代法国伦理思想》）中。目前，中国知网上与狄尔泰伦理学思想直接相关的研究论文只有1

篇——王申连和郭本禹教授的《狄尔泰生命伦理学思想解析》。但这篇论文也仅限于从个体伦理学和社会伦理学两个层面对狄尔泰的伦理学思想进行简要梳理和引介。

（二）国外对狄尔泰哲学思想的研究现状

德国是最早开展狄尔泰思想研究并且最富有成果的国家。早期的狄尔泰研究专家多为他的学生，如米施（Georg Misch）、诺尔（Herman Nohl）、格勒图森（Bernhard Groethuysen）和博尔诺夫（Otto Friedrich Bollnow）等人，他们同时也是《狄尔泰全集》第一卷至第十四卷的主编。《狄尔泰全集》第一卷至第九卷、第十一卷和第十二卷均出版于第二次世界大战前，第五卷和第六卷出版于 1924 年，第七卷和第八卷分别出版于 1927 年和 1931 年，第十卷《伦理学体系》出版于 1958 年，第十三卷《施莱尔马赫传》（上册，副标题为"基于 1870 年第一版和遗稿中的补充"）和第十四卷《施莱尔马赫传》（下册，副标题为"遗稿中的施莱尔马赫哲学和神学体系"）先后出版于 1970 年和 1966 年。他们为各卷撰写的前言，深刻影响了狄尔泰思想未来数十年内的研究走向。尤其是第五卷至第八卷的主编米施和格勒图森，他们在前言中广泛征引狄尔泰未出版的手稿和写作计划，第一次向人们展现了狄尔泰眼中精神科学间的融贯性，凸显了他早期描述性心理学进路和晚期解释学进路之间的断裂。但海德格尔的《存在与时间》（1927）恰好与这四卷出版于同一时期，他"将狄尔泰生命哲学根本极端化"，造成"这种生命哲学同时被看作通向其释义学①现象学的驿站"，令人们的注意力

---

① 在中文中，Hermaneutik 通常译作解释学、阐释学、释义学或诠释学。上述几种译名在本书中通用。

直接转移到存在论上。① 博尔诺夫在《狄尔泰哲学导论》（1936）中首次提出将狄尔泰的哲学解释为"生命释义学"，强调狄尔泰和尼采生命哲学的关联性。这部作品于 1967 年再版，对二战后狄尔泰思想的研究产生深远影响。② 不过二战后初期，狄尔泰思想仍处于海德格尔存在论的阴影中，并未引起学界的关注。

伽达默尔的《真理与方法》（1960）的出版，重新激发了人们对狄尔泰思想的研究热情。在这本书中，伽达默尔将狄尔泰视为浪漫主义解释学走向哲学解释学的重要节点人物，一方面肯定他"在历史学派的历史经验和唯物主义遗产间建立一个新的认识论可行基础"③，另一方面则批判他借助于黑格尔意义上的"客观精神"以及自然科学标准为精神科学奠基。④ 随着《狄尔泰全集》第十九卷的出版，伽达默尔对狄尔泰思想的观点发生了一些变化。他高度赞扬狄尔泰历史学批判的全面性和高超的表达技巧，也提出要重视后者晚年思想中"自身思义（Selbstbesinnung）"概念的实践性内涵。⑤ 同一时期，法兰克福学派代表人物尤尔根·哈贝马斯（Jürgen Habermas）则基于对抗工具理性的类似出发点，关注狄尔泰哲学中对实证主义和精神科学规范性问题的批判。⑥

伴随着《真理与方法》掀起的解释学研究热潮，《狄尔泰全集》恢

---

① 约斯·德·穆尔. 有限性的悲剧——狄尔泰的生命释义学 ［M］. 吕和应，译. 上海：上海三联出版社，2016：44.
② 伽达默尔. 诠释学 I：真理与方法——哲学诠释学的基本特征 ［M］. 洪汉鼎，译. 北京：商务印书馆，2016：45.
③ 伽达默尔. 诠释学 I：真理与方法——哲学诠释学的基本特征 ［M］. 洪汉鼎，译. 北京：商务印书馆，2016：314.
④ 约斯·德·穆尔. 有限性的悲剧——狄尔泰的生命释义学 ［M］. 吕和应，译. 上海：上海三联出版社，2016：360.
⑤ 谢地坤. 狄尔泰与现代解释学 ［J］. 哲学动态，2006（3）：41.
⑥ 约斯·德·穆尔. 有限性的悲剧——狄尔泰的生命释义学 ［M］. 吕和应，译. 上海：上海三联出版社，2016：48.

复出版，第十五卷至第十七卷于 1970 年、1972 年和 1974 年相继出版。从第十八卷开始，建于 1976 年的德国波鸿大学狄尔泰研究中心接手《狄尔泰全集》最后九卷的编纂工作，主编罗迪（Frithotn Rocli）和莱辛（Hans-Ulrich Lessing）也成为目前狄尔泰思想研究领域的绝对权威。在《狄尔泰全集》第十八卷和第十九卷的主编前言中，罗迪基于从遗稿中整理、编辑出来的最新资料，阐明自身研究立场，即明确反对早期研究者们认为狄尔泰早期描述性心理学进路和晚期解释学进路间存在明显断裂的观点。罗迪的这一观点目前已被国外狄尔泰研究者们广泛接受。德国波鸿大学狄尔泰研究中心于 1983—2000 年编辑出版的十二卷本《狄尔泰年鉴》，共有两大常规主题：一是 20 世纪二三十年代聚集在哥廷根和柏林的狄尔泰学生们形成的学术圈所进行的 "精神科学教育学（geisteswissenschaftliche Pädagogik）" 研究。二是海德格尔、伽达默尔与狄尔泰学术思想间的渊源研究。该学术圈主要由米施、诺尔以及他们的朋友和学生构成，包括博尔诺夫、柯尼希（Josef König）、里普斯（Hans Lipps）、普莱斯勒（Helmuth Plessner）和维尼格（E. Weniger）。莱辛作为《狄尔泰年鉴》的主编，还收集整理了 1969—1998 年关于狄尔泰的研究文献，包括 *Bibliographie der Dilthey-Literatur*（1969—1973），*Bibliographie der Dilthey-Literatur*（1974—1978），*Bibliographie der Dilthey-Literatur*（1979—1983），*Bibliographie der Dilthey-Literatur*（1984—1988），*Bibliographie der Dilthey-Literatur*（1989—1998）。此外，他还补充了赫尔曼（Ulrich Herrmann）之前编纂的目录[①]，形成了较为完整的狄尔泰研究文献目录。《狄尔泰全集》第十八卷至第二十三卷的出版，极大地推动了国外学界对狄尔泰的研究，各种博士论文和研究著作层出不穷，但德国以外的学者却鲜有成果发

---

① HERMANN U. Bibliographie Wilhelm Dilthey [M]. Weinheim: Verlag Julius Beltz, 1969.

表。这些研究主要以狄尔泰的美学思想、狄尔泰作品中的历史性以及狄尔泰和现当代哲学的关系为主题。2016 年出版的论文集《作为科学哲学家的狄尔泰》（*Dilthey als Wissenschaftsphilosoph*，2016）明确指出近年来狄尔泰研究的新趋势①：不再将他视为"大陆生命解释学"的代表，而是从整体和广泛的经验概念来看待他对科学的理解，因为他"从来不是将精神科学和自然科学对立起来，而是从经验角度探讨科学哲学"。纳尔逊（Eric S. NELSON）于 2019 年主编出版的论文集《阐释狄尔泰》（*Interpreting Dilthey*，2019），堪称目前为止内容最为全面的狄尔泰思想研究指南，其囊括了欧美狄尔泰研究学者的最新成果并指明当下研究的发展趋向。

霍金斯（H. A. Hodges）是二战后较早开展狄尔泰研究的英语国家学者。他出版的《狄尔泰的哲学》（*The Philosophy of Wilhelm Dilthey*，1952）和 H. P. 里克曼（H. P. Rickman）的《狄尔泰——人文科学的先锋》（*Wilhelm Dilthey. Pioneer of The Human Studies*，1979）以及鲁道夫·马克瑞尔（Rudolf Makkreel）的《狄尔泰：人文科学哲学家》（*Dilthey：Philosopher of The Human Studies*，1975；李超杰的中译本名为《狄尔泰传》）都以传记性质的内容介绍为主，后者已成为狄尔泰研究入门的核心二手文献。值得一提的是，马克瑞尔与罗迪合作主编的六卷本《狄尔泰选集》（*Selected Works. Wilhelm Dilthey*，1985—2019），彻底改变了狄尔泰著作英译本匮乏的状况，并且引入德语版《狄尔泰全集》出版的最新研究资料，打开了英语世界狄尔泰研究新局面。英语国家学者多从解释学、历史和文化角度开展狄尔泰研究。其中，约斯·德·穆尔（Jos de Mul）的研究专著《有限性的悲剧——狄尔泰的生命释义学》（*The Tragedy of Finitude：Dilthey's Hermeneutics of Life*，2004）颇受

---

① DAMBÖCK C, LESSING H－U. Vorwort［C］//DAMBÖCK C, LESSING H－U（Hrsg.）. Dilthey als Wissenschaftsphilosoph. München：Verlag Karl Alber, 2016：7.

关注。作者以康德的《纯粹理性批判》作为起点，在狄尔泰所处的时代语境下重构其解释学进路下的生命存在论，其中对狄尔泰"有限性释义学"和海德格尔、伽达默尔、雅克·德里达（Jacques Derrida）等人释义学思想之间关系的论述尤为精辟。

其他国家的狄尔泰研究工作也基本遵循"先译介，后研究"的原则。法国正在着手翻译马克瑞尔和罗迪的《狄尔泰选集》，期待不久后打开研究新局面。意大利和日本的狄尔泰研究者已经是第二代，每年都会有访问学者到波鸿大学的狄尔泰研究中心做研究。

（三）国外对狄尔泰伦理学思想的研究现状

与国内近似空白的狄尔泰伦理学思想研究现状相比，国外该主题研究相对丰富。学者们大多从各自不同的理论观点和研究视角出发展开论述，遗憾的是并没有形成系统性和整体性的研究格局，也很少针对狄尔泰的伦理学思想进行深入、细致的探讨。究其原因，主要有两点：一是狄尔泰思想的矛盾性和片段性，他生前大量作品最终未能完成和出版，《狄尔泰全集》混乱的出版状况也客观增加了人们对解读狄尔泰思想的难度；二是缺少对狄尔泰本人伦理学思想进行单独、全面和系统论述的正式伦理学专著，因此学者们只能沿着《狄尔泰全集》的漫长出版史，不断将陆续出版的新资料纳入研究视野中，并努力把握其思想的发展变化。

正是由于后一点，笔者在界定学界研究与狄尔泰伦理学思想的相关性时，概以其理论成熟期的伦理学讲座手稿《伦理学体系》（1890）作为主要参照点，兼顾其博士论文《施莱尔马赫伦理学原则批判》（1863—1864）和任教资格论文《试析道德意识》（1864）。之所以这样做，一方面是考虑到狄尔泰在为伦理学讲座制订计划之初，在给约克伯爵（Duke of York）的信中曾对这一讲座给予高度重视："终于要进行这一伟大尝试了，看这是否能成为我系统思想的完结（Abschluss meiner systematischen Gedanken）。"① 他还在信中详细叙述了自己对伦理学讲座的基本设想和整体架构，即从个体冲动和心理生命结构出发，进而阐述社会外部组织以及文化系统的构造，同时考察在不同个体构成的社会中伦理过程是如何使人的道德持续发展的。此外，还描述和阐释了历史上各种伦理体系和伦理时代的形成和发展。最后，基于个体具有内在目的性的生命体验、文化系统的自我价值以及理想等方面进行阐述，来探讨如何使人确信形而上学关联的问题。另一方面，根据伦理学讲座的遗稿整理、出版的《伦理学体系》的内容和结构，虽与上文给约克伯爵的信件有所出入，但仍包含了狄尔泰伦理学观点最核心的表述：首先是对当时功利主义伦理学以及密尔伦理学观点的批判，之后是以意志和"伦理禀赋"为核心的个体伦理观的探讨，从个体冲动和心理生命结构的中心地位出发至"伦理禀赋"的多元性或人的伦理组织特性，最终阐述伦理属性在宏观社会领域中的"进化"及其社会伦理学原则。② 根据这一要求以及目前所掌握的研究资料，笔者整理出国外狄尔泰伦理学思想研究集中凸显的几方面。

1. 关于狄尔泰伦理学著述的界定

由于缺少狄尔泰对自身伦理学思想单独、全面和系统论述的正式伦理学专著，以及《狄尔泰全集》混乱、漫长的出版状况等不同原因，学者们对于狄尔泰伦理学著述的界定不尽相同。早期研究者一般只将

① DILTHEY W. Briefwechsel. Band II. 1882-1895 [C]. hrsg. von KÜHNE-BERTRAM G und LESSING H-U. Göttingen：Vandenhoeck & Ruprecht Verlag，2014：262.

② DILTHEY W. Briefwechsel. Band II. 1882-1895 [C]. hrsg. von KÜHNE-BERTRAM G und LESSING H-U. Göttingen：Vandenhoeck & Ruprecht Verlag，2014：262-264；NOHL H. Vorwort des Herausgebers [M] //Wilhelm Dilthey. Gesammelte Schriften. Band X. System der Ethik. hrsg. von NOHL H. Göttingen：Vandenhoeck & Ruprecht Verlag，1958：9-11；陈锋. 生命洪流的奔涌——对狄尔泰哲学的叙述、分析和批评 [M]. 哈尔滨：黑龙江人民出版社，2010：391.

1914—1934 年出版的《狄尔泰全集》前九卷中涉及伦理学主题的部分（主要包括狄尔泰的任教资格论文《试析道德意识》）视作狄尔泰的伦理学著述，未将《狄尔泰全集》第十卷的内容纳入自己的考察范围。例如，伊万捷夫（Dimiter Iwantscheff）在自己的博士论文中就按照狄尔泰作品诞生的历史顺序依次对狄尔泰的博士毕业论文、《精神科学导论》（第一卷）草稿、教育学论文与讲座、《十五和十六世纪对人的理解与分析》（*Auffassung und Analyse des Menschen im 15. und 16. Jahrhundert*）草稿、关于《精神科学的自然体系》（*Das natürliche System der Geisteswissenschaften*）和《十六和十七世纪人类学的功能》（*Die Funktion der Antropologie des 16. und 17. Jahrhunderts*）的论文以及《精神科学中历史世界的建构》（*Der Aufbau der geschichtlichen Welt in den Geisteswissenschaften*）进行评述。伊万捷夫与迪特里希一样，在对博士论文以及《精神科学导论》（第一卷）草稿进行评述的过程中基本遵循了米施在《主编前言》（*Vorbericht des Herausgebers*，1924）[1] 中的观点，对米施的原文进行了大段引用。[2] 而狄尔泰柏林伦理学讲座手稿《伦理学体系》（《狄尔泰全集》第十卷）与德语版博士论文《施莱尔马赫伦理学原则批判》（收录于《狄尔泰全集》第十四卷）分别于 1958 年和 1967 年出版，一经出版便得到了研究学者们的普遍重视，其中前者尤甚。例如，克劳泽（Peter Krausser）在《终极理性批判：狄尔泰普遍科学与行动理论的革命》（*Kritik der endlichen Vernunft：Wilhelms Revolution der allgemeinen Wissenschafts-und Handlungstheorie*，1968）中就将《伦理学体系》中的一些基本观点纳入对狄尔泰精神科学体系的论述中。赫尔曼（Ulrich

---

[1]　收录于《狄尔泰全集》（第五卷）《生命哲学导论》。MISCH G. Vorbericht des Herausgebers［M］//Wilhelm Dilthey. Gesammelte Schriften. Band Vhrsg. von MISCH G. Leipzig：Verlag von B. G. Teubner，1924：VII-CXVII.

[2]　IWANTSCHEFF D. Die ethischen Auffassungen Wilhelm Diltheys［D］. Tübingen：Tübingen Universität，1946：2.

Herrmann）在《狄尔泰的教育学》(*Die Pädagogik Wilhelm Diltheys*，1971)中简述狄尔泰伦理学思想时，主要提到狄尔泰的博士论文和《伦理学体系》两个文本。楚克勒（Christopfer Zöckler）的《狄尔泰与解释学——狄尔泰将解释学视为"实践科学"的根据及其接受史》(*Dilthey und die Hermeneutik. Diltheys Begründung der Hermeneutik als "Praxiswissenschaft" und die Geschichte ihrer Rezeption*，1975)中有关伦理学和解释学分析的部分，只涉及狄尔泰的任教资格论文。印艾辛（Hans Ineichen）在《认识论与历史社会世界——狄尔泰的精神科学逻辑学》(*Erkenntnistheorie und geschichtlich - gesellschaftliche Welt. Diltheys Logik der Geisteswissens-chaften*，1975)中有关伦理学在精神科学逻辑学框架下的论述部分，涉及狄尔泰博士论文、任教资格论文和《伦理学体系》。赫尔福特在论文研究过程中，尽量将狄尔泰哲学各个时期的著述都纳入考察范围中，基本涵盖当时已出版的《狄尔泰全集》第一卷至第二十卷中所有有关狄尔泰伦理学思想的部分，同时又将《伦理学体系》列为主要阐释对象来建立论述框架。在这方面，马克瑞尔、普列塞与赫尔福特三位学者的观点保持一致。

2. 关于狄尔泰伦理学的思想来源和思想史定位

关于狄尔泰伦理学的思想来源和思想史定位，学者们的观点也不统一。在思想来源方面，以米施、迪特里希为代表的"狄尔泰学派"学者一般认为，生命哲学、认识论以及历史理论是狄尔泰伦理学思想的历史性和统一性基础；伊万捷夫则将实证主义、历史学派和浪漫主义视为狄尔泰伦理学思想的主要来源；赫尔福特和威尔第则分别从斯多葛主义和康德形式主义伦理学角度，以及平衡德性伦理学和功利主义伦理学的角度谈狄尔泰伦理学思想的理论渊源。也有学者将生物学主义确定为其主要伦理学思想来源，即从生物学角度分析社会形势。例如克劳泽在我们自身去适应环境的可能性中，看到"伪伦理学含义（pseudo-ethical implications）"："结构理论只是解释了给定的价值和目标等如何可能被内在化。"① 在这种意义上，伦理学只是"去学会个人所处社会条件下的规则"② 而已。威尔第认为，G. 摩根（G. Morgan）在《威廉·狄尔泰》（*Wilhelm Dilthey*，1933）③ 中也对这一适应关系怀有兴趣，只不过他将这一关系与精神科学以及人类"内在目的论（immanent teleology）"直接联系，将它视为一种规范性关系和一种更为直接的伦理学尝试。④ 在思想史定位方面，迪特里希从狄尔泰的学生斯普朗格的观点出发，将狄尔泰的伦理学定位为一种"人格伦理学"。伊万捷夫则反对这一做法，认为这种"精神科学的伦理学"定位并非狄尔泰的伦理学定位，没有考虑到狄尔泰所受的影响。他的观点是，狄尔泰博士论文的重点在于施莱尔马赫的反康德形式主义伦理学的立场，可以被视为"现代质料价值伦理学的开端（Anfang der modernen materialen Wertethik）"⑤。赫尔福特基于以对意志现象的分析为重点的个体伦理学，统摄对狄尔泰个体伦理学以及社会伦理学的阐释，并最终依据狄尔泰晚年著述提出一种"规范价值伦理学（normative Wertethik）"⑥。威尔第从狄尔泰的伦理学思想对海德格尔的基础存在论的启发入手，将其确定为一种存在论伦理学。赫尔穆特·约哈赫（Helmut Johach）和保罗·雷丁（Paul Redding）则将狄尔泰的伦理学定位为一种"行动理论（a theory

---

① WELTHY P J. The Ethical Import of Objective and Social Structures in Experience：A Study of Dilthey and Heidegger ［D］. Atlanta：Emory University，2000：16.

② WELTHY P J. The Ethical Import of Objective and Social Structures in Experience：A Study of Dilthey and Heidegger ［D］. Atlanta：Emory University，2000：16.

③ MORGAN G. Wilhelm Dilthey ［J］. Philosophical Review 42. 1933（4）：351-380.

④ WELTHY P J. The Ethical Import of Objective and Social Structures in Experience：A Study of Dilthey and Heidegger ［D］. Atlanta：Emory University，2000：17.

⑤ IWANTSCHEFF D. Die ethischen Auffassungen Wilhelm Diltheys ［D］. Tübingen：Tübingen Universität，1946：54.

⑥ JOHACH H. Handelnder Mensch und objektiver Geist. Zur Studie der Geistes-und Sozialwissenschaften bei Wilhelm Dilthey ［M］. Meisenheim am Glan：Verlag Anton Hain KG，1974：55.

19

of action）"。约哈赫运用社会学中人类行动的概念来接近狄尔泰的精神科学理论："精神（Spirit）可以被表述为人类的心理、社会和历史存在，首要被理解为一种行动的本质（an acting essence）。"① 但是，他的目的在于理解精神科学的基础，并非构建狄尔泰的伦理学体系，或者说将狄尔泰的伦理学著述应用于探讨伦理学问题。雷丁则在自己的论文《行动，语言与文本：狄尔泰的理解概念》（*Action，Language and Text*：*Dilthey's Conception of Understanding*，1982）中明确指出，要将行动插入行动关联中适当位置就意味着必须首先认识到共同行为体们（co-agents）的行动目的，将他人的行为理解为一种对于这一行为所属体系的特殊表达，进而使行为从内在体系的特殊目标、价值以及它在这些目标和价值实现过程中发挥的作用中获取意义。②

3. 关于狄尔泰伦理学的基本理论框架

关于狄尔泰伦理学的基本理论框架，学者们形成了相对统一的观点，即狄尔泰的伦理学从个体心理生命结构出发，以意志和情感作为出发点，进而探讨道德行为在社会组织和文化系统等社会层面的发展。例如，迪特里希首先从"人类作为道德行为主体（Der Mensch als Subjekt des sittlichen Handelns）"的观点出发，结合狄尔泰的结构心理学来阐释"伦理主体（das ethische Subjekt）"，接下来将视野从"道德行为主体"转向"道德行为在共同体中的发展"。③ 有一部分学者还强调晚期的解释学进路对狄尔泰伦理学思想的影响。例如，赫尔福特就认为，狄尔泰所有关于伦理学的著述不仅在完成时间上前后相依而且在内容和思想上也呈现出明显的整体性关联。因此可以解读出一条完整的发展历

① JOHACH H. Handelnder Mensch und objektiver Geist. Zur Studie der Geistes-und Sozialwissenschaften bei Wilhelm Dilthey［M］. Meisenheim am Glan：Verlag Anton Hain KG，1974：40.
② REDDING P. Action，Language and Text：Dilthey's Conception of Understanding［J］. Philosophy and Social Criticism 9，1982（2）：227-244.
③ DIETRICH R. Die Ethik Wilhelm Diltheys［M］. Düsseldorf：L. Schwann Verlag，1937：132.

程："始于一个系统出发点"——通过三个"实践综合"来批判和修正康德伦理学，并"以两次思想转向为特征"——即早期的"认识论转向"以及晚期的"解释学转向"。① 在这里，赫尔福特将"历史理性批判"解读为一种"自省理性批判（Kritik der instropektiven Vernunft）"，他将狄尔泰的晚期著述视为"自省理性批判"的继续发展，并将由个体伦理学和社会伦理学组成的"道德世界的总体建构（das gesamte Aufbau der moralischen Welt）"系统解读为一种由意志现象推导出的结果。马克瑞尔也将个体心理生命结构视为狄尔泰伦理学的出发点，认为对狄尔泰而言，"真正的伦理学必须能够从内部激发个体，而不是从外部立法实现"，因此像英国伦理学家大卫·休谟（David Hume）、亚当·斯密（Adam Smith）和密尔（John Stuart Mill）那般仅仅产生"同情"（Sympathy）是远远不够的。人们必须拥有源自自身内驱力和意志的"一种真正的与他人的团结（a true solidarity with others）"②，而前提就是要更好地理解人类天性。此外，马克瑞尔的研究也比较重视狄尔泰晚期的解释学立场，认为狄尔泰所说的真正的自我理解要求"我也从外界接近自我，就像我通过阐释他人的对象化来理解他人"。从伦理学角度来看，这也意味着"我不能仅仅考虑我的意图来理解自我价值，还必须联系由我达成之物来评价我的意图"。马克瑞尔认为，这不仅使得伦理理解获得一种客观性的测量，还建立了一种比较框架。在这一框架中，他人的成就可以鞭策我们去改变"作为成就一种更为充实的伦理生活的构造性进程一部分的自我目标"③。普列塞则将狄尔泰在《狄尔

---

① HERFURTH T. Diltheys Schriften zur Ethik. Der Aufbau der moralischen Welt als Resultat einer Kritik der instropektiven Vernunft [M]. Würzburg: Königshausen & Neumann, 1992: 55.
② MAKREEL R A. Dilthey, Wilhelm [Z] //LaFollette H (ed.). The International Encyclopedia of Ethics. Oxford: Blackwell Publishing Ltd., 2013: 1358.
③ MAKREEL R A. Dilthey, Wilhelm [Z] //LaFollette H (ed.). The International Encyclopedia of Ethics. Oxford: Blackwell Publishing Ltd., 2013: 1361.

泰全集》第十卷《伦理学体系》中阐明的伦理观视为一种解释学观点以及对狄尔泰整体哲学观的表述，认为"表达（Ausdruck）"范畴不仅能够让人们更好地理解狄尔泰晚期生命哲学以及人类经验的历史结构关联中的人的形象，而且狄尔泰在前期伦理学著述中也已经对这一范畴进行了"未言明"的反思。① 在普列塞看来，人相对于个体生命和集体生命的双重归属性及其生存张力，威胁到人内在的生命统一性，进而产生了狄尔泰对人类生命表达原则的追问，即对"将内在生命与外在行为相联系，令心理发展与社会进程相互影响的创造性有效关联"② 的追问。

4. 关于狄尔泰伦理学思想的几个核心概念

国外学界对狄尔泰伦理学思想中"心理生命""内在经验""正直""友善"和"完满"等核心概念大都有所涉及，其中对"正直""友善"和"完满"的研究最具理论特色，其他概念在关于精神科学的研究中基本都已被探讨过，在此不做赘述。

大部分学者将"正直""友善"和"完满"视为狄尔泰伦理学最重要的概念，并对此进行了广泛而深刻的探讨。例如，迪特里希依据狄尔泰在早期伦理学核心文本《试析道德意识》中提出的三个"先验实践综合（praktische Synthesen a priori）"从而提出三个"共同体理想（Gemeinschaftsideale）"，即"英雄理想（das heroische Ideal）""公正的理想（das Ideal der Gerechtigkeit）"以及"爱的理想（Das Ideal der Liebe）"，并进行具体阐释。他指出，这三个"共同体理想"对应历史上伦理学体系的三种基本形式——功利主义、利他主义和伦理唯心主

---

① PUGLIESE A. Der Ausdruck als die Lebendigkeit der Moral. Diltheys System der Ethik［J］. Gestalt Theory，2016（38）：163.

② PUGLIESE A. Der Ausdruck als die Lebendigkeit der Moral. Diltheys System der Ethik［J］. Gestalt Theory，2016（38）：163.

义，充分体现出道德的自我规定性。① 赫尔福特则认为，狄尔泰最初提出这三个概念是为了"告别对内在经验的先验理解"，因为在经验-心理学基础上的伦理学奠基将不再具有"先验必然性意义上的严格约束性（strenge Verbindlichkeit im Sinne apriorischer Apodiktizität）"。但他早期却未能做到这一点，因此在晚期所谓的"解释学转向"中彻底放弃内在经验的"直接确定性（die unmittelbare Gewissheit）"。② 马克瑞尔也格外重视这三个核心概念，将它们视为狄尔泰对康德形式主义伦理学进行批判性接受的主要标志。他明确指出，只有"构造性伦理学"立场能够提供一个积极指向，令人在提升自我的同时能够意识到他人的自我价值，而这就是狄尔泰的伦理学与他的精神科学理论的"明显链接"。③

综上所述，国外学者对狄尔泰伦理学思想的研究相对丰富，但也存在一定不足：一方面，缺乏一种系统的、整体的研究。从历史上看，国外学者们对狄尔泰伦理学思想的研究历经了很大的时间跨度，但他们大多从各自不同的理论观点和研究视角出发展开论述，这导致他们在伦理学著述的界定、思想来源、思想史定位等问题上形成不同甚至对立的看法，并未形成系统、整体的研究格局。严格意义上的狄尔泰伦理学研究成果并不算多，研究者普遍缺少相应的后续研究成果。另一方面，学者们很少有针对性地对狄尔泰的伦理学思想进行深入、细致的探讨。学者们更多是在研究狄尔泰其他思想问题时对其伦理学著述兼有涉及，这导致研究者们普遍低估狄尔泰伦理学思想的价值和意义，不利于狄尔泰伦理学思想研究的进一步深化。不过相信今后在学者们的共同努力下，狄

---

① DIETRICH R. Die Ethik Wilhelm Diltheys ［M］. Düsseldorf：L. Schwann Verlag, 1937：132.

② HERFURTH T. Diltheys Schriften zur Ethik. Der Aufbau der moralischen Welt als Resultat einer Kritik der instropektiven Vernunft ［M］. Würzburg：Königshausen & Neumann, 1992：86-87.

③ MAKREEL R A. Dilthey, Wilhelm ［Z］//LaFollette H (ed.). The International Encyclopedia of Ethics. Oxford：Blackwell Publishing Ltd., 2013：1357-1359.

尔泰伦理学研究将会更为系统、深入地展开，也将会带来更丰硕的成果，这必将使人们对狄尔泰伦理学思想及其哲学整体产生新认识。

四、研究方法与基本写作思路

（一）主要研究方法

1. 文献分析法和对比研究法。任何一种思想的产生都有其具体的社会历史背景和学术渊源，狄尔泰也不例外。狄尔泰的思想有着多种来源，被社会学大师卡尔·曼海姆（Karl Mannheim）誉为"他那个时代几乎所有思潮的创造性综合"①。在广泛吸纳英法经验主义哲学、德国古典哲学以及浪漫主义运动等多种哲学思潮的基础上，狄尔泰从人类心理生命结构出发确立构造性伦理学立场。因此，本书在对其伦理学思想以及哲学整体思想进行梳理的同时，也计划将他与其他哲学家的伦理学思想进行比较研究。通过这种比较研究，可以进一步明晰狄尔泰伦理学的思想特质及其在整个思想史中的地位，从而更为深刻地理解狄尔泰的整体思想。

2. 解释学方法。描述和分析法以及解释学方法都是狄尔泰的主要研究方法。他主张对复杂的生命现象进行详尽的描述和分析，反对仅仅依靠简单元素去重构复杂实体。但是，由于本研究占有的文献资料有限，很难达到狄尔泰要求的那般详尽和全面。因此笔者只能尝试基于现有资料对狄尔泰的伦理学思想重新进行解释学说明，借以加强对"历史理性批判"工程或者精神科学体系整体性和融贯性的把握。

3. 宏观与微观相结合的方法。本书试图在微观考证的基础上对狄尔泰的伦理学思想进行宏观把握。一方面对狄尔泰伦理学思想进行宏观

---

① 王申连，郭本禹. 狄尔泰生命伦理学思想解析［J］. 伦理学研究，2014（2）：46.

把握，对其伦理学思想的思想资源、理论特色、历史地位和影响等方面做出深入探讨；另一方面从微观角度对他的伦理学思想进行细致剖析，从而揭示一些关键概念的内涵及其内在逻辑联系。在此基础上，本书还尝试对狄尔泰伦理学及其哲学整体的关系进行宏观把握。

（二）基本写作思路

本书旨在系统阐明狄尔泰"未言明"的构造性伦理学思想。首先介绍其思想来源与理论基础，之后以其最主要的三部伦理学著述为核心阐释狄尔泰构造性伦理学产生和发展变化过程，并对其成熟理论的基本内容进行系统梳理和解读，最后就其伦理学思想的积极影响以及理论限度等方面做出整体评价。

本书共包含五章：

第一章主要介绍狄尔泰伦理学思想的主要思想资源与理论基础。通过系统考察狄尔泰所处时代整个德国乃至欧洲的社会文化背景以及思想传统，梳理德国古典哲学、德国浪漫主义、英法经验哲学、德国历史学派、生物进化论和实验心理学派等影响他思想变化发展的重要哲学思潮，以更好地理解和把握狄尔泰伦理学思想的产生、发展和变化过程。此外，阐明狄尔泰构造性伦理学理论基础，也进一步明晰了狄尔泰伦理学思想及其总体哲学思想间的关联性和系统性，为接下来的研究提供了必要的框架支撑。

第二章至第四章为本书核心章节，主要沿着狄尔泰伦理学的历史发展线索，围绕其核心伦理学著述《施莱尔马赫伦理学原则批判》《试析道德意识》和《伦理学体系》阐明其主要伦理学观点。

第二章以他早年博士毕业论文《施莱尔马赫伦理学原则批判》为核心，关注狄尔泰伦理学思想的历史开端。通过对与康德形式主义伦理学对峙的施莱尔马赫伦理学思想的全面探究，狄尔泰初步表达了自身伦理研究的倾向性。他明确认识到施莱尔马赫构造性伦理学立场最重要的两个特征：一个是集合一切以"真实价值"为主，能够"真正起激发作用"的伦理动机，凸显伦理学在历史进程中的任务具有随着"真实动机"不断变更而不停去"拓宽"和"加深"伦理概念的进步意义；另一个是必须要从人类天性出发，而不是根据与之相对立的"外来的不可理解的形式法则的要求"去实现人类自身的"内在目的"。因此，人类心绪的"自由"达成与否，关键在于它能否在"与它所谋求的一切其他内容的关联中"被理解。

第三章以狄尔泰柏林大学任教资格论文《试析道德意识》为核心，进一步明晰狄尔泰构造性伦理学立场及其自身的构造性伦理学基本构想。狄尔泰不仅对康德形式主义伦理学进行了更为全面的批判，也试图借助对道德意识的形式和内容的分析，给出克服康德"实在"与"应在"二元对立的方案——以"正直""友善"和"完满"三种"先天实践-综合判断"或者三种出自"行为的心灵的道德天性"的"道德意志得以与价值世界交往的实践行为方式"作为道德意识的统一性说明基础。这也促使他从"道德取向"以及人类道德组织的视角，重新思考如何克服道德法则的无条件性和变易性之间的矛盾。

第四章以狄尔泰相对最为成熟的伦理学作品《伦理学体系》为核心，系统论述他的中晚期伦理学思想。与早期伦理学探索时期相比，狄尔泰这一阶段的构造性伦理学思想呈现出明显的"社会伦理学"特征，体现出其与所处时代、社会、历史发展更紧密的关联性。因此，除了说明这一时期他的伦理学思想与早期伦理学探索时期的发展变化外，将首先聚焦于他对构造性伦理学方法和原则的系统思考，阐明他独特的根植于"人类学-历史分析的心理-伦理"的研究进路以及对"伦理进化"内在逻辑的思考。

第五章主要就狄尔泰构造性伦理学的积极意义、影响和限度做出整体评价。狄尔泰的思想充满多样性、复杂性和创造性，对同时代和后世哲学家产生了广泛的积极影响。但这也为准确、全面地评价他的构造性伦理学思想造成很大困难。因此，笔者仅从与本研究关联最为紧密的几个方面评价狄尔泰构造性伦理学的积极意义。此外，本研究也会指出它由于受到所处时代社会、历史和文化背景的限制以及狄尔泰自身思想发展特征的影响而表现出的局限性。

第一章 狄尔泰构造性伦理学思想的理论溯源

狄尔泰出生于德国观念论终结的时代，伴随着约翰·沃尔夫冈·冯·歌德（Johann Wolfgang von Goethe）（1749—1832）、黑格尔（1770—1831）和施莱尔马赫（1768—1834）的先后离世。同时那也是德国政治、经济和社会经历现代化巨变的时代，自然科学的发展以及工业化浪潮彻底改变了人们旧有的世界观和价值观，造成了西方人的"精神真空"。一方面，哲学丧失了作为科学研究普遍范式的地位，却在自然科学的倒逼下试图证明自身存在的价值和意义。另一方面，英法经验主义也开始渗透进精神科学研究的各个领域，对社会生活进行达尔文主义式以及功利主义式解释的趋势愈演愈烈。传统形而上学和基督教世界观让位于实证主义的世界观，人们丧失了对秩序的信念以及对道德确定性的认同。除此以外，基于扎实的历史研究之上的以利奥波德·冯·兰克（Leopold von Ranke）、约翰·古斯塔夫·德罗伊森（Droysen, Johann Gustav）为代表的德国历史学派以及以威廉·冯特［Wilhelm（Maximilian）Wundt］和赫尔曼·冯·亥姆霍兹（Hermann von Helmholtz）为代表的现代实验心理学派，也对狄尔泰所处时代的精神思想产生了重要影响。

面对各种各样的思潮，狄尔泰既不盲从，也不一概拒绝，而是在坚持理性主义哲学传统的前提下对各种新思想兼收并蓄，同时对所吸收的思想做批判性修正，以谨慎的批判精神开创自己的思想道路。因此，为了更好地理解狄尔泰的伦理学思想，就要对狄尔泰所处时代的整个德国乃至欧洲的社会文化背景以及思想传统进行系统考察，梳理影响他思想变化发展的重要哲学思潮。这主要包括德国古典哲学、德国浪漫主义、英法经验哲学、德国历史学派、生物进化论和实验心理学派六个方面。此外，阐明狄尔泰构造性伦理学理论基础，也将为下一步研究狄尔泰伦理学及其总体哲学思想的关联性和系统性提供必要的框架支撑。

第一节　狄尔泰构造性伦理学的思想资源

一、德国古典哲学

以康德和黑格尔为代表的德国古典哲学，既是西方理性主义传统发展的巅峰，也对理性主义伦理学的传承和变革做出重要贡献。狄尔泰花费大量时间研究两位哲学家的著作和思想。不同于其他新康德主义者强调对康德思想进行形而上学阐释，狄尔泰更注重对康德哲学进行整体性、系统性的研究，即除了探究他在《纯粹理性批判》中对自然科学认识论、方法论和逻辑学的分析，也不忽视其在《实践理性批判》和《判断力批判》等其他著作中对道德哲学、美学和历史研究的表述。

康德探究的根本问题，可以归结为先天综合判断何以可能的问题。他对数学和自然科学知识的批判，启发狄尔泰追问社会历史现实和人类生命本身。二人思想上的主要共识在于：认为人类精神结构而非对现实的认识，成为经验可理解性的基础。[①] 但狄尔泰认为，康德对于这一结构的设想过于狭隘："在洛克、休谟和康德所构想的认识主体的血管中没有真正流动的血液，不如说只有作为思想唯一活动的理性经过稀释的汁液。"[②] 认知、情感和意志是真实的生命进程的不同方面，人们无法通过严格的先验认识论的预设去把握人类存在的总体性和历史发展过程，而是应当回到人类经验最基础层面——本能、欲望与冲动。

此外，康德对现象界的"实在（das Sein）"和本体界的"应在（das Sollen）"的划分，也启发狄尔泰思考如何弥合和跨越二者之间的鸿沟。因为只要"实在"与"应在"之间存在无法逾越的二元对立，伦理学对生命的变革性意义就无从谈起。在对施莱尔马赫伦理学的研究过程中，狄尔泰找到"构造性伦理学"并以此作为克服康德形式主义伦理学的武器："从伦理内容来看，道德并非作为外在的不可理解的形式法则与人类相对，它就是人类内在目的的实现。"[③] 这不禁令人想起康德在《道德形而上学的奠基》中同样使用过的方法——从道德的普遍理性知识过渡到纯粹实践理性。与此同时，狄尔泰也明确表达了自己对这一做法能否真正克服"实在"与"应在"之间二元对立的担忧："这是真的，即对人类的行为、他们习惯的改变以及不变的研究，对伦理学的奠基是毫无价值的。对人类品性及其混乱行为的直观与应在、理

---

① CROWE B. Dilthey's Ethical Theory［C］//NELSON E S（ed.）. Interpreting Dilthey：Critical Essays. New York：Cambridge University Press，2019：174.

② DILTHEY W. Gesammelte Schriften. Band I. Einleitung in die Geisteswissenschaften. Versuch einer Grundlegung für das Studium der Gesellschaft und der Geschichte. Erster Band［M］. hrsg. von GROETHUYSEN B. Göttingen：Vandenhoeck & Ruprecht Verlag，1914：viii.

③ DILTHEY W. Gesammelte Schriften. Band XIV. Leben Schleiermachers. Zweiter Band：Schleiermachers System als Philosophie und Theologie. Aus dem Nachlaß von Wilhelm Dilthey［M］. hrsg. von REDEKER M. Göttingen：Vandenhoeck & Ruprecht Verlag，1966：341.

念之间，没有关联。"① 无论是在早期伦理学著作《施莱尔马赫伦理原则批判》和《试析道德意识》中，还是在中晚期著作《伦理学体系》中，狄尔泰都未能彻底摆脱康德的先验思路以及论证方式的影响，仅仅是在批判性接受康德的某些观点的基础上，试图沿着康德的批判路径为一门人类精神的经验科学奠基，努力去认识支配人类社会、理智和道德现象的法则。对这些法则的认识，也是人类面对精神现象时一切力量的源泉。

《青年黑格尔传》（*Der Junge Hegel*，1906）的出版，标志着狄尔泰转变了青年时期对以黑格尔哲学为代表的德国观念论完全拒斥的态度，而是对他的思想予以批判性继承。黑格尔将绝对精神视为精神与实在同一性的主体，而绝对精神自我实现的过程就是整个世界历史进程，也是一个辩证发展的过程。绝对精神发展的三个阶段——关于精神自身、外化于自然以及实现向自身的复归，同时对应黑格尔哲学的三个组成部分——逻辑学、自然哲学和精神哲学。绝对精神或者说客观精神，是狄尔泰最为重视的黑格尔哲学概念。正如伽达默尔所说，狄尔泰晚年明显转向黑格尔，原本讲"生命"之处多被"精神"所替代。② 他借用"客观精神"这一概念，以类似于黑格尔利用绝对精神的自我演进、自我实现和向自我复归的过程作为历史世界发展演变的先验依据的做法，彰显人类精神生命对社会历史发展的重要意义。但需要注意的是，狄尔泰对这一概念进行了改造："……必须从生命的实在出发……理解生命的实在，并以正确的概念来表现这种实在。以这种方式，客观精神不被我们看作片面建立在那种表现世界精神本质的普遍的理性之上……它现

---

① DILTHEY W. Gesammelte Schriften. Band V. Die geistige Welt. Einleitung in die Philosophie des Lebens. Erste Hälfte：Abhandlungen zur Grundlegung der Geisteswissenschaften [M]. hrsg. von MISCH G. Göttingen：Vandenhoeck & Ruprecht Verlag，1924：67.

② 伽达默尔. 诠释学 I：真理与方法——哲学诠释学的基本特征 [M]. 洪汉鼎，译. 北京：商务印书馆，2016：326.

在包括语言、习俗、所有各种生命的形式和方式，同样也包括家庭、市民社会、国家和法律……甚至黑格尔现在作为绝对精神而与客观东西相区别的东西，如艺术、宗教和哲学……"① 可以说，晚年狄尔泰将历史视为一种具有目的性的"作用关联总体（Wirkungszusammenhang）"的观点，与黑格尔一脉相传。而他之所以能够将精神科学的研究对象从"意识事实（die Bewusstseinstatsache）"拓展为"精神世界（die geistige Welt）"，也深受黑格尔精神哲学的影响，但这也招致后世对其思想的先验唯心主义色彩的诟病。② 而谈到先验唯心主义色彩，接下来也不得不提到与德国观念论同时期的德国浪漫主义思潮对狄尔泰的影响。

二、德国浪漫主义

在撰写《施莱尔马赫传》的过程中，为了能够更好地理解和说明施莱尔马赫与德国浪漫主义的关系，狄尔泰于 1866—1871 年对利斯（Noualis）和施莱格尔（Schlegel）兄弟等浪漫主义文学代表人物进行了大量研究。而在此期间，狄尔泰的伦理学研究也显然受到他们潜移默化的影响。

与康德、黑格尔不同，以施莱尔马赫为代表的德国浪漫主义者更为关注对独特的个体性的构造与发展，强调情感（Gefühle）、本能（Triebe）与直觉（Intuitionen）等因素发挥的作用。在他们看来，正是因为理性存在于个体之中并具有个体性，才能赋予自然以灵魂并带来具体的道德产物。而康德强调普遍理性以及道德义务的做法，忽视个人及

---

① 伽达默尔. 诠释学 I：真理与方法——哲学诠释学的基本特征 [M]. 洪汉鼎，译. 北京：商务印书馆，2016：327.
② 谢地坤. 走向精神科学之路——狄尔泰哲学思想研究 [M]. 南京：江苏人民出版社，2008：200.

其团体作为"具体的历史存在"①　的独特的个体性，使得"一切伟大之物都在道德的表述中被略去"②。自启蒙运动以来对自然的祛魅所带来的人与自然的对立冲突，以及个体自身理性与感性的分裂，打破了个体与个体之间的紧密关联。这种实在论和观念论对人与自然和谐统一的割裂，究其根源，都在于未能摆脱勒内·笛卡尔（Rene Descartes）对精神和物质的绝对区分。在诺瓦利斯看来，个体凭借自身相对于外在世界的能动性和优先地位去"构造大地（Bildung der Erde）"③，通过浪漫化的手段赋予世界本真含义。但这并不意味着浪漫主义者对主体性和自由的一味认同，而是基于将人视为自然的组成部分的认识，将个体的这一能力视为自然本身的潜能，进而确立自然与人构成的有机整体的自因性。④　换句话说，人成为自然完善和认识自身的重要媒介，人的意识与活动也成为这一有机整体实现自身的手段。而从人类学角度来看，构成个体的精神与动物性之间的关系也与此类似：前者是后者存在与发展的基础，并彰显后者的潜能。因此，在浪漫主义者眼中，情感、本能和直觉等个体内在因素并非如康德所说是必须撤弃之物，反而是道德行为的动机来源。弗雷德里希·施莱格尔就曾明确指出康德"出于感谢的义务"去保护和尊敬老者这一主张的荒谬性⑤，因为在感谢的情感面前，义务无疑是多余的设定。但另一方面，浪漫主义者也不认同功利主义者片面强调快乐和物质享受、忽略更高层次精神追求的做法。因为个体情

---

① NOVALIS. Schriften. Band III. Das philosophische Werk II ［M］. Stuttgart：W. Kohlhammer-Verlag, 1983：290.

② SCHLEIERMACHER F. Schleiermachers Werke. Auswahl in vier Bänden. Band II ［M］. Leipzig：Meiner-Verlag, 1927-1928：124-125.

③ NOVALIS. Schriften. Band II. Das philosophische Werk I ［M］. Stuttgart：W. Kohlhammer-Verlag, 1981：426.

④ NOVALIS. Schriften. Band III. Das philosophische Werk II ［M］. Stuttgart：W. Kohlhammer-Verlag, 1983：246.

⑤ SCHLEGEL F. Athenäums. Fragmente und andere Schriften ［M］. Ditzingen：Reclam-Verlag, 2010：76.

感和欲望间的冲突其自身无法消解，只有人的理性具有将偶然、任意的感性自然转化为具有合理性和秩序的人化自然的能力。

德国浪漫主义者虽然强调对个体性的不断发展和构造，但也无意培养极端利己主义者。他们十分重视他人和团体对个体发展的意义："我不能像艺术家般孤立地构造自我，我的精神的汁液会干涸，思想会停滞。故而我必须前进，进到由其他精神存在者组成的多元团体中。"① 因为个体只有先接触具体体现人类普遍共性的个体才能直观"整个人性（die ganze Menschheit）"，进而通过对个体不同的具体表现的对比，获得对自身个体性的确切意识。只有在此基础上，个体才能在与他人和团体的交往中实现"自由社交（freie Geselligkeit）"，并最终依赖在对外展示中获得的他人的承认进一步明晰对自身个体性的意识和认同。而实现这一切的必要条件，是个体都拥有的能够敏锐察觉他人性情和状态变化的"普遍知觉（allgemeiner Sinn）"。② 只有这样，个体才能不断扩大自身所接触的人类范围，不断完善对个体自身的构造。

狄尔泰在为精神科学奠基过程中始终没有放弃心理学的基础性地位以及对人、国家与社会等"具体的历史实在"的重视。在他的伦理学研究中，对个体意志和情感现象的分析，对意识事实以及心灵生命的获得性关联总体等概念的强调，乃至由个体伦理观拓展到社会伦理观的发展路径，无不显示出他深受以施莱尔马赫为代表的德国浪漫主义者的深刻影响。在本书第二章和第三章中，将针对狄尔泰的施莱尔马赫伦理学研究及其对狄尔泰自身伦理思想的影响作更为详细的论述。

---

① SCHLEGEL F. Kritische Gesamtausgabe. Band II ［M］. Berlin：Walter de Gruyter, 1988：21.
② SCHLEGEL F. Kritische Gesamtausgabe. Band II ［M］. Berlin：Walter de Gruyter, 1988：21-24.

三、英法经验哲学

如果可以将 19 世纪上半叶的欧洲思想史归结为 "现实的精神化（The Spiritualization of Reality）"，那么 19 世纪后半叶或许可以被归结为 "精神的自然化（The Naturalization of Spirit）"。[①] 彼时，摆脱掉形而上学桎梏的自然科学和以其为基础的现代技术变革，不仅彻底改变了欧洲社会面貌，也使得实验、归纳综合等自然科学方法日益渗透并控制精神科学研究领域。这也是狄尔泰思考从认识论和方法论角度区分自然科学和精神科学，并试图为精神科学奠基的重要背景。英法经验哲学由弗朗西斯·培根（Francis Bacon）发端，其崇尚经验和经验研究方法，主张以感觉经验为基础探讨哲学问题。后经霍布斯和洛克的发展，在休谟处因人类经验有限性与其严格贯彻经验原则之间不可调和的矛盾而走向怀疑论的极端。以孔德和密尔为代表的实证主义，则可被视为 19 世纪下半叶英法经验哲学的重要思想发展结果。狄尔泰崇尚 "经验而非经验主义（Empirie und nicht Empirismus）"[②] 的思想，深受二人理论影响。

狄尔泰接触孔德和密尔理论的历史，最早可以追溯到 1864 年 9 月。他在写给好友（后来的妹夫）乌塞纳（Hermann Usener）的一封信中，请他为自己带来孔德的《实证哲学教程》（*Cours de philosophie positive*，六卷本，1830—1842）。[③] 在 1865 年年底给老师拉扎鲁斯（Moritz Lazarus）的信中，狄尔泰写道："密尔和孔德完全缺少严格的历史训练，致

---

① ERMARTH M. Wilhelm Dilthey：The Critique of Historical Reason ［M］. Chicago：The University of Chicago Press，1978：vii.

② DILTHEY W. Gesammelte Schriften. Band I. Einleitung in die Geisteswissenschaften. Versuch einer Grundlegung für das Studium der Gesellschaft und der Geschichte. Erster Band ［M］. hrsg. von GROETHUYSEN B. Göttingen：Vandenhoeck & Ruprecht Verlag，1914：25.

③ DILTHEY W. Briefwechsel. Band I. 1852-1882 ［C］. hrsg. von KÜHNE-BERTRAM G und LESSING H-U. Göttingen：Vandenhoeck & Ruprecht Verlag，2011：306.

使他们根本无法获得真正有益的结论。"① 但这并不意味着他完全拒斥
二人的理论。在狄尔泰看来，实证主义作为一门"经验科学（Erfahr-
ungswissenschaft）"具有其自身的合法性②：它凭借基本的"逻辑运作
（logische Operationen）"获取对外在世界以及"作为连续统一体的宇
宙（das Universum als ein Kontinuum）"的感知经验，同时也创建出一
幅人类知识发展图景。孔德在《实证哲学教程》中将历史上人类的精
神发展划分为神学阶段、形而上学阶段和实证阶段三部分，这也是各门
科学都要经历的，但并非同时经历的三个阶段。其中，社会学进入实证
阶段的时间最晚，排在数学、天文学、物理学、化学以及生物学之后。
在狄尔泰看来，孔德确定了各门科学发展的历史顺序中的某些"联结
点（Knotenpunkte）"，使得后来的科学门类在之前的科学门类获取的
真理性认识的基础上，发展出自身"成熟、系统的形式（die reife sys-
tematische Form）"。③ 这符合狄尔泰对科学发展过程的基本设想，但他
也明确指出，孔德过分强调理论原则的普遍性，反倒使其跨越自身的理
论边界并造成了对人类意志自由的否定。当丰富的社会历史现实只被视
为"抽象活动的原料（Rohstoff für Abstraktionen）"④ 时，孔德不得不

---

① DILTHEY W. Briefwechsel. Band I. 1852–1882 ［C］. hrsg. von KÜHNE-BERTRAM G und LE-
SSING H-U. Göttingen：Vandenhoeck & Ruprecht Verlag，2011：333.

② DILTHEY W. Gesammelte Schriften. Band XX. Logik und System der philosophischen Wissen-
schaften. Vorlesungen zur Erkenntnistheoretischen Logik und Methodologie（1864–1903）［M］.
hrsg. von LESSING H-U und RODI F. Göttingen：Vandenhoeck & Ruprecht Verlag，1990：238.

③ DILTHEY W. Gesammelte Schriften. Band V. Die geistige Welt. Einleitung in die Philosophie des
Lebens. Erste Hälfte：Abhandlungen zur Grundlegung der Geisteswissenschaften ［M］. hrsg. von
MISCH G. Göttingen：Vandenhoeck & Ruprecht Verlag，1924：51.

④ DILTHEY W. Gesammelte Schriften. Band I. Einleitung in die Geisteswissenschaften. Versuch einer
Grundlegung für das Studium der Gesellschaft und der Geschichte. Erster Band ［M］. hrsg. von
GROETHUYSEN B. Göttingen：Vandenhoeck & Ruprecht Verlag，1914：112.

要求人类个体"屈从于整体的利益（Hingabe an die Interessen des Ganzen）"①。而对科学和社会进步的信仰，也使得他后期思想具有一种形而上学特征。

同孔德类似，密尔将人类及社会作为研究主题。在《逻辑体系》（*System of Logic*，1843；德译本 *System der deduktiven und induktiven Logik*，1849）第六卷《道德科学的逻辑》（*Zur Logik der Moralwissenschaften*）中，他对心理学、社会学和历史学等 19 世纪"道德科学（Moralwissenschaften）"展开反思，试图从经验出发为道德意识奠基。但他并不赞同孔德将心理学归入生理学研究的做法，也不认同他对心理学内省方法的轻视态度，反而认为正是后者使得人们可以一窥人类精神的规则，进而得以对人类行为进行"预言"。②

狄尔泰在《伦理学体系》中甚至单辟章节③对边沁和密尔的功利主义思想进行全面而深入的批判。马克瑞尔甚至认为，这种过于关注功利主义的做法有些令人费解。④ 但克洛却对此持不同见解，认为这表明了密尔的部分观点对他包括"多元性（Plurality）"在内的核心伦理学立场的重要影响。⑤ 而且，诺尔在《伦理学体系》的主编前言（Vorwort des

---

① DILTHEY W. Gesammelte Schriften. Band XX. Logik und System der philosophischen Wissenschaften. Vorlesungen zur Erkenntnistheoretischen Logik und Methodologie（1864–1903）［M］. hrsg. von LESSING H-U und RODI F. Göttingen：Vandenhoeck & Ruprecht Verlag，1990：241.

② DE MUL J. The Tragedy of Finitude：Dilthey's Hermeneutics of Life［M］. Translated by Tony Burrett. London：Yale University，2004：110.

③ 指《伦理学体系》第一部分第三章，标题为"功利主义作为感性理智观（der sinnlichen Verstandesansicht）与伦理意识的折衷（Kompromiss）"。DILTHEY W. Gesammelte Schriften. Band X. System der Ethik［M］. hrsg. von NOHL H. Göttingen：Vandenhoeck & Ruprecht Verlag，1958：29–47.

④ MAKREEL R A. Dilthey，Wilhelm［Z］//LaFollette H（ed.）. The International Encyclopedia of Ethics. Oxford：Blackwell Publishing Ltd.，2013：1358.

⑤ CROWE B. Dilthey's Ethical Theory［C］//NELSON E S（ed.）. Interpreting Dilthey：Critical Essays. New York：Cambridge University Press，2019：159.

Herausgebers)① 中给出的狄尔泰 1890 年伦理学讲座讲稿开篇的最初版本也清晰表明，当时柏林大学或者说欧洲社会严重泛滥的功利主义思想与现代科学的不一致性是他开办该讲座的重要原因。② 本书将在第四章针对上述问题展开更具体的论述。

四、德国历史学派

狄尔泰对历史研究的兴趣以及对历史意识的重视，在很大程度上受到以兰克（Leopard von Ranke，1975—1886）和德罗伊森（Johann Gustav Droysen，1808—1884）为代表的德国历史学派的影响。这与他早年在柏林的求学经历有莫大关系。狄尔泰晚年曾在《七十寿辰演讲》（*Rede zum* 70. *Geburtstag*，1903）中回顾这段经历："20 世纪 50 年代初我刚来柏林时……那场宏大的运动正处于高潮，实现了对历史科学及由它促成的精神科学的最终构建……那段时间可以在这里生活和学习，我感到无比幸运。"③ 随后，他明确指出这场运动的出发点就在于历史进程带来的那些伟大的客观性（Objektivitäten），文化的目的关联（die Zweckzus-

---

① DILTHEY W. Gesammelte Schriften. Band X. System der Ethik ［M］. hrsg. von NOHL H. Göttingen：Vandenhoeck & Ruprecht Verlag，1958：9-12.

② 最初的开篇版本："这所大学（注：指狄尔泰当时任教的柏林大学）最近几年出版了三本关于伦理学的研究著作。它们三本全都支持功利主义体系。和边沁的运用方式一样，它作为评判行为的规则已经广受认可。我将要表明，它在一定界限之内可以被作为这样一种规定使用，但功利主义立场与现代科学并未达成一致。如果说我反驳它，那么绝不是为了在当下恢复诸如康德、赫尔巴特或者英国道德哲学家们更老的理论。这一切已经终结了。更确切地说，我们要求的是，人在其充分的实在性中被理解。从其实质角度看，他看似一捆儿本能；然后，人们看到由这样一种本能统一体生出一个社会。要解答这个问题，即伦理进程如何由此产生，是不可以倒退去更新过时理论的。如果说这个讲座是在与功利主义者作斗争，那么这样做的原因就在于，他们未能符合现代科学的要求。" DILTHEY W. Gesammelte Schriften. Band X. System der Ethik ［M］. hrsg. von NOHL H. Göttingen：Vandenhoeck & Ruprecht Verlag，1958：11-12.

③ DILTHEY W. Gesammelte Schriften. Band V. Die geistige Welt. Einleitung in die Philosophie des Lebens. Erste Hälfte：Abhandlungen zur Grundlegung der Geisteswissenschaften ［M］. hrsg. von MISCH G. Göttingen：Vandenhoeck & Ruprecht Verlag，1924：7.

ammenhänge der Kultur），民族和人类自身："那是它们按照一种内在法则充分施展的发展：就像它们之后作为被组织的力量发挥功效以及历史在国家间的权力斗争中诞生那样。无穷尽的结论由此得出。我想将它们总结性地称作历史意识（das historische Bewusstsein）。"① 在演讲的最后，他总结道："我所做的，就是研究历史意识的本性和条件——一种历史理性批判（eine Kritik der historischen Vernunft）。"②

与孔德和密尔忽视社会历史现实中的个体多样性的做法正相反，以兰克和德罗伊森为代表的德国历史学派坚持从彻底的历史主义原则出发去认知历史，主张基于具体的历史事实进行历史考察，结合具体的历史背景开展理论研究。后者所理解的历史，显然不同于黑格尔、施莱尔马赫与孔德均未能摆脱的形而上学的"普遍观念（notiones universales）"③。兰克认为，历史学家们应当基于历史现象所具有的不可还原的个体性特征，"如其所是（wie es eigentlich gewesen）"④ 地看待和理解过去。历史现象作为特定历史背景下的理念表达，是不能被先天演绎出来的。人们只能基于表现某一特定时代历史理念的具体历史现象间的内在关联来理解具体的历史现象。于是，历史研究在兰克那里尽管摆脱了形而上学和自然科学方法的支配，却变成了对史料的堆砌。德罗伊森对兰克所追求的客观实在性持批判态度，因为如果没有历史学家对

---

① DILTHEY W. Gesammelte Schriften. Band V. Die geistige Welt. Einleitung in die Philosophie des Lebens. Erste Hälfte：Abhandlungen zur Grundlegung der Geisteswissenschaften ［M］. hrsg. von MISCH G. Göttingen：Vandenhoeck & Ruprecht Verlag，1924：7.
② DILTHEY W. Gesammelte Schriften. Band V. Die geistige Welt. Einleitung in die Philosophie des Lebens. Erste Hälfte：Abhandlungen zur Grundlegung der Geisteswissenschaften ［M］. hrsg. von MISCH G. Göttingen：Vandenhoeck & Ruprecht Verlag，1924：7.
③ DILTHEY W. Gesammelte Schriften. Band I. Einleitung in die Geisteswissenschaften. Versuch einer Grundlegung für das Studium der Gesellschaft und der Geschichte. Erster Band ［M］. hrsg. von GROETHUYSEN B. Göttingen：Vandenhoeck & Ruprecht Verlag，1914：96.
④ DE MUL J. The Tragedy of Finitude：Dilthey's Hermeneutics of Life ［M］. Translated by Tony Burrett. London：Yale University，2004：121.

历史材料赋予意义，它们将只是毫无意义的资料堆砌。① 他还主张应对自然科学与历史科学作明确区分，将理解（Verstehen）视作最适宜的历史科学研究方法，反对将自然科学方法用于历史研究。因为作为一切人类活动的基础和动力，理解的可能性就在于"作为历史材料的表现具有与我们同源的性质"②。

在狄尔泰看来，兰克那种"真正的历史学家对客观实在性的深切渴望"是无法通过"单纯的静观、觉察（bloßem Blicken，Gewahren）"来把握的，而必须"凭借对构成这一历史实在的诸心理单元以及在它们相互作用下产生并作为历史进步承载者的持久构造性活动的科学认识"才可能达成。③ 但这并不意味着他认同德罗伊森将历史研究归结为历史学家对过去的主观建构的做法，因为那会导致认识相对主义，使历史科学丧失作为一门科学的必要条件。此外，兰克和德罗伊森的历史观点包含着明确的伦理相对主义倾向，要么不赞同按当下的价值和标准对过去作出道德评判，要么支持按当下的道德规范与价值去评判过去。对狄尔泰而言，这两种做法都是有问题的。

五、生物进化论

19 世纪下半叶，达尔文（Charles Robert Darwin，1808—1882）《物种起源》（*On the Origin of Species by Means of Natural Selection，or the Preservation of Favoured Races in the Struggle for Life*，1859）等作品的出版，进一步推动西方生物学的蓬勃发展。尤其是物竞天择、适者生存的

---

① DROYSEN J G. Historik. Vorlesungen über die Enzyklopädie und Methodologie der Geschichte [M]. Darmstadt：Wissenschaftliche Buchgesellschaft，1977：285.
② 张志伟. 西方哲学问题研究 [M]. 北京：中国人民大学出版社，1999：230.
③ DILTHEY W. Gesammelte Schriften. Band I. Einleitung in die Geisteswissenschaften. Versuch einer Grundlegung für das Studium der Gesellschaft und der Geschichte. Erster Band [M]. hrsg. von GROETHUYSEN B. Göttingen：Vandenhoeck & Ruprecht Verlag，1914：94.

生物进化论思想的广泛传播，深刻影响了思想界对生命的理解以及对伦理的思考。狄尔泰也深受当时生理学、心理学和人类学研究成果的鼓舞，对相关研究产生了浓厚兴趣。在 1868 年写给哥哥卡尔·狄尔泰（Karl Dilthey，1839—1907）① 的一封信中，狄尔泰谈到自己已经在巴塞尔听了一年著名生理和心理学家黑斯（Wilhelm His，1831—1904）的生理学讲座，并在他的引导下为进一步的研究工作做好准备。② 他也曾在《生命与认识》（*Leben und Erkennen*，1892）手稿中写道："自从我……在生命的结构中认识到心理学的基础，我不得不将心理学立场拓展成生物学观点。"③ 这种研究兴趣显然与狄尔泰对精神科学的奠基工作密切相关。"自然不仅是历史的舞台；物理过程，存在于其中的必要性以及由其产生的影响，为一切关系，为历史世界中的行动和痛苦、作用和反作用提供基础，物理世界也为精神表达自己的目的、价值——它的本质——所处的整个王国提供材料：但在这一基础上却产生出精神科学从两个方面出发愈加沉思的实在，即从对自身状态的体验（Erleben der eigenen Zustände）出发，以及从对外在世界客观化精神之物的理解（Verstehen des in der Außenwelt objektivierten Geistigen）出发。"④ 在《精神科学导论》（第一卷）中，他也明确指出："一个人的精神生命（das geistige Leben）是只有通过抽象才能从心理-物理单元（psycho-physische Einheit）中剥离出来的部分。它是人类存在和人类生命（ein

---

① 卡尔·狄尔泰（1839—1907），德国著名古典语文学家与考古学家。

② DILTHEY W. Briefwechsel. Band I. 1852-1882 [C]. hrsg. von KÜHNE-BERTRAM G und LESSING H-U. Göttingen：Vandenhoeck & Ruprecht Verlag，2011：452.

③ DILTHEY W. Gesammelte Schriften. Band XIX. Grundlegung der Wissenschaften vom Menschen，der Gesellschaft und der Geschichte. Ausarbeitungen und Entwürfe zum Zweiten Band der Einleitung in die Geisteswissenschaften（ca. 1870-1895）[M]. hrsg. von JOHACH H und RODI F. Göttingen：Vandenhoeck & Ruprecht Verlag，1982：344.

④ DILTHEY W. Gesammelte Schriften. Band V. Die geistige Welt. Einleitung in die Philosophie des Lebens. Erste Hälfte：Abhandlungen zur Grundlegung der Geisteswissenschaften [M]. hrsg. von MISCH G. Göttingen：Vandenhoeck & Ruprecht Verlag，1924：119.

Menschendasein und Menschenleben）呈现其所是"。① 狄尔泰眼中的
"人"，显然不是洛克、休谟和康德血管里只流淌着"理性的稀释的
汁液"的认识主体，而是有血有肉、活生生的人。这无疑也与他在论
文《论我们关于外在世界实在性信仰之起源及其权利问题的解决》
（*Beiträge zur Lösung der Frage vom Ursprung unseres Glaubens an die Realität
der Außenwelt und seinem Recht*，1890）中提出的"现象性原理（Satz der
Phänomenalität）"——将"我的意识事实（Tatsache meines Bewußts-
eins）"理解为"一切为我存在于此之物（alles was für mich da ist）"
的观点保持一致。② 当然，他所说的"意识事实"，既不是经验主义者
意义上的提法，也不是德国观念论者意义上的概念，而是基于一种
"不可分割的原初的完满经验"③。而被狄尔泰视作社会历史生命自然基
础的，乃是我们"晦暗不清的本能（dunkle Triebe）"④。因此，从生物
进化论角度分析和解读本能和内驱力等核心概念，有助于更好地理解狄
尔泰构造性伦理学中对人类道德发展路径的设想。此外，狄尔泰从考察
原始人的生活和精神状态入手研究道德起源问题，关注"良心"这种
道德现象的产生和发展以及环境对人道德发展的影响，重视人的社会性
本能与道德感之间的关系等做法，也体现出生物进化论对他伦理学观点
的深远影响。本书第四章，将对相关问题进行更详尽的论述。

---

① DILTHEY W. Gesammelte Schriften. Band I. Einleitung in die Geisteswissenschaften. Versuch einer
Grundlegung für das Studium der Gesellschaft und der Geschichte. Erster Band ［M］. hrsg. von
GROETHUYSEN B. Göttingen：Vandenhoeck & Ruprecht Verlag，1914：15.

② DILTHEY W. Gesammelte Schriften. Band V. Die geistige Welt. Einleitung in die Philosophie des
Lebens. Erste Hälfte：Abhandlungen zur Grundlegung der Geisteswissenschaften ［M］. hrsg. von
MISCH G. Göttingen：Vandenhoeck & Ruprecht Verlag，1924：90.

③ 高桦 . "内知觉""意识事实"与现象性原理——论理解狄尔泰"体验"概念的基本前提
［J］. 现代哲学，2018（2）：89.

④ DILTHEY W. Gesammelte Schriften. Band VII. Der Aufbau der geschichtlichen Welt in den Geistes-
wissenschaften ［M］. hrsg. von GROETHUYSEN B. Göttingen：Vandenhoeck & Ruprecht
Verlag，1927：80.

尽管狄尔泰对达尔文的理论并不陌生，但他却在著述中明确表达出努力与之保持距离的态度。[①] 在 1890 年年初写给约克伯爵的一封信中，他甚至希望好友可以在自己再次尝试从"心灵生命结构（die Struktur des Seelenlebens）""本能的体系（das System der Triebe）"出发最终完成对自己的思想体系的构造的过程中，助其抑制其自身"对进化论、人类学[②]和民族学的不良偏好（schlimme Neigungen zur Evolutionslehre, Anthropologie und Völkerkunde）"，而不致行差踏错。而他为"道德进化"过程找到的理论支点，就是构成人类心灵生命的"可从心理学角度加以认知的人类天性（die psychologisch erkennbare Natur des Menschen）""自我意识（Ich-Bewusstsein）"或者说在我们自身之中发现的"心理关联（den psychischen Zusammenhang）"。[③] 本章下一节，将就狄尔泰哲学思想中的心理学基础进行更为详细的论述。

六、实验心理学派

除生物进化论外，狄尔泰也广泛关注了亥姆霍兹（Hermann von Helmholtz, 1821—1894）、费希纳（Gustav Theodor Fechner, 1801—1887）和冯特（Wilhelm Wundt, 1832—1920）等人开创的早期实验心

---

① GENS J-C. Die Aktualität von Diltheys Naturphilosophie ［C］//Diltheys Werk und die Wissenschaften. Neue Aspekte. Göttingen：V&R unipress, 2013：235.

② 狄尔泰此处所说的"人类学"（die Anthropologie），采用的是诺瓦利斯的术语——人类学或实在心理学（die Realpsychologie）。它并非指目前人们对人类学一词的通常理解，而是类似于新康德主义的"人学"。诺瓦利斯在诗歌理论中将人视为知、情、意的统一体，强调从经验出发反观人的内心以及研究人性和人的内在性等问题。在《试析道德意识》一文中，狄尔泰未对"心理学"（die Psychologie）和"人类学"两个术语作出区分，基本可以等同使用。谢地坤. 走向精神科学之路——狄尔泰哲学思想研究［M］. 南京：江苏人民出版社，2008：26；LESSING H-U. Die Idee einer Kritik der historischen Vernunft. Wilhelm Diltheys erkenntnistheoretisch-logisch-methodologische Grundlegung der Geistes-wissenschaften ［M］. München：Karl Alber Verlag, 1984：168.

③ DILTHEY W. Gesammelte Schriften. Band X. System der Ethik ［M］. hrsg. von NOHL H. Göttingen：Vandenhoeck & Ruprecht Verlag, 1958：9.

理学派（die experimentelle Psychologie）的研究成果。在《精神科学导论》（第一卷）中，狄尔泰将这一占据当时心理学主流的研究派别称作说明性心理学。它将自然科学实验方法，尤其是生理学家、物理学家所使用的方法应用于心理学研究，试图根据生理学和物理学原理对心理、生理和物理现象间的因果关系展开科学性研究，最终使心理学成为一门如物理学等自然科学一般客观、严密的科学学科。

其中，身为物理学和生理学家的亥姆霍兹的主要贡献，在于完成对神经冲动传导速度的精确测量。通过实验室量化方法，他准确测算出人类感觉神经接受外界刺激与肌肉作出反应的时间差，证实神经冲动传导速度的延时性与个体差异性。此外，他对视觉和听觉等感官的研究也颇有建树，提出眼球内外部肌肉的聚焦调节机制、新的颜色视觉理论和音色和共鸣理论。作为最早实现对心理生理过程进行实验测量的科学家之一，亥姆霍兹有效推动了实验方法在心理学研究中的应用，启发身后心理学家去重视物理测量的心理学意义。[①]

心理物理学（die Psychophysik）的创立者古斯塔夫·西奥多·费希纳（Gustav Theodor Fechner），则试图从身心关系角度确定外部物理刺激强度（physikalische Reizen）和内在心理感觉（psychische Empfindungen）间的数量化关系。在他看来，主观感觉相对于物理刺激更难以测定。因此他提出两种对心理感觉进行间接测量的标准——感觉的绝对阈限（Absolute Schwelle）和差别阈限（Unterschiedsschwelle），即确定激发感觉和引起感觉变化的最低刺激量（die Mindeststärke），以及费希纳定理（Fechnersches Gesetz）——$L=K*logS$（被试者体验到的心理强度与物理刺激量的变化呈对数关系），用以确定被试者受到物理刺激时报

---

① 舒尔茨. 现代心理学史（第十版）[M]. 杨浩生，杨文登，译. 北京：中国轻工业出版社，2014：76-77.

告的感觉体验的准确性。①

　　相对于前面两位，冯特最突出的贡献在于基于前人研究成果系统建立了实验心理学并推动心理学最终发展成一门独立的科学学科。1874年，实验心理学开山之作《生理心理学原理》（*Grundzüge der physiologischen Psychologie*）出版。1879年，他在德国莱比锡大学建立全球第一家心理实验室。他所倡导的实验内省法（Experimentelle Introspektion），旨在借助仪器设备制造的严格实验条件控制下对经过长期训练的被试者受到物理刺激时报告的感觉体验进行可重复的精确观察。虽然后人经常诟病他对意识元素的研究有明显的经验主义和联想主义特征，但应当指出的是，相对于意识元素的研究，冯特更重视心灵将前者或者说心灵内容组织成高级思维过程的能力——创造性综合（schöpferische Synthese），因此呈现出一定的唯意志论特征。除对个体心理的研究外，冯特还聚焦于对社会心理的研究，出版了十卷本的《民族心理学》（*Völkerpsychologie*，1900—1920）。这套著作将语言艺术、宗教神话和风俗道德等人类心理发展诸阶段作为研究主题，试图通过人类学、社会学和社会心理学方法对高级思维过程展开研究。冯特认为，实验方法只适用于感觉和知觉等简单的心理机能，并不适用于对高级思维过程的研究。②

　　在狄尔泰看来，早期实验心理学派想要"通过某些假设（Annahmen）来使精神生命的整体关联（den ganzen Zusammenhang des geistigen Lebens）具有可推导性（ableitbar）"的目标是不可达成的。因为即使当时最完满的心理学说明，也不过是"在假说上构建新的假说"（Hypothesen auf

---

① 舒尔茨. 现代心理学史（第十版）[M]. 杨浩生，杨文登，译. 北京：中国轻工业出版社，2014：81-82.

② 舒尔茨. 现代心理学史（第十版）[M]. 杨浩生，杨文登，译. 北京：中国轻工业出版社，2014：88-99.

Hypothesen bauen)，不可能获得使其得以证明的"被准确地、不带偏颇地论断的材料（ein genaues, unbefangen festgestelltes Material）"。① 因此，他并不认为说明性心理学（erklärende Psychologie）可以担起为精神科学奠基的重任，而是主张创立一种基于体验去把握人类心灵生命整体的描述性与分析性心理学（beschreibende und zergliedernde Psychologie）——这也是狄尔泰构造性伦理学的重要基础。在本书第一章第二节，将就相关问题作进一步论述。

第二节　狄尔泰构造性伦理学的理论基础

对伦理学问题的关注贯穿狄尔泰的哲学生涯，深刻反映和影响了他的思想发展与变化。然而，正如知名狄尔泰研究者本雅明·克洛（Benjamin Crowe）所言，以往相对其美学、解释学、历史学以及哲学史理论，学界明显忽略了道德心理学、价值理论、教育学以及实践理性等更广泛的基础性研究在狄尔泰整体哲学思想中的重要地位。② 因此，在系统阐释狄尔泰构造性伦理学思想之前，有必要首先阐明伦理学在其"历史理性批判"总工程中所处的基础性地位，以及精神科学体系与其之间的关联性。

一、"历史理性批判"总工程

1860 年，狄尔泰第一次在日记中提到"基于我们的历史-哲学世界

---

① DILTHEY W. Gesammelte Schriften. Band I. Einleitung in die Geisteswissenschaften. Versuch einer Grundlegung für das Studium der Gesellschaft und der Geschichte. Erster Band ［M］. hrsg. von GROETHUYSEN B. Göttingen：Vandenhoeck & Ruprecht Verlag，1914：32.

② CROWE B. Dilthey's Ethical Theory ［C］//NELSON E S（ed.）. Interpreting Dilthey：Critical Essays. New York：Cambridge University Press，2019：159.

观"完成一个"新纯粹理性批判"（eine neue Kritik der reinen Vernunft）的目标，意在借鉴康德对自然科学奠基的"纯粹理性批判"（Kritik der reinen Vernunft），实现对以社会历史世界为研究对象的精神科学的奠基。① 在《精神科学导论》（第一卷）中，他将这一能够完成"阐释精神科学的认识论基础，以及使用该基础上获取的辅助手段来确定诸门具体精神科学之间的内在关联、认识活动在其中得以可能的界限以及真理间的关系"任务的解决方案，称作"历史理性批判（Kritik der historischen Vernunft）"，即"对人类认识自我和由他创造的社会和历史的能力的批判（Kritik des Vermögens des Menschen, sich selber und die von ihm geschaffene Gesellschaft und Geschichte zu erkennen）"。② 他此后 50 年孜孜不倦的哲学探索，都可以被视为这一庞大工程的逐步实施和展开过程。《狄尔泰全集》第七卷主编格罗伊图森（B. Groethuysen）在该卷《前言》（Vorbericht）中写道："可以说，狄尔泰此后③创作的几乎所有作品基本上都只是对《精神科学导论》（第一卷）的继续推进，以至于最终可以为全集中几乎所有分卷都冠以这样一个总称——精神科学导论，或者说：历史理性批判。"④

在晚年未出版的手稿《历史理性批判草稿》（Entwürfe zur Kritik der historischen Vernunft, 1907—1910）中，他再一次对"历史理性批判"任务进行总结："精神世界的关联产生于主体之中。精神直至确定这一

---

① DILTHEY W. Der junge Dilthey. Ein Lebensbild in Briefen und Tagebüchern 1852–1870 [C]. hrsg. von Clara Misch geb. Dilthey. Leipzig: B. G. Teubner Verlag, 1933: 120.
② DILTHEY W. Gesammelte Schriften. Band I. Einleitung in die Geisteswissenschaften. Versuch einer Grundlegung für das Studium der Gesellschaft und der Geschichte. Erster Band [M]. hrsg. von GROETHUYSEN B. Göttingen: Vandenhoeck & Ruprecht Verlag, 1914: 116.
③ 这里指 1883 年《精神科学导论》（第一卷）出版后。
④ DILTHEY W. Gesammelte Schriften. Band VII. Der Aufbau der geschichtlichen Welt in den Geisteswissenschaften [M]. hrsg. von GROETHUYSEN B. Göttingen: Vandenhoeck & Ruprecht Verlag, 1927: V.

世界的意义关联为止的运动，将各个逻辑过程彼此联结起来。因此，一方面这一精神世界成为理解主体的创造，而另一方面精神的运动则意于在其内部达成一种客观知识。于是，我们现在面对这样一个难题，即主体中精神世界的构建何以使关于精神实在的知识成为可能。"① 在他看来，要完成这一任务，必须首先"对共同作用带来这一关联的各个功能进行筛检，并随后指明它们中的每一个在构造精神世界的历史进程及对其系统性的发现过程中发挥何种作用"②。他清晰地认识到精神世界的历史进程之于解决存在于与真理的关联性之中的困难的意义，并认为它是"逐步从经验中推导出精神科学理解的真正原则"③ 的关键。

由此可见，狄尔泰的"历史理性批判"，本质上是一种基于完整的生命经验、从鲜活的历史进程出发的认识论意义上的批判。在整个"历史理性批判"工程的实施过程中，伦理学与源于生活实践的诸门具体精神科学之间存在着紧密的天然联系。因为这些具体精神科学都是在社会生活实践的需求下建立起来的，因此都必然包含价值判断与道德规范方面的内容。④ "生命现象的实质，就是对其中包含的活生生的价值关联的表达（der Ausdruck des lebendigen Wertzusammenhangs in ihnen）。在从内部规定理念和规范的生命表达（die Äußerungen des Lebens）中，

---

① DILTHEY W. Gesammelte Schriften. Band VII. Der Aufbau der geschichtlichen Welt in den Geisteswissenschaften［M］. hrsg. von GROETHUYSEN B. Göttingen：Vandenhoeck & Ruprecht Verlag，1927：191.

② DILTHEY W. Gesammelte Schriften. Band VII. Der Aufbau der geschichtlichen Welt in den Geisteswissenschaften［M］. hrsg. von GROETHUYSEN B. Göttingen：Vandenhoeck & Ruprecht Verlag，1927：191.

③ DILTHEY W. Gesammelte Schriften. Band VII. Der Aufbau der geschichtlichen Welt in den Geisteswissenschaften［M］. hrsg. von GROETHUYSEN B. Göttingen：Vandenhoeck & Ruprecht Verlag，1927：191.

④ DILTHEY W. Gesammelte Schriften. Band I. Einleitung in die Geisteswissenschaften. Versuch einer Grundlegung für das Studium der Gesellschaft und der Geschichte. Erster Band［M］. hrsg. von GROETHUYSEN B. Göttingen：Vandenhoeck & Ruprecht Verlag，1914：3.

这一实质完成自我表达。"① 狄尔泰显然并不赞成对生命事实和道德规范作绝对区分，而是试图在更广泛的统一的生命框架下，由内在经验出发理解和表达诸门具体精神科学与它们所探究的社会历史实在之间的关系。

生命（das Leben）是狄尔泰哲学思想的核心概念，后者也因此常被称作生命哲学（die Lebensphilosophie），这一说法也得到他本人的认可②。但需要强调的是，"此"生命哲学非"彼"生命哲学——生物还原论（Biologischer Reduktionismus）意义上的生命哲学。前者意义上的生命哲学不仅追问至善实现的可能性，也追问至善本身，在至善的伦理视角下审视一切人类认识和行为。换句话说，生命哲学是对好生活以及正确行为的追问，而生命哲学的基本问题也可以被归结为以下两点，即个体如何达到他存在的最高价值，以及社会如何达到它的至善。美国埃默里大学狄尔泰研究专家鲁道夫·马克瑞尔（Rudolf A. Makkreel）教授认为，生命在狄尔泰那里"被视为人类全部自然追求、精神追求以及历史关切的总体框架（the overall context）"③。这意味着，生命"并非作为理性的反命题，而是作为一种包含理性的力量（as a force encompasses reason）被诉求"④。故此，研究学者们在将目光投向狄尔泰旨在

---

① DILTHEY W. Gesammelte Schriften. Band V. Die geistige Welt. Einleitung in die Philosophie des Lebens. Erste Hälfte: Abhandlungen zur Grundlegung der Geisteswissenschaften［M］. hrsg. von MISCH G. Göttingen: Vandenhoeck & Ruprecht Verlag, 1924: 267.
② DILTHEY W. Gesammelte Schriften. Band I. Einleitung in die Geisteswissenschaften. Versuch einer Grundlegung für das Studium der Gesellschaft und der Geschichte. Erster Band［M］. hrsg. von GROETHUYSEN B. Göttingen: Vandenhoeck & Ruprecht Verlag, 1914: 58.
③ MAKREEL R A. Dilthey as a Philosopher of Life［C］//CAMPBELL S M, BRUNO P W (ed.). The Science, Politics, and Ontology of Life-Philosophy. London: Bloomsbury Publishing, 2013: 3.
④ MAKREEL R A. Dilthey as a Philosopher of Life［C］//CAMPBELL S M, BRUNO P W (ed.). The Science, Politics, and Ontology of Life-Philosophy. London: Bloomsbury Publishing, 2013: 3.

拓展康德理性批判的"历史理性批判"总工程，及其在后者为自然科学奠基之外寻求为精神科学奠基的努力时，更应明确一点——"精神科学需要在与使之诞生的实践的关联中被理解"①。

二、精神科学体系中的伦理学

在《精神科学导论》（第一卷）中，狄尔泰将社会历史实在视为精神科学的研究对象，在构造精神科学体系之初就明确该研究对于人类生活实践中实际需要的观照，具有强烈的实践指向性。② 而对社会历史实在的具体和系统分析，则使得诸门具体精神科学成为构建精神科学体系过程中必不可少的重要环节，伦理学就是其中之一。在《精神科学导论》（第一卷）第一部分第七章"诸文化系统的科学（die Wissenschaften von den Systemen der Kultur）"中，狄尔泰第一次将伦理学（Sittenlehre）界定为精神科学体系的"诸文化系统（Systeme der Kultur）"中的"一种文化系统的科学（eine Wissenschaft von einem System der Kultur）"。

在狄尔泰构建的精神科学体系中，诸文化系统的科学和社会外在组织的科学（die Wissenschaften der äußeren Organisation der Gesellschaft）是除心理学和人类学基础学科之外由诸门具体精神科学构成的"二级理论"（Theorie zweier Ordnung; zwei weiteren Klassen von Einzelwisen-

---

① MAKREEL R A. Dilthey as a Philosopher of Life ［C］//CAMPBELL S M, BRUNO P W (ed.). The Science, Politics, and Ontology of Life-Philosophy. London: Bloomsbury Publishing, 2013: 3.

② DILTHEY W. Gesammelte Schriften. Band I. Einleitung in die Geisteswissenschaften. Versuch einer Grundlegung für das Studium der Gesellschaft und der Geschichte. Erster Band ［M］. hrsg. von GROETHUYSEN B. Göttingen: Vandenhoeck & Ruprecht Verlag, 1914: 3-4.

schaften)①。其中，诸文化系统的科学是"基于人类天性某一部分形成并持存的目的（Zweck），使各个个体的心理行为建立联系并进而联结成目的关联总体（Zweckzusammenhang）的持久构造物（dauernde Gebil-de）"②，主要包括宗教、艺术与伦理学等；社会外在组织则指"将个体意志统一于一个整体的关联"，"处于自然划分或者推动人类天性的目的之中"的"持久的原因（dauernde Ursachen）"，或者说"个体意志持久关联形成的构造物（das Gefüge dauernder Bindungen der Willen）"，包含家庭、部落直至国家、共同体（Gemeinschaft）。③ "人天生是一种政治动物"④，亚里士多德（Aristotélēs）所代表的人性论的研究传统显然在狄尔泰这里得到了继承和发展。他与以往学者的最大不同之处在于，他将这一研究传统与诸文化系统、社会外在组织以及它们对个体保障功能的研究有机结合起来。而后者正是产生于人类社会个体彼此交往、形成持久的相互关联的基本特征之上。

在《精神科学导论》（第一卷）中，个体（das Individuum）不仅被视为理解社会生命诸系统（Systeme des gesellschaftlichen Lebens）概念丰富性的出发点，也被视作社会组成部分的精神科学的第一组研究对象。这一方面意味着狄尔泰对存在于诸个体之内的独特的不可转移（nicht übertragbar）之处的肯定，另一方面也表明他对以个体间的共性

---

① DILTHEY W. Gesammelte Schriften. Band I. Einleitung in die Geisteswissenschaften. Versuch einer Grundlegung für das Studium der Gesellschaft und der Geschichte. Erster Band［M］. hrsg. von GROETHUYSEN B. Göttingen：Vandenhoeck & Ruprecht Verlag, 1914：41-42. 谢地坤. 走向精神科学之路——狄尔泰哲学思想研究［M］. 南京：江苏人民出版社, 200：49；R. A. 麦克瑞尔, F. 罗迪. 狄尔泰《精神科学导论》概述——《狄尔泰选集》第一卷导言［J］. 安延明, 译. 世界哲学, 2007（02）：47.

② R. A. 麦克瑞尔, F. 罗迪. 狄尔泰《精神科学导论》概述——《狄尔泰选集》第一卷导言［J］. 安延明, 译. 世界哲学, 2007（02）：43.

③ R. A. 麦克瑞尔, F. 罗迪. 狄尔泰《精神科学导论》概述——《狄尔泰选集》第一卷导言［J］. 安延明, 译. 世界哲学, 2007（2）：43.

④ 亚里士多德. 政治学［M］. 颜一, 秦典华, 译. 北京：中国人民大学出版社, 2003：4.

（Gleichartigkeit der Individuen）为条件的生命内容的共同之处（Gemein-samkeiten des Lebensinhaltes）的笃定态度。与前者无法进入社会生活体系的状况不同，后者则构成社会的整体性生活或者诸文化系统存在的基础，并且不会随着个体的消亡而消失。"按照这样一个系统的目的，以充满价值的方式构造的外在世界的组成部分，与个体活生生的、暂时的行为之间的关联，使这些系统产生出一种不依赖于个体自身的外在长久存在（äußere Dauer）和普遍客观性特征。"① 于是，在人类文化发展的进程中，人类个体的诞生与消亡都无损于诸文化系统的存在，反倒作为人类天性某一部分的体现或者说与其之间的关联性，而更加有助于补充和具体展现人类天性的内容与丰富性。此外，个体作为多样的诸文化系统的交叉点（Kreuzungspunkt），也通过丰富的人类生命活动展现自身的多样性（Vielseitigkeit）。狄尔泰始终在社会历史实在整体当中具体分析和研究这些并存的文化诸体系，"因为它们当中的每一个都是人类天性某一部分的产物，存在于其中的、由社会生命的目的关联总体决定的行为的产物"②。而诸文化系统与社会外在组织或多或少的关联性也决定了对前者的构造过程，因为后者的意志影响着从属于它的一切外在活动。

　　狄尔泰在精神科学体系中对伦理学与法学（die Wissenschaften des Rechts）进行明确区分：前者如上文所述，是"诸文化系统"中的一门"文化系统的科学"，而后者的研究对象法律（das Recht）则兼具文化系统和社会外在组织两方面的特征。在狄尔泰看来，法律是"一种基

---

① DILTHEY W. Gesammelte Schriften. Band I. Einleitung in die Geisteswissenschaften. Versuch einer Grundlegung für das Studium der Gesellschaft und der Geschichte. Erster Band ［M］. hrsg. von GROETHUYSEN B. Göttingen：Vandenhoeck & Ruprecht Verlag, 1914：50.

② DILTHEY W. Gesammelte Schriften. Band I. Einleitung in die Geisteswissenschaften. Versuch einer Grundlegung für das Studium der Gesellschaft und der Geschichte. Erster Band ［M］. hrsg. von GROETHUYSEN B. Göttingen：Vandenhoeck & Ruprecht Verlag, 1914：52.

于正义感（das Rechtsbewusstsein）的、作为持续有效的心理学事实（psychologische Tatsache）的目的关联总体"①，其功能旨在通过"一种稳定和普遍有效的测定（Abmessung）"达成"一种对意志的外在约束（eine äußere Bindung der Willen）"②，以便确定相互关联中的个体权力范围，确定事物组成的世界的相互关系，以及集体意志（der Gesamtwille）在其中发挥的重要作用。这里所说的"正义感"，显然并非一种理论上的认识结果，而是一种意志事实（Willenstatbestand）。而法律对于个体意志的"外在约束"，更多体现的是在其背后的集体意志，或者说是"存在于社会外在组织中的总体的统一意志（der ein-heitliche Wille einer Gesamtheit）"③。可以说，个体意志的正义感与集体意志对法律的支持相互交织，共同推动法律的发展。在前者中发挥核心作用的正是人类天性的某些部分，而社会外在组织更多是在法律"稳定和普遍有效的测定"中，依照事实以及与自身的关系来确定"从属于它的个体彼此之间权力范围（die Machtsphären der ihm Unterworfenden gegeneinander）"④ 的秩序。

在《精神科学导论》（第一卷）第一编第十二章第二节《对诸文化系统的认识——伦理学是一门文化系统的科学》（*Die Erkenntnis der Systeme der Kultur. Sittenlehre ist eine Wissenschaft von einem System der Kul-*

---

① DILTHEY W. Gesammelte Schriften. Band I. Einleitung in die Geisteswissenschaften. Versuch einer Grundlegung für das Studium der Gesellschaft und der Geschichte. Erster Band［M］. hrsg. von GROETHUYSEN B. Göttingen：Vandenhoeck & Ruprecht Verlag，1914：54.
② DILTHEY W. Gesammelte Schriften. Band I. Einleitung in die Geisteswissenschaften. Versuch einer Grundlegung für das Studium der Gesellschaft und der Geschichte. Erster Band［M］. hrsg. von GROETHUYSEN B. Göttingen：Vandenhoeck & Ruprecht Verlag，1914：55.
③ DILTHEY W. Gesammelte Schriften. Band I. Einleitung in die Geisteswissenschaften. Versuch einer Grundlegung für das Studium der Gesellschaft und der Geschichte. Erster Band［M］. hrsg. von GROETHUYSEN B. Göttingen：Vandenhoeck & Ruprecht Verlag，1914：56.
④ DILTHEY W. Gesammelte Schriften. Band I. Einleitung in die Geisteswissenschaften. Versuch einer Grundlegung für das Studium der Gesellschaft und der Geschichte. Erster Band［M］. hrsg. von GROETHUYSEN B. Göttingen：Vandenhoeck & Ruprecht Verlag，1914：56.

tur）中，狄尔泰首先肯定伦理系统（ein System der Sittlichkeit）是一种和宗教与法律一样真实存在的社会历史实在，它"在漫长的历史进程中得到发展，在不同地点以多样方式发展出独立特征，在多种形式中被表达出来"①。紧接着，狄尔泰区分礼俗伦常（Sitte）、伦理（Sittlichkeit）与伦理学（Sittenlehre）三个概念：礼俗伦常指"惯例，反复出现之物，行为之中稳定和普遍之物的形式，构成中立的基础，自身不仅包含对被发现的在尽可能小的抵抗下达到目的的行为的合目的性（Zweckmäßigkeit des Handelns）的获取，还包含被搜集到的道德准则的丰富性（Reichtum von Maximen der Sittlichkeit），甚至还囊括某些可以体现共同的正义信念（Inbegriff gemeinsamer Rechtsüberzeugungen）的习惯法（Gewohnheitsrecht）——只要这些信念能够通过训练成为掌控诸个体的力量"②。在不同的民族和国家中，礼俗伦常表现出明显的独立性和差异性。与礼俗伦常不同，伦理指"一种只由于各个组成部分（Gliederungen）、共同体（Gemeinschaften）以及团体（Verbänden）存在差异而得到更改的独一无二的理想体系（Idealsystem）"③。伦理学则指对伦理的研究，既可以被视为一门兼具客观性和描述性的科学，也可被视为一种对个体生命具有规范功能的命令体系。④

狄尔泰认为，伦理学研究也必须将心理学方法和历史学方法相结

① DILTHEY W. Gesammelte Schriften. Band I. Einleitung in die Geisteswissenschaften. Versuch einer Grundlegung für das Studium der Gesellschaft und der Geschichte. Erster Band ［M］. hrsg. von GROETHUYSEN B. Göttingen：Vandenhoeck & Ruprecht Verlag, 1914：61.

② DILTHEY W. Gesammelte Schriften. Band I. Einleitung in die Geisteswissenschaften. Versuch einer Grundlegung für das Studium der Gesellschaft und der Geschichte. Erster Band ［M］. hrsg. von GROETHUYSEN B. Göttingen：Vandenhoeck & Ruprecht Verlag, 1914：61.

③ DILTHEY W. Gesammelte Schriften. Band I. Einleitung in die Geisteswissenschaften. Versuch einer Grundlegung für das Studium der Gesellschaft und der Geschichte. Erster Band ［M］. hrsg. von GROETHUYSEN B. Göttingen：Vandenhoeck & Ruprecht Verlag, 1914：61.

④ HERFURTH T. Diltheys Schriften zur Ethik. Der Aufbau der moralischen Welt als Resultat einer Kritik der instropektiven Vernunft ［M］. Würzburg：Königshausen & Neumann, 1992：97.

合。具体来说就是在运用心理学的"自身思义"的同时，细致考察伦理/伦理系统在历史上不同国家和民族中的变化状况。但这并不意味着人类行为成为伦理研究的首要对象，因为伦理并非存在于人类行为之中，而是存在于"一组特定的意识事实（in einer bestimmten Gruppe von Tatsachen des Bewusstseins）及由其带来的人类行为的相应部分"① 之中。因此，伦理学研究的第一步就是要"从整体上领会意识事实（diese Tatsachen des Bewußtseins in ihrer Vollständigkeit aufzufassen）"②。在狄尔泰看来，伦理具有双重形态③：其一是作为"旁观者对行为的判断（Urteil des Zuschauers über Handlungen）"，或者说作为"动机中的活生生的力量（in der Motivation lebendige Kraft）"；其二是作为"赋予行为一种不取决于外在世界中行为成功与否的价值的那一部分动机（als Bestandteil in den Motiven，welcher ihnen einen von dem Erfolg der Handlungen in der Außenwelt）"，或者说作为"从外在针对其他个体行为的不偏不倚的赞同或反对中的反应力量（von außen gegen die Handlungen anderer Individuen in unparteiischer Billigung oder Missbilligung reagierende Kraft）"。传统的伦理学研究往往只针对上述中的一种形态展开，例如针对前者的康德和费希特，再如针对后者的英国伦理学家和赫尔巴特，但显然均错失伦理的全面性与完整性。就"旁观者对行为的判断"而言，其包含的伦理尽管具有原初的完整形式，但却在很大程度上削弱了

---

① DILTHEY W. Gesammelte Schriften. Band I. Einleitung in die Geisteswissenschaften. Versuch einer Grundlegung für das Studium der Gesellschaft und der Geschichte. Erster Band ［M］. hrsg. von GROETHUYSEN B. Göttingen：Vandenhoeck & Ruprecht Verlag, 1914：61.

② DILTHEY W. Gesammelte Schriften. Band I. Einleitung in die Geisteswissenschaften. Versuch einer Grundlegung für das Studium der Gesellschaft und der Geschichte. Erster Band ［M］. hrsg. von GROETHUYSEN B. Göttingen：Vandenhoeck & Ruprecht Verlag, 1914：61.

③ DILTHEY W. Gesammelte Schriften. Band I. Einleitung in die Geisteswissenschaften. Versuch einer Grundlegung für das Studium der Gesellschaft und der Geschichte. Erster Band ［M］. hrsg. von GROETHUYSEN B. Göttingen：Vandenhoeck & Ruprecht Verlag, 1914：61.

伦理动机和内容间的内在关联，未能充分呈现其在行为者的伦理斗争中发挥的作用。但另一方面，狄尔泰也清楚意识到对伦理动机展开分析的困难性："因为只有动机和行为间的关联是在我们清晰的意识中被给定的，而动机却以一种神秘的方式出场。因此人类的品性（der Charakter des Menschen）对自身而言都成谜，只有通过考察他的行为方式才能管窥一二。"① 在此，狄尔泰还特别指出诗人对人物的塑造相较于对现实生命的直观所独具的优势——"对人类品性、动机和行为间关联的洞悉（Durchsichtigkeit des Zusammenhangs von Charakter，Motiv und Handlung）"，因此诗人笔下所刻画的人物总能体现一种相较于他人更为"耀目"的光芒，即展现所谓"现实的人的表象中的审美成分"。②

与伦理的双重形态相对应，能够激发伦理意识之物也具有两种形式的力量③：一种是个体构造自我的伦理意识并在伦理意识的推动下对自身行为树立规范的直接作用力，另一种是使伦理意识在社会中发挥作用的间接作用力。前者凸显良心为"一切令生命对人类而言值得过（lebenswert）之物"奠基的基础性地位，因为"为了能够活下去，有尊严感（Gefühl seiner Würde）并且凭此冷静正视可能因没有尊严感而发生转变之物的人自身和他所爱之人都需要这一基础"；后者则彰显社会中形成的伦理意识对个体产生的压力，也正是基于此伦理系统才得以在社会各个领域中对各种动机施加影响。这尤其体现在法律的强制力不起作

① DILTHEY W. Gesammelte Schriften. Band I. Einleitung in die Geisteswissenschaften. Versuch einer Grundlegung für das Studium der Gesellschaft und der Geschichte. Erster Band ［M］. hrsg. von GROETHUYSEN B. Göttingen：Vandenhoeck & Ruprecht Verlag，1914：62.

② DILTHEY W. Gesammelte Schriften. Band I. Einleitung in die Geisteswissenschaften. Versuch einer Grundlegung für das Studium der Gesellschaft und der Geschichte. Erster Band ［M］. hrsg. von GROETHUYSEN B. Göttingen：Vandenhoeck & Ruprecht Verlag，1914：62.

③ DILTHEY W. Gesammelte Schriften. Band I. Einleitung in die Geisteswissenschaften. Versuch einer Grundlegung für das Studium der Gesellschaft und der Geschichte. Erster Band ［M］. hrsg. von GROETHUYSEN B. Göttingen：Vandenhoeck & Ruprecht Verlag，1914：62.

用的时候，诸如公众意见、他人判断与荣誉等使社会团结的有力纽带使人们确信"对他加以评判之人中的大多数一旦可以摆脱世界对他们的评判将如他一般行为时：即便这也不能撤销向人类心灵布下的魔咒，就像一只猛兽不能摆脱勇敢者正视的眼神，就像盗贼不能摆脱法律上百双眼睛的审视"①。此外，社会伦理意识对个体所施加的压力还体现为一种"集体的伦理良心（das sittliche Gesamtgewissen）"的调控力量，在处于伦理不同发展阶段——初始阶段、未充分发展阶段或已充分发展阶段的人身上，均能引发"伦理文化整体结果的转移（die Übertragung des Gesamtergebnisses der sittlichen Kultur）"。②而这里所说的"伦理文化整体结果"——社会伦理系统，显然不是单一个体可以随时在自身生命经验中独立完整把握的。

于是，类似于康德对道德的划分——德性义务（Tugendpflicht）和法权义务（Rechtspflicht），精神科学体系中依靠内在强制（Innerer Zwang）的诸文化系统——诸如伦理学，与依赖外在强制（der äußere Zwang）的社会外在组织——诸如法律，共同对人类行为实施"调控"。在诸门具体精神科学中，伦理学并没有成为调控个体生命的"命令的纯粹体现（bloßer Inbegriff von Imperativen）"③，而它的研究对象伦理系统却是在社会生命中发挥效用的重要文化系统之一。狄尔泰认为，精神科学中的这些文化系统在社会中呈现出一定的有机体（Organismus）

---

① DILTHEY W. Gesammelte Schriften. Band I. Einleitung in die Geisteswissenschaften. Versuch einer Grundlegung für das Studium der Gesellschaft und der Geschichte. Erster Band［M］. hrsg. von GROETHUYSEN B. Göttingen：Vandenhoeck & Ruprecht Verlag, 1914：63.

② DILTHEY W. Gesammelte Schriften. Band I. Einleitung in die Geisteswissenschaften. Versuch einer Grundlegung für das Studium der Gesellschaft und der Geschichte. Erster Band［M］. hrsg. von GROETHUYSEN B. Göttingen：Vandenhoeck & Ruprecht Verlag, 1914：63.

③ DILTHEY W. Gesammelte Schriften. Band I. Einleitung in die Geisteswissenschaften. Versuch einer Grundlegung für das Studium der Gesellschaft und der Geschichte. Erster Band［M］. hrsg. von GROETHUYSEN B. Göttingen：Vandenhoeck & Ruprecht Verlag, 1914：63.

的特征，即"凭借自身单个行为对其他行为的不断适应，以及属于这些系统的社团统一的目的行为，达成功能与成果的普遍相互适应"①。最终，人类各种具有作为"社会构造力量（Bildungskräfte der Gesellschaft）"②的生命目的的行为，只有依靠国家这一社会外在组织才得以统一于一个更高的秩序。

三、心理学基础与描述性心理学方法

在构建精神科学体系的过程中，心理学始终是狄尔泰重点关注的研究领域。即便在晚期所谓"解释学转向"③之后，狄尔泰也未曾改变将心理学视为精神科学基础学科的基本观点。这集中体现在他为《精神

---

① DILTHEY W. Gesammelte Schriften. Band I. Einleitung in die Geisteswissenschaften. Versuch einer Grundlegung für das Studium der Gesellschaft und der Geschichte. Erster Band ［M］. hrsg. von GROETHUYSEN B. Göttingen：Vandenhoeck & Ruprecht Verlag, 1914：64.

② DILTHEY W. Gesammelte Schriften. Band I. Einleitung in die Geisteswissenschaften. Versuch einer Grundlegung für das Studium der Gesellschaft und der Geschichte. Erster Band ［M］. hrsg. von GROETHUYSEN B. Göttingen：Vandenhoeck & Ruprecht Verlag, 1914：64.

③ 所谓"解释学转向"，指的是斯普朗格（Eduard Spranger, 1882—1963）和格罗伊图森等早期狄尔泰研究学者普遍认同的一种观点，即狄尔泰由于《关于一种描述性与分析性心理学的观念》（*Ideen über eine eine beschreibende und zergliedernde Psychologie*, 1894）发表后受到艾宾浩斯、李凯尔特以及文德尔班等人严厉批判，而在1900年后彻底转向了解释学，放弃了心理学（更准确地说是结构心理学，描述性心理学/描述性与分析性心理学，或者说比较心理学）作为精神科学基础学科的地位。但自20世纪末以来，基于心理学相关理论和文本在狄尔泰各阶段作品中的延续性和一致性，国外学界已经基本推翻了这一看法。目前，罗迪、约哈赫和约斯·德·穆尔等主流研究者较为认可的观点是，狄尔泰的学术生涯并不存在严格意义上的心理学和解释学阶段的分野，那只是由于不同阶段研究侧重点不同而令学者们产生的误解。GROETHUYSEN B. Vorbericht des Herausgebers ［M］//GROETHUYSEN B（Hrsg.）. Gesammelte Schriften. Band V. Leipzig：Verlag von B. G. Teubner, 1924：IXBOLLNOW O F. Dilthey：Eine Einführung in seine Philosophie ［M］. Stuttgart：W. Kohlhammer Verlag, 1967：215JOHACH H, RODI F. Vorbericht des Herausgebers ［M］//JOHACH H, RODI F（Hrsg.）. Gesammelte Schriften. Band XIX. Göttingen：Vendenhoeck & Ruprecht, 1982：lvDE MUL J. The Tragedy of Finitude：Dilthey's Hermeneutics of Life ［M］. Translated by Tony Burrett. London：Yale University, 2004：185-187LESSING H-U. Die Idee einer Kritik der historischen Vernunft. Wilhelm Diltheys erkenntnistheoretisch-logisch-methodologische Grundlegung der Geisteswissenschaften ［M］. München：Karl Alber Verlag, 1984：23-24.

科学导论》（第二卷）撰写的写作计划《布列斯牢草稿》（*Breslauer Ausarbeitung*, 1882）以及《柏林计划》（*Berliner Entwurf*, 1893）① 中。在《柏林计划》中，关于心理学的部分甚至单独占据一个分册② 并且取代了认识论在"历史理性批判"总工程中的基础性地位，充分彰显了心理学在狄尔泰自身精神科学思想体系中的重要性。

在具体精神科学——伦理学的研究中，心理学的基础性地位同样不可撼动。狄尔泰在《精神科学导论》（第一卷）中就曾明确指出，只有"借助于一门真正的描述性心理学"才能解决伦理学研究中哲学探究与实证研究相分离的问题，才能充分说明诸如意志、责任等概念，才能真正确立相关基本原理并最终解决学者们在伦理学研究立场

---

① 它们均被收录在《狄尔泰全集》第十九卷（*GS XIX*）中。《精神科学导论》最初计划出版两卷，共五册。其中，已出版的第一卷主要为狄尔泰针对精神科学的历史性研究，包含前两册《诸门具体精神科学关联总览及其阐明的某种基础学科的必要性》（*Übersicht über den Zusammenhang der Einzelwissenschaften des Geistes, in welcher die Notwendigkeit einer grundlegenden Wissenschaft dargetan wird*）和《作为精神科学基础的形而上学——它的繁盛与衰落》（*Metaphisik als Grundlage der Gesiteswissenschaften. Ihre Herrschaft und ihr Verfall*）；《布列斯牢草稿》和《柏林计划》是未完成的第二卷的写作计划，主要为狄尔泰对自身精神科学思想的系统阐释。前者包含四册，依次为《经验科学与认识论阶段——当下精神科学的问题》（*Das Stadium der Erfahrungswissenschaften und der Erkenntnistheorie. Das heutige Problem der geistigen Wissenschaften*）、《认识的奠基》（*Grundlegung der Erkenntnis*）、《思维，它的法则与形式——它们与实在的关系》（*Das Denken, seine Gesetzte und seine Formen. Die Beziehung derselben zur Wirklichket*）以及《对精神实在的认识与精神科学间的关联》（*Die Erkenntnis der geistigen Wirklichkeit und der Zusammenhang der Wissenschaften des Geistes*）；后者也包含四册，分别为《经验科学与认识论阶段——当下精神科学的问题》、《生命——描述性与比较心理学》（*Das Leben. Deskriptive und komparative Psychologie*）、《认识的奠基》以及《关于人类由知识及其分野获得的权力》（*Von der Macht der Menschen durch das Wissen und den Grenzen derselben*），较前者发生了较大变化。DILTHEY W. Gesammelte Schriften. Band XIX. Grundlegung der Wissenschaften vom Menschen, der Gesellschaft und der Geschichte. Ausarbeitungen und Entwürfe zum Zweiten Band der Einleitung in die Geisteswissenschaften（ca. 1870 - 1895）[M]. hrsg. von JOHACH H und RODI F. Göttingen：Vandenhoeck & Ruprecht Verlag, 1982：V–Ⅷ.

② 这里关于心理学的单独分册，指的是第四册《生命——描述性与比较心理学》。

上的根本冲突。① 因为这些问题的根源都在于他们"对人类典型天性的观点差异"②，而心理学的优势恰恰在于借助抽象对"构成社会历史实在活生生的关联（den lebendigen Zusammenhang der geschichtlich-gesell-schaftlichen Wirklichkeit）"的个体，或者说"作为内在经验中的给定事实（in der inneren Erfahrung als Tatsachen gegebenen）"存在的"心理-生理生命单元（psycho-physische Lebenseinheiten）"加以分析，从而确定各种"心理个体（psychische Einzelwesen）"在社会历史关联中发展出的各种普遍特征。③ "对社会/历史实在的分析所能得出的最简单结论都存在于心理学中；因而它是诸门具体精神科学中的第一门也是最基本的一门；相应的，它的真理也构成精神科学体系进一步发展的基础。"④ 但狄尔泰也指出，这里所说的心理学的"真理"只包含社会历史现实的一部分内容，因此必须"以与这种实在（注：指社会历史实在）的联系作为前提"："只有借助一种认识论奠基，心理学与其他精神科学以及它们作为部分内容的社会历史实在的关系才能得以说明。"⑤ 狄尔泰是以由心理学与其他精神科学的关联得出结论：精神科学研究需要的必须是一门"描述性科学（deskriptive Wissenschaft）"，必须区别

① DILTHEY W. Gesammelte Schriften. Band I. Einleitung in die Geisteswissenschaften. Versuch einer Grundlegung für das Studium der Gesellschaft und der Geschichte. Erster Band ［M］. hrsg. von GROETHUYSEN B. Göttingen：Vandenhoeck & Ruprecht Verlag, 1914：58-59.

② DILTHEY W. Gesammelte Schriften. Band I. Einleitung in die Geisteswissenschaften. Versuch einer Grundlegung für das Studium der Gesellschaft und der Geschichte. Erster Band ［M］. hrsg. von GROETHUYSEN B. Göttingen：Vandenhoeck & Ruprecht Verlag, 1914：59.

③ DILTHEY W. Gesammelte Schriften. Band I. Einleitung in die Geisteswissenschaften. Versuch einer Grundlegung für das Studium der Gesellschaft und der Geschichte. Erster Band ［M］. hrsg. von GROETHUYSEN B. Göttingen：Vandenhoeck & Ruprecht Verlag, 1914：29-30.

④ DILTHEY W. Gesammelte Schriften. Band I. Einleitung in die Geisteswissenschaften. Versuch einer Grundlegung für das Studium der Gesellschaft und der Geschichte. Erster Band ［M］. hrsg. von GROETHUYSEN B. Göttingen：Vandenhoeck & Ruprecht Verlag, 1914：33.

⑤ DILTHEY W. Gesammelte Schriften. Band I. Einleitung in die Geisteswissenschaften. Versuch einer Grundlegung für das Studium der Gesellschaft und der Geschichte. Erster Band ［M］. hrsg. von GROETHUYSEN B. Göttingen：Vandenhoeck & Ruprecht Verlag, 1914：33.

于基于假设对"精神生命事实（die Tatsachen des geistigen Lebens）"进行阐释的"说明性科学（erklärende Wissenschaft）"。①

正如英国学者霍齐斯（H. A. Hodges）指出的那样，这里将心理学视作"描述性科学"的做法，显然已不符合严格意义上康德对心理学和认识论的区分②。康德认为，心理学作为一门经验科学，其研究对象"经验的自我（the empirical self）"乃是现象界诸现象之一。而认识论则是关于理性的科学，以"决定一切现象可能性的先验原则"为研究对象。但是，康德基于对心理学和认识论的严格区分进而脱离内容谈知觉先验形式的做法，在狄尔泰看来也是不可能的。狄尔泰主要从四个方面批驳康德对认识的内容与形式的严格区分③：第一，通过两个"简单的心理事实（einfache psychische Tatsachen）"。人们可以在不对"并存（Nebeneinander）"的声音加以区分的情况下同时知觉不同的声音，而触觉或者视觉却必须经历一个对"并存"的感觉内容进行"甄别（Außereinander）"的过程。因此，不同的感觉内容显然以不同的总结形式为前提。第二，他探讨感觉内容与意识之间的一般关系："如果脱离约束性的意识（verbindenden Bewusstsein），感觉的多样性（Empfindungs-mannigfaltigkeit）即便是被表象都做不到，更别说存在，那样只会形成一种自身矛盾（contradictio in adjecto）。"因为一方面"感觉的多样性"以差异为前提，而另一方面差异作为一种内容间的关系乃是出于"一种集合的意识（ein zusammenhalten des Bewusstsein）"，这也可以理解为意识

---

① DILTHEY W. Gesammelte Schriften. Band I. Einleitung in die Geisteswissenschaften. Versuch einer Grundlegung für das Studium der Gesellschaft und der Geschichte. Erster Band ［M］. hrsg. von GROETHUYSEN B. Göttingen：Vandenhoeck & Ruprecht Verlag，1914：33.

② HODGES H A. The Philosophy of Wilhem Dilthey ［M］. Westport：Greenwood Press，1974：31.

③ DILTHEY W. Gesammelte Schriften. Band V. Die geistige Welt. Einleitung in die Philosophie des Lebens. Erste Hälfte：Abhandlungen zur Grundlegung der Geisteswissenschaften ［M］. hrsg. von MISCH G. Göttingen：Vandenhoeck & Ruprecht Verlag，1924：77–78.

成为"感觉的多样性"存在的条件。第三，狄尔泰指出，"综合（Synthe-sis）"作为感知的条件，是只能在内容之间发挥的功能，必须以"知觉内容（Wahrnehmung Inhalt）"为前提条件。因而，康德预设因果律的做法并不可取。第四，他认为，如果将感觉设定为"心理要素（psychische Elemente）"，那么将无法理解"它们应该如何从外在通过意识的统一化纽带（das Band des vereinigenden Bewusstseins）建立关联"。而究极心理学与认识论研究的相关性，亦如霍齐斯所说，二者重合的部分就在于"意识作用的基本形式（the basic patterns of mental functi-oning）"，即狄尔泰所说的"生命结构关联"或者"心理结构关联"（Strukturzusammen-hang des Lebens，psychischer Strukturzusammenhang，霍齐斯将二者均英译为 the structural system of life）①。

狄尔泰关于描述性心理学②的发展性论述大量散现于《关于人、社会与国家的科学的历史的研究》（又称"1875 年手稿"，*Über das Studium der Geschichte der Wissenschaften vom Menschen，der Gesellschaft und dem Staat*，1875），《描述性心理学手稿》（*Ausarbeitung der deskrip-tiven Psychologie*，1880），《精神科学导论》（第一卷）（1883）以及后

① DILTHEY W. Gesammelte Schriften. Band V. Die geistige Welt. Einleitung in die Philosophie des Lebens. Erste Hälfte：Abhandlungen zur Grundlegung der Geisteswissenschaften［M］. hrsg. von MISCH G. Göttingen：Vandenhoeck & Ruprecht Verlag，1924：41.
② 结构心理学、描述性心理学、描述性与分析性心理学以及比较心理学，均指狄尔泰的心理学，可大致作为同义词使用。具体来说，狄尔泰将比较心理学视为描述性心理学的继续发展，二者的主要区别在于研究对象不同：后者（狄尔泰又称之为普遍心理学）主要探究心灵生命的共性，前者则是在后者研究基础之上对个体性差异展开分析，以期"把握人类、社会和历史真实性中的个体的形成过程，由此注意个体行为中蕴含的共性（注：谢地坤教授的原文为'相同性'）与普遍性"。而比较心理学的意义就在于，有利于阐明诸门具体精神科学中模糊不清的"个别的偶然"，指明其中蕴含的"人类生命中必然存在的真理"。谢地坤. 走向精神科学之路——狄尔泰哲学思想研究［M］. 南京：江苏人民出版社，2008：46-48.

续一系列美学论文和教育学论文①中。而 1890 年之后发表的《关于一种描述性与分析性心理学的观念》（1894）② 以及《论个体性研究》（原名《关于比较心理学》，1895/1896）③ 则是学界公认的狄尔泰最为成熟的关于心理学的论著。从内容上看，主要包含以下三部分：厘清描述性心理学与说明性心理学的关系；确定描述性心理学的必要性、研究方法与主要任务；阐明描述性心理学的研究对象——心灵生命的结构、发展与个体性问题。

但如本书第一章第一节所言，说明性心理学将自然科学实验方法应用于心理学研究，试图根据生理学和物理学原理对心理、生理和物理现象间的因果关系展开科学性研究，意在最终使心理学成为一门如自然科学一般客观、严密的科学学科。狄尔泰认为，这种"在假说之上构建假说"的做法，无视自然科学与精神科学研究对象和研究方法的差异性，将自然科学针对外在经验的观察、归纳、提出假说和验证的一套方法，生搬硬套到对精神科学内在经验的研究上。于是，"一个通过归纳建立的理论的最大可能性与通过数学基本关系所获取的必然性

---

① 主要指《诗意的想象力与癫狂》（*Dichterische Einbildungskraft und Wahnsinn*，1886），《诗人的想象力：诗学的组成部分》（*Die Einbildungskraft des Dichters. Bausteine für eine Poetik*，1887）和《关于一种普遍有效的教育科学的可能性》（*Über die Möglichkeit einer allgemein-ingültigen pädagogischen Wissenschaft*，1888）等相关论文。

② DILTHEY W. Gesammelte Schriften. Band XIX. Grundlegung der Wissenschaften vom Menschen, der Gesellschaft und der Geschichte. Ausarbeitungen und Entwürfe zum Zweiten Band der Einleitung in die Geisteswissenschaften（ca. 1870－1895）［M］. hrsg. von JOHACH H und RODI F. Göttingen：Vandenhoeck & Ruprecht Verlag，1982：139－240.

③ DILTHEY W. Gesammelte Schriften. Band XIX. Grundlegung der Wissenschaften vom Menschen, der Gesellschaft und der Geschichte. Ausarbeitungen und Entwürfe zum Zweiten Band der Einleitung in die Geisteswissenschaften（ca. 1870－1895）［M］. hrsg. von JOHACH H und RODI F. Göttingen：Vandenhoeck & Ruprecht Verlag，1982：241－316.

（Apodiktizität）之间，始终存在一条不可跨越的深沟"①。即便说明性心理学眼中看似"使一切心灵生命现象变得可理解（begreiflich）"② 的因果关联，也根本无法展现生命"原初而持久地在体验中被给定（ursprünglich und beständig im Erleben gegeben）"③ 的关联性。

"我们说明自然，我们理解心灵生命。"④ 狄尔泰并不认为说明性心理学足以担起为精神科学奠基的重任，他主张创立一种基于体验去把握人类心灵生命整体的"描述性与分析性心理学（beschreibende und zergliedernde Psychologie）"——这也是狄尔泰构造性伦理学的重要基础。他就此给出三个理由：第一，只有从人类心灵的活生生的关联出发，才能理解人类各种文化系统和社会外在组织。"放弃由精神生命被理解的关联出发（aus dem verstandenen Zusammenhang des geistigen Lebens）为精神活动奠基的每一种经验（Empirie），都会徒劳无果。这一点在每一门具体精神科学上得到证明。"⑤ 针对这一点，狄尔泰以宗教（Religion）和法

---

① DILTHEY W. Gesammelte Schriften. Band XIX. Grundlegung der Wissenschaften vom Menschen, der Gesellschaft und der Geschichte. Ausarbeitungen und Entwürfe zum Zweiten Band der Einleitung in die Geisteswissenschaften（ca. 1870 – 1895）［M］. hrsg. von JOHACH H und RODI F. Göttingen：Vandenhoeck & Ruprecht Verlag, 1982：141.

② DILTHEY W. Gesammelte Schriften. Band XIX. Grundlegung der Wissenschaften vom Menschen, der Gesellschaft und der Geschichte. Ausarbeitungen und Entwürfe zum Zweiten Band der Einleitung in die Geisteswissenschaften（ca. 1870 – 1895）［M］. hrsg. von JOHACH H und RODI F. Göttingen：Vandenhoeck & Ruprecht Verlag, 1982：139.

③ DILTHEY W. Gesammelte Schriften. Band XIX. Grundlegung der Wissenschaften vom Menschen, der Gesellschaft und der Geschichte. Ausarbeitungen und Entwürfe zum Zweiten Band der Einleitung in die Geisteswissenschaften（ca. 1870 – 1895）［M］. hrsg. von JOHACH H und RODI F. Göttingen：Vandenhoeck & Ruprecht Verlag, 1982：144.

④ DILTHEY W. Gesammelte Schriften. Band XIX. Grundlegung der Wissenschaften vom Menschen, der Gesellschaft und der Geschichte. Ausarbeitungen und Entwürfe zum Zweiten Band der Einleitung in die Geisteswissenschaften（ca. 1870 – 1895）［M］. hrsg. von JOHACH H und RODI F. Göttingen：Vandenhoeck & Ruprecht Verlag, 1982：144.

⑤ DILTHEY W. Gesammelte Schriften. Band XIX. Grundlegung der Wissenschaften vom Menschen, der Gesellschaft und der Geschichte. Ausarbeitungen und Entwürfe zum Zweiten Band der Einleitung in die Geisteswissenschaften（ca. 1870 – 1895）［M］. hrsg. von JOHACH H und RODI F. Göttingen：Vandenhoeck & Ruprecht Verlag, 1982：147.

学（Jurisprudenz）为例作具体说明①：前者只有在与心理学的关联中才能阐明情感、意志、依赖性、自由、动机等概念，"因为对上帝的意识就在心理生命的关联中产生并获得力量"；后者的规范、法则、责任能力等概念均包含着心理成分，存在进行心理学分析的要求。第二，描述性心理学在将诸门特殊的精神科学关联成一个整体上发挥至关重要的作用。"如果没有使之建立彼此关系与心理关联的联系，诸门具体精神科学将只是一个数集（ein Aggregat），一个捆儿（ein Bündel），却不成其为一个体系。"② 人类各种文化系统和社会外在组织间的联系，只有基于这种"广泛的、具有共性的心灵关联"③ 才可被理解，并且依此和谐共存于各个"心理生命单元（psychische Lebens Einheit）"④ 中。第三，心灵关联是认识过程的基础，认识论的基础就包含在"活生生的意识以及对心灵关联的普遍有效的描述"⑤ 中。而心理学可以直面"心灵关

---

① DILTHEY W. Gesammelte Schriften. Band XIX. Grundlegung der Wissenschaften vom Menschen, der Gesellschaft und der Geschichte. Ausarbeitungen und Entwürfe zum Zweiten Band der Einleitung in die Geisteswissenschaften （ca. 1870–1895）［M］. hrsg. von JOHACH H und RODI F. Göttingen：Vandenhoeck & Ruprecht Verlag, 1982：147.

② DILTHEY W. Gesammelte Schriften. Band XIX. Grundlegung der Wissenschaften vom Menschen, der Gesellschaft und der Geschichte. Ausarbeitungen und Entwürfe zum Zweiten Band der Einleitung in die Geisteswissenschaften （ca. 1870–1895）［M］. hrsg. von JOHACH H und RODI F. Göttingen：Vandenhoeck & Ruprecht Verlag, 1982：148.

③ 原文为"umfassenden, gleichförmigen Zusammenhang"，此处有改动。DILTHEY W. Gesammelte Schriften. Band XIX. Grundlegung der Wissenschaften vom Menschen, der Gesellschaft und der Geschichte. Ausarbeitungen und Entwürfe zum Zweiten Band der Einleitung in die Geisteswissenschaften （ca. 1870–1895）［M］. hrsg. von JOHACH H und RODI F. Göttingen：Vandenhoeck & Ruprecht Verlag, 1982：200.

④ DILTHEY W. Gesammelte Schriften. Band XIX. Grundlegung der Wissenschaften vom Menschen, der Gesellschaft und der Geschichte. Ausarbeitungen und Entwürfe zum Zweiten Band der Einleitung in die Geisteswissenschaften （ca. 1870–1895）［M］. hrsg. von JOHACH H und RODI F. Göttingen：Vandenhoeck & Ruprecht Verlag, 1982：148.

⑤ DILTHEY W. Gesammelte Schriften. Band XIX. Grundlegung der Wissenschaften vom Menschen, der Gesellschaft und der Geschichte. Ausarbeitungen und Entwürfe zum Zweiten Band der Einleitung in die Geisteswissenschaften （ca. 1870–1895）［M］. hrsg. von JOHACH H und RODI F. Göttingen：Vandenhoeck & Ruprecht Verlag, 1982：151.

联作为被体验的现实（erlebte Realität）直接、活生生地被给定"① 的状况，因此在方法论上具有独特优势。鉴于自己所构建的描述性伦理学的已完成部分当时尚不具备成为认识论基础的能力，狄尔泰又进一步提出"自身思义（Selbstbesinnung）"② 的方法，旨在对完整的心灵生命和意识事实进行描述性分析，最终给出"针对心灵生命的完整的、未经歪曲的结论（den ganzen unverstümmelten Befund seelischen Lebens）"③。凭借这一方法，狄尔泰不仅愈加凸显对心灵关联的体验之于完整理解社会历史实在的基础性地位，也为包括描述性心理学在内的诸门具体精神科学奠定更为坚实的基础。

既然描述性心理学是对人类天性普遍特征的把握，要求对生命自身之中被给定的心理事实的关联，或者说被体验的心灵关联进行描述和分析，那么研究方法上也必须做到描述与分析相结合。而将二者有机结合到一起的，就是狄尔泰描述性心理学所独有的"内知觉（Innere Wahrnehmung）"方法，即直接、生动地体验在"前反思的觉识（das Innerwerden）"④ 和"体验（das Erlebnis）" 中被直接给定之物——心灵生命关联，并对其进行描述和分析。这无疑也凸显了描述性心理学方法的本质特征。研究方法上的描述与分析相结合，向描述性心理学提出两项

---

① DILTHEY W. Gesammelte Schriften. Band XIX. Grundlegung der Wissenschaften vom Menschen, der Gesellschaft und der Geschichte. Ausarbeitungen und Entwürfe zum Zweiten Band der Einleitung in die Geisteswissenschaften （ca. 1870 – 1895） ［M］. hrsg. von JOHACH H und RODI F. Göttingen：Vandenhoeck & Ruprecht Verlag，1982：151.

② 国内学者对此术语译法不一，例如谢地坤教授译为"自省"，何卫平教授译为"自身反思"，此处取安延明教授的译法。

③ DILTHEY W. Gesammelte Schriften. Band XIX. Grundlegung der Wissenschaften vom Menschen, der Gesellschaft und der Geschichte. Ausarbeitungen und Entwürfe zum Zweiten Band der Einleitung in die Geisteswissenschaften （ca. 1870 – 1895） ［M］. hrsg. von JOHACH H und RODI F. Göttingen：Vandenhoeck & Ruprecht Verlag，1982：151.

④ 国内学者对此术语译法不一，例如谢地坤教授译为"内觉"，高桦译为"觉察"，此处取安延明教授的译法。

主要任务：一方面，通过描述的方法探究心灵生命关联的结构和各组成部分间的构造规律，认识人类"广泛的、同一的心灵关联"①；另一方面，在心灵生命整体性和关联性的总体框架下对拥有"获得性心灵生命关联总体（erworbener Zusammenhang des Seelenlebens）"的复杂生命现象进行细致分析。在绵延奔涌的生命之流中，心灵关联与心灵生命结构始终处于紧密的内在关系中。因此，在确定描述性心理学的主要任务后，狄尔泰继续就与其相对应的描述性心理学的研究对象——心灵生命的结构、发展与个体性问题展开论述。

狄尔泰从广义上将"结构（Struktur）"概念等同于"心灵关联"概念，因此描述性心理学也被称为"结构心理学（Strukturpsychologie）"②。当描述性心理学把握心理生命结构时，心灵生命关联就被展示出来，并且将不同的"心理状态（psysische Zustände）"或者说"意识过程（Vorgänge des Bewusstseins）"所构成的"心理序列（psychische Reihen）"联结成一个整体。③ 关于狄尔泰"心灵生命结构（die Struktur des Seelenlebens）"的论述，明显受到其伦理学、教育学和诗学相关研究的影响：心灵生命结构"令刺激（Reiz）"与反应活动（reagierende Bewegung）彼此联结，其中心处于本能和情感的集合之中。由此出发，在我们周边环境变化的生命价值（Lebenswert der Veränderungen in unserem Milieu）得到测量（abgemessen werden）的同时，亦可推导出这对

---

① DILTHEY W. Gesammelte Schriften. Band XIX. Grundlegung der Wissenschaften vom Menschen, der Gesellschaft und der Geschichte. Ausarbeitungen und Entwürfe zum Zweiten Band der Einleitung in die Geisteswissenschaften（ca. 1870 – 1895）［M］. hrsg. von JOHACH H und RODI F. Göttingen：Vandenhoeck & Ruprecht Verlag，1982S. 148，S. 200.

② DILTHEY W. Gesammelte Schriften. Band VII. Der Aufbau der geschichtlichen Welt in den Geisteswissenschaften［M］. hrsg. von GROETHUYSEN B. Göttingen：Vandenhoeck & Ruprecht Verlag，1927：17.

③ DILTHEY W. Gesammelte Schriften. Band V. Die geistige Welt. Einleitung in die Philosophie des Lebens. Erste Hälfte：Abhandlungen zur Grundlegung der Geisteswissenschaften［M］. hrsg. von MISCH G. Göttingen：Vandenhoeck & Ruprecht Verlag，1924：200.

环境产生的反作用①。例如，人类伦理世界最强大的三种力量——"饥饿""爱"与"战争"，就是人类最强大的三类与生俱来的本能——"营养本能（der Nahrungstrieb）""性爱与繁衍后代（die Geschlechtsliebe und Sorge für die Nachkommenheit）"以及"保护本能（die Schütztriebe）"发生作用的结果。② 而人类道德教育的基础就在于，这些"具有最强征服力的本能（allbezwingende Triebe）"在人类社会秩序中得到"调控（reguliert werden）"：在"社交情感（gesellige Gefühle）""共同体需求（Bedürfnis nach Gemeinschaft）""保护他人的快乐（Freude an der Schützung anderer）""同情（Sympathie）"以及"行为及其结果带来的快乐（Lust an der Tätigkeit und an der Konsequenz）"的限制下，各种本能既能够发挥正常的功用，又能够得到"秩序内的满足（ordnungsmäßige Befriedigung）"。③ 由此可见，心灵生命结构具有明确的"合目的性（Zweckmäßigkeit）"，或者说是一种由"心灵结构关联的主体内在合目的性（die subjektive immanente Zweckmäßigkeit des seelischen Strukturzusammenhangs）"向"客观合目的性（objektive Zweckmäßigkeit）"的拓展。④

　　而为了解决心灵生命与周边环境的交互所带来的改变，狄尔泰又提

---

① DILTHEY W. Gesammelte Schriften. Band V. Die geistige Welt. Einleitung in die Philosophie des Lebens. Erste Hälfte：Abhandlungen zur Grundlegung der Geisteswissenschaften ［M］. hrsg. von MISCH G. Göttingen：Vandenhoeck & Ruprecht Verlag, 1924：210.

② DILTHEY W. Gesammelte Schriften. Band V. Die geistige Welt. Einleitung in die Philosophie des Lebens. Erste Hälfte：Abhandlungen zur Grundlegung der Geisteswissenschaften ［M］. hrsg. von MISCH G. Göttingen：Vandenhoeck & Ruprecht Verlag, 1924：209.

③ DILTHEY W. Gesammelte Schriften. Band V. Die geistige Welt. Einleitung in die Philosophie des Lebens. Erste Hälfte：Abhandlungen zur Grundlegung der Geisteswissenschaften ［M］. hrsg. von MISCH G. Göttingen：Vandenhoeck & Ruprecht Verlag, 1924：209-210.

④ DILTHEY W. Gesammelte Schriften. Band V. Die geistige Welt. Einleitung in die Philosophie des Lebens. Erste Hälfte：Abhandlungen zur Grundlegung der Geisteswissenschaften ［M］. hrsg. von MISCH G. Göttingen：Vandenhoeck & Ruprecht Verlag, 1924：210.

出要在对心灵生命的"宽度"作静态观察的基础上，对其"长度"作动态分析。"发展/进化史（Entwicklungsgeschichte）的关联，说明了结构的关联。"① 尽管描述性心理学描述心灵生命的结构，分析其历史发展/进化过程，但狄尔泰也清楚意识到这一方法在揭示心灵生命"统一性本质"方面的无能为力："被设定为心灵过程条件的统一性本质，对我们而言是完全未知的。对它的探究，跨越了我们认识的边界。"② 因此，他也只是以一种与康德设置物自体的做法类似的方式，巧妙回避了描述性心理学可能遭遇的形而上学诘问。③

如果说描述性心理学对心灵生命的结构及其发展的研究，关注的是心灵生命的"共性"，那么对个体性问题的研究则聚焦于其"差异性"。狄尔泰不认同以往哲学家们过分抬高"个体性（die Individualität）"地位的做法。例如，施莱尔马赫就是将个体性的价值溯源至上帝的"神性（Gottheit）"之上，并因此将其设想成"一种诞生于神性的世界秩序的原初的、被设定具有统一性之物（ein Ursprüngliches, Einheitlich-Gesetztes）"④。这在狄尔泰看来不过是一种无法被证明的对伦理事实的形而上学解读罢了。此外，这种以象征性方式说明内在经验的做法，也显然无视了可经验世界的边界。与此形成鲜明对比的，是描述性心理学的做法："搜集我们关于个体性的经验，确立对其进行描述的术

---

① DILTHEY W. Gesammelte Schriften. Band V. Die geistige Welt. Einleitung in die Philosophie des Lebens. Erste Hälfte：Abhandlungen zur Grundlegung der Geisteswissenschaften ［M］. hrsg. von MISCH G. Göttingen：Vandenhoeck & Ruprecht Verlag, 1924：213.

② DILTHEY W. Gesammelte Schriften. Band V. Die geistige Welt. Einleitung in die Philosophie des Lebens. Erste Hälfte：Abhandlungen zur Grundlegung der Geisteswissenschaften ［M］. hrsg. von MISCH G. Göttingen：Vandenhoeck & Ruprecht Verlag, 1924：224.

③ 谢地坤. 走向精神科学之路——狄尔泰哲学思想研究 ［M］. 南京：江苏人民出版社, 2008：44.

④ DILTHEY W. Gesammelte Schriften. Band V. Die geistige Welt. Einleitung in die Philosophie des Lebens. Erste Hälfte：Abhandlungen zur Grundlegung der Geisteswissenschaften ［M］. hrsg. von MISCH G. Göttingen：Vandenhoeck & Ruprecht Verlag, 1924：228.

语并加以分析……描述，只有凭借那些从本质上表达特殊之物（an dem Besonderen）的共性的一般性概念，才能获取展示这种特殊之物的辅助手段。分析，只能为共性关系提供根据，以便在思维中把握和展示始于独特之物（an einem Eigentümlichen stattfinden）的关系。"① 由此可见，狄尔泰并不认为人类个体间存在着本质上的差异，那些看似"质"的差异也只不过是共性基础上表现出的"量"或者"强度"（Stärkegrad）② 的差别。

值得特别注意的是，狄尔泰在对心灵生命结构的分析中也对道德判断和道德行为的可能性作出了元伦理学说明③，从而为人类的伦理实践奠定规范性基础。这也使他不得不与康德伦理学对道德规范之源的先验设定产生正面交锋，相关论述详见本书第二章。

---

① DILTHEY W. Gesammelte Schriften. Band V. Die geistige Welt. Einleitung in die Philosophie des Lebens. Erste Hälfte：Abhandlungen zur Grundlegung der Geisteswissenschaften ［M］. hrsg. von MISCH G. Göttingen：Vandenhoeck & Ruprecht Verlag, 1924：228.

② DILTHEY W. Gesammelte Schriften. Band V. Die geistige Welt. Einleitung in die Philosophie des Lebens. Erste Hälfte：Abhandlungen zur Grundlegung der Geisteswissenschaften ［M］. hrsg. von MISCH G. Göttingen：Vandenhoeck & Ruprecht Verlag, 1924：230.

③ DE MUL J. The Tragedy of Finitude：Dilthey's Hermeneutics of Life ［M］. Translated by Tony Burrett. London：Yale University, 2004：177.

第二章 狄尔泰构造性伦理学的历史出发点

——以《施莱尔马赫伦理学原则批判》为核心

　　早期的伦理学研究①，或者更确切地说施莱尔马赫伦理学思想研究，是狄尔泰哲学学术生涯的起点，对他终其一生的精神科学体系构建工作具有奠基性作用。这一阶段的研究，促使他将社会历史实在视为一

---

① 迄今为止，学界比较认可的严格意义上的狄尔泰伦理学著作共有三部，包括德语版博士论文《施莱尔马赫伦理学原则批判》（*Kritik der ethischen Prinzipien Schleiermachers*，1863/1864）、任教资格论文《试析道德意识》（*Versuch einer Analyse des moralischen Bewusstseins*，1864），以及由狄尔泰1890年柏林大学伦理学讲座（"伦理学：它的原理与特殊表现"）的手稿整理而成的《狄尔泰全集》第十卷《伦理学体系》（*Gesammelte Schriften. X Band. System der Ethik*，1958），均尚无中文译本。而广义上的狄尔泰伦理学（Sittenlehre 或 Ethik）著述，则从时间跨度上贯穿了狄尔泰哲学生涯的始终（1863/1864—1910），除上述文献外还包括主要以章节或片段的形式出现于他为精神科学体系奠基撰写的论文——《精神科学导论》（第一卷）（1883）及其草稿《关于人类、社会与国家的科学历史的研究》（1875），两部教育学主要著述《论普遍有效的教育科学的可能性》（1888）和《教育学体系基本特征》（*Grundlinien eines Systems der Pädagogik*，1884—1894年讲座），阐释精神科学研究方法的《关于一种描述性与分析性心理学的观念》（1894），晚年著述《精神科学奠基研究》（*Studien zur Grundlegung der Geisteswissenschaften*，1905—1910）、《精神科学中的历史世界的建构》（第一卷）（*Aufbau der geschichtlichen Welt in den Geisteswissenschaften*，1910）的相关论文以及为后者第二卷撰写的若干手稿中。HERFURTH T. Diltheys Schriften zur Ethik. Der Aufbau der moralischen Welt als Resultat einer Kritik der instropektiven Vernunft［M］. Würzburg: Königshausen & Neumann，1992: 12；CROWE B. Dilthey's Ethical Theory［C］//NELSON E S（ed.）. Interpreting Dilthey: Critical Essays. New York: Cambridge University Press，2019: 159-160.

种生命伦理进程发展的结果，并且第一次给出由内在经验出发区分自然科学和精神科学的证明。

众所周知，狄尔泰与施莱尔马赫渊源颇深。在由神学转向哲学研究的过程中，狄尔泰深受他的两位指导教授（海德堡大学的菲舍尔（Kuno Fischer，1824—1907）以及施莱尔马赫的学生柏林大学的特伦德伦堡（Friedrich von Trendelenburg，1844—1924）的影响，学术兴趣也逐渐由康德的先验哲学转向施莱尔马赫的哲学思想。但最重要的机缘当属：1859 年接受施莱尔马赫的女婿约纳斯（Ludwig Jonas，1797—1859）的委托在他去世后继续编纂《施莱尔马赫书信》，以及同年受邀为施莱尔马赫作传。① 在这一过程中，狄尔泰不仅对施莱尔马赫整体哲学思想进行了广泛而深入的研究，还对他的伦理学立场、原则、方法以及伦理学体系结构等方面进行了详尽的评述。② 《狄尔泰全集》第十四卷主编雷迪克（Martin Redeker，1900—1970）甚至认为，收录在该卷的《施莱尔马赫传》（第二卷）上册的伦理学部分③，就施莱尔马赫哲学伦理学提供了一份"非常详尽、某些部分甚至过于宽泛的介绍"，并与其辩证法部分一样"揭示了施莱尔马赫哲学体系的结构"。此外，她还基于

---

① DILTHEY W. Der junge Dilthey. Ein Lebensbild in Briefen und Tagebüchern 1852–1870［C］. hrsg. von Clara Misch geb. Dilthey. Leipzig：B. G. Teubner Verlag，1933：282–283.

② DILTHEY W. Gesammelte Schriften. Band XXIV. Logik und Wert. Späte Vorlesungen，Entwürfe und Fragmente zur Strukturpsychologie，Logik und Wertlehre（ca. 1904–1911）［M］. hrsg. von KÜHNE-BERTRAM G. Göttingen：Vandenhoeck & Ruprecht Verlag，2004：229–358.

③ 《施莱尔马赫传》原定两卷，第一卷上下册分别出版于 1867 年和 1870 年，第二卷为遗稿，经狄尔泰的徒孙——斯普朗格的学生雷迪克（Martin Redeker）组织整理、编辑后，于 1966 年作为《狄尔泰全集》第十四卷上、下两册问世。其中，关于施莱尔马赫伦理思想的论述，作为施莱尔马赫哲学体系的第二部分（II. Ethik）被收录在《施莱尔马赫传（第二卷）：施莱尔马赫的哲学与神学体系》（Schleiermachers Leben. Band 2. Schleiermachers System als Philosophie und Theologie，1966）上册中，其他五部分分别为辩证法（I. Dialektik）、国家学说（III. Staatslehre）、美学（IV. Ästhetik）、物理学/自然哲学（V. Phisik/Naturphilosophie）和心理学（VI. Psychologie）。其中，伦理学部分共包括两个章节和一个附录：第一章"奠基、原则与划分"（Grundlegung，Prinzip und Enleitung）；第二章"至善学说"（Lehre vom höchsten Gut）；附录《施莱尔马赫伦理学原则批判》（1863/1864）。

狄尔泰的上述相关研究总结出施莱尔马赫的哲学体系的归纳与演绎两条进路[①]：前者"在先验哲学的意识分析意义上，由道德意识出发阐明伦理学原则"，后者"从最高的形而上学知识出发，推导出其伦理学基本观点——理性自然观（das Eingehen der Vernunft in die Natur）与至善学说（die Lehre vom höchsten Gut）"。

如果说狄尔泰在其博士论文《施莱尔马赫伦理学批判》（1863—1864）中通过对施莱尔马赫伦理学原则的批判，首次提出"构造性伦理学"的概念，并明确指出其与康德形式主义伦理学的对立地位。那么随后在同年出版的《试析道德意识》（1864）中，他则是通过对康德形式主义伦理学的更为全面的批判，进一步明晰了自己的"构造性伦理学"立场与研究构想。但同施莱尔马赫类似，狄尔泰的伦理学研究也未能彻底摆脱康德的先验思路以及论证方式的影响。这一点也将在下文中得到说明。

第一节　构造性伦理学的提出：对康德伦理学的初步批判

"构造性伦理学（die bildende Ethik）"[②] 一词，首现于狄尔泰于

---

① REDEKER M. Einleitung des Herausgebers ［M］//Wilhelm Dilthey. Gesammelte Schriften. Band XIV. Leben Schleiermachers. Zweiter Band：Schleiermachers System als Philosophie und Theologie. Aus dem Nachlaß von Wilhelm Diltheyhrsg. von REDEKER M. Göttingen：Vandenhoeck & Ruprecht Verlag，1966：XXXIII—XXXIV.

② 狄尔泰在其博士论文中对 die bildende Ethik（或 bildende Ethik，构造性伦理学），die materiale Ethik（或 materiale Ethik 内容伦理学/质料伦理学），die bildende Gestaltung der Ethik（伦理学的构造性形态），die Ethik der Alten（古代伦理学/古代质料伦理学）等概念视作同义词。

1864 年发表的博士论文《施莱尔马赫伦理学原则批判》 （1863—
1864）① 中，以指与康德形式主义伦理学（formale Ethik）相对立的伦
理学形态。② 而施莱尔马赫伦理学则被狄尔泰视为"与康德形式主义
伦理学相争的古代构造性伦理学的复兴（die Wiedererneuerung der bil-
denden Ethik der Alten）"③。该论文由《与限制性伦理学相争的构造性
伦理学》（I. Die bildende Ethik im Kampf mit der beschränkenden）和《构

---

① 1864 年 1 月 16 日，狄尔泰向柏林大学哲学系提交了《施莱尔马赫伦理学原则》（De prin-
cipiis ethicas Schleiermacheri）的拉丁语博士论文，之后顺利通过答辩。这篇论文由《如何
解释施莱尔马赫的伦理学原则》（I. Quomodo sese explicuerint principia ethices Schleieracheri）
和《如何判断施莱尔马赫对伦理学的建构》（II. Quid sit de Scheiermacherina ethicae discipliae
constructione judicandum）两部分构成。在 1966 年出版的《狄尔泰全集》第十四卷上册
《施莱尔马赫传（第二卷）：作为哲学和神学的施莱尔马赫体系》（遗稿）中，首次收录
了狄尔泰用德语详尽表述他博士论文思想的论文《施莱尔马赫伦理学原则批判》（1863/
1864, GS XIV/1, S. 339–357）。该文作为附录附在狄尔泰对施莱尔马赫伦理学研究部分
之后，实为德语版原稿的第二部分，第一部分已遗失。针对这一状况，该卷主编格林德
（Karlfried Gründer）指出，德语版原稿第一部分为施莱尔马赫伦理学历史发展的简要介
绍，而在 1870 年出版《施莱尔马赫传》（第一卷）中狄尔泰已对施莱尔马赫道德-宗教
世界观发展做出十分详尽的论述，因此即便这篇博士论文的德语版原稿第一部分没有遗
失，也没有出版的必要性，而第二部分却是必须公开发表出来的。他随后给出了两个理
由：第一，在目前各种已出版的狄尔泰对施莱尔马赫伦理学体系研究的草稿中，缺少基
于后者 1787 至 1804 年的发展所做的原则性批判；第二，德语版相对于拉丁语版具有明
显的自身优势，内容可以更为详尽，表述也更为精密准确，因为狄尔泰可以不必再像撰
写拉丁语版时一样，为施莱尔马赫个性化的伦理学表述费力寻找相应的拉丁语哲学术语。
此外，格林德还指出，青年狄尔泰在这篇论文中业已奠定了此后解释施莱尔马赫伦理学-
哲学体系的基本方向以及批判立场，并且已经可以觉察到"他晚期历史性生命哲学意向
（die Intention seiner späteren geschichtlichen Lebensphilosophie）"——"谋求应在与实在，
超验哲学原则与历史性生命间的和解（die Versöhnung von Sollen und Sein, von transzenden-
talphilosophischen Prinzipien und geschichtlichem Leben）"。DILTHEY W. Gesammelte Schrift-
en. Band XIV. Leben Schleiermachers. Zweiter Band：Schleiermachers System als Philosophie und
Theologie. Aus dem Nachlaß von Wilhelm Dilthey ［M］. hrsg. von REDEKER M. Göttingen：
Vandenhoeck & Ruprecht Verlag, 1966：339–340.

② DILTHEY W. Gesammelte Schriften. Band XIV. Leben Schleiermachers. Zweiter Band：Schleier-
machers System als Philosophie und Theologie. Aus dem Nachlaß von Wilhelm Dilthey ［M］.
hrsg. von REDEKER M. Göttingen：Vandenhoeck & Ruprecht Verlag, 1966：340.

③ DILTHEY W. Gesammelte Schriften. Band XIV. Leben Schleiermachers. Zweiter Band：Schleier-
machers System als Philosophie und Theologie. Aus dem Nachlaß von Wilhelm Dilthey ［M］.
hrsg. von REDEKER M. Göttingen：Vandenhoeck & Ruprecht Verlag, 1966：340.

造性伦理学的实施》（*II. Die Durchführung einer bildenden Ethik*）两章构成。青年狄尔泰开篇便明确提出批判施莱尔马赫伦理学原则的目的："通过独特的逻辑重构，追踪施莱尔马赫真实的伦理思想的内在关联，以便追问它们是否具有重建伦理学的力量。"① 不可否认的是，施莱尔马赫的伦理学方法深受当时的"错误逻辑理念"② 的影响，所以狄尔泰并不认为可以靠简单消除其伦理学的系统性关联来解答这一问题。而他同时代的哲学家们却正是这样做的，因而无法触及其思想的伦理深度。

狄尔泰认为，"伦理学的构造性和形式主义形态之争"③ 是一切伦理学思想都不得不面对的首要问题，施莱尔马赫伦理学就是在与康德形式主义伦理学的对抗中使古希腊构造性伦理学思想进行复兴和发展的。在狄尔泰所处的时代，致力于重构康德形式主义伦理学的赫尔巴特及其学派，始终将施莱尔马赫视为其伦理学论战的主要对象，这也使得所谓的"构造性与限制性伦理学之争"或者说"质料伦理学与形式主义伦理学之争"成为后康德时代伦理学的基本问题。

一、对"构造性伦理学"和"限制性伦理学"的界定

如上文所说，狄尔泰在研究和探讨施莱尔马赫所复兴的古代构造性伦理学思想以及康德形式主义伦理学的对峙过程中，逐步确立自身的早期伦理学立场，尤其质疑并反驳了后者的观点。因此，在深入探讨青年狄尔泰如何对康德伦理思想展开批判之前，必须首先阐明狄尔泰对上述两种伦理学形态的界定和理解。

---

① DILTHEY W. Gesammelte Schriften. Band XIV. Leben Schleiermachers. Zweiter Band： Schleier-machers System als Philosophie und Theologie. Aus dem Nachlaß von Wilhelm Dilthey［M］. hrsg. von REDEKER M. Göttingen： Vandenhoeck & Ruprecht Verlag, 1966： 340.

② 指以康德、费希特为代表的先验哲学。

③ DILTHEY W. Gesammelte Schriften. Band XIV. Leben Schleiermachers. Zweiter Band： Schleier-machers System als Philosophie und Theologie. Aus dem Nachlaß von Wilhelm Dilthey［M］. hrsg. von REDEKER M. Göttingen： Vandenhoeck & Ruprecht Verlag, 1966： 340.

　　狄尔泰从未就"构造性伦理学"的概念给出严格界定，只是作出如下大致描述："构造性伦理学是这样一种伦理学，它不是将一种应在（ein Sollen）作为与我们对人和世界的洞察（Einsicht）毫无关联之物置于人类本质（dem menschlichen Wesen）的对立面，而是从事物间被洞察的关联出发（aus dem eingesehenen Zusammenhang der Dinge）来理解这种应在。"① 因此，狄尔泰认为，这不仅使得伦理学处于"一种更为广泛的理论科学和实践科学的关联"中，也使"伦理"（Sittlichkeit）成为人类"自身内在目的的实现（die Verwirklichung seines inneren Zweckes）"，而不再是"外来的不可理解的形式法则的要求（ein unbegreifliches Formgesetz von außen）"。② 诚如徐向东教授所说，与现代道德哲学家相比，亚里士多德等古代伦理学家更倾向于认可道德与人性完善之间的根本关联："一个成熟的、具有理性的人会很自然地对道德的观点产生兴趣，因为这样做就是一个人的幸福或者完善的自然要求。"③ 因而，在他们看来，道德生活并不是来自外部的强制要求，而是自身内在目的的实现。而他们关注的焦点也并不在于某一具体的行为方式，而是一个完整的人一生的幸福。此外，狄尔泰在上文对"构造性伦理学"的界定中，使用了诸如"应在（das Sollen）"和"道德（Sittlichkeit）"④ 等康德形式主

① DILTHEY W. Gesammelte Schriften. Band XIV. Leben Schleiermachers. Zweiter Band：Schleiermachers System als Philosophie und Theologie. Aus dem Nachlaß von Wilhelm Dilthey ［M］. hrsg. von REDEKER M. Göttingen：Vandenhoeck & Ruprecht Verlag，1966：341.

② DILTHEY W. Gesammelte Schriften. Band XIV. Leben Schleiermachers. Zweiter Band：Schleiermachers System als Philosophie und Theologie. Aus dem Nachlaß von Wilhelm Dilthey ［M］. hrsg. von REDEKER M. Göttingen：Vandenhoeck & Ruprecht Verlag，1966：341.

③ 徐向东. 美德伦理与道德要求 ［M］. 南京：江苏人民出版社，2007：12.

④ 狄尔泰在论述自身的伦理学观点时，并未在康德伦理学意义上严格区分"伦理"和"道德"概念。例如，die Moral、die Sittlichkeit 和 die Moralität，das Ethische、das Sittliche 和 das Moralische，ethisch、sittlich 和 moralisch 等词在上下文中均被作为同义词使用。究其原因，一方面可能是受到黑格尔对康德伦理学批判观点的影响，另一方面也可能与他对包含一切个体和社会在内的普遍"生命"框架的理解有莫大关系。因此，除了明确强调与康德严格区分此二概念的一致性之处，本书对其中文译名亦不作严格区分。

义伦理学的醒目关键词。这不仅使得前后二者的核心观点形成十分强烈的对比，也无疑会招致对狄尔泰伦理学构想可靠性的质疑。而狄尔泰在这篇论文中提到的"限制性伦理学（die beschränkende Ethik）"①，不仅指康德本人的伦理学思想，还指向与狄尔泰同时代以赫尔巴特及其学生为代表的新康德主义学派的伦理观点。这是因为在狄尔泰所处的时代，致力于重构康德形式主义伦理学的赫尔巴特及其学派始终将施莱尔马赫视作其伦理学论战的主要对象，这也使得所谓的"构造性与限制性伦理学之争"或者说"质料伦理学与形式主义伦理学之争"成为后康德时代伦理学必须面对和解决的基本问题。

《道德形而上学的奠基》（*Grundlegung zur Metaphysik der Sitten*，1785）与《实践理性批判》（*Kritik der praktischen Vernunft*，1788）是分别标志着康德伦理学思想基本成形和成熟的核心著作。② 前者以"何物最具有道德价值"为逻辑起点，通过论证回答"道德法则在理智世界基础上何以可能"的问题；后者则以追寻普遍必然的实践法则为出发点得出道德法则，论证"道德法则在一个理性事实基础上何以可能"的问题。在这两本著作中，康德在前者中为形式主义伦理学的奠基而进行的论证

---

① 狄尔泰在其博士论文中将 die beschränkende Ethik（限制性伦理学）、die formale Gestaltung der Ethik（伦理学的形式主义形态）以及 die formale Ethik（形式主义伦理学）等概念视作同义词。

② 康德曾明确指出，《道德形而上学的奠基》和《实践理性批判》都只是其晚年撰写的《道德形而上学》的"准备性工作"。在《道德形而上学》中，康德主要就自己的德性论（die Tugendlehre）思想进行了阐述。长久以来，国内外学术界对这部作品的关注度不高，这一状况近年来才有所改观。而狄尔泰在自己的伦理学著述中探讨的"康德伦理学"，也主要是指上文所提的《道德形而上学的奠基》和《实践理性批判》两部作品。托马斯·赫尔福特（Thomas Herfurth）曾就狄尔泰伦理学和他所忽略的《道德形而上学》和《实用人类学》中的康德伦理学思想进行过系统对比研究，他认为狄尔泰所谓的对康德伦理学的"修正（Modifikation）"并不成功，因为考虑到康德晚年伦理学著作中传达的观点，二者之间并不存在根本性差异。高国希. 康德的德性理论［J］. 道德与文明，2009（3）：4-6；HERFURTH T. Diltheys Schriften zur Ethik. Der Aufbau der moralischen Welt als Resultat einer Kritik der instropektiven Vernunft［M］. Würzburg：Königshausen & Neumann，1992：82-83.

尤其得到青年狄尔泰的关注。

二、对康德道德三命题的批判

针对康德在形式主义伦理学确立原则的过程中对构造性伦理学的质疑，狄尔泰提出两个问题：第一个问题是"康德对善良意志无限价值的伟大命题——作为现代伦理学真正开端，是否真的排除了构造性伦理学的可能性，也就是说，他是否真的和自己在《道德形而上学的奠基》中推导出的诸命题构成一个不可分割的整体"①；第二个问题是"如果排除为形式主义伦理学奠定基础的康德诸命题，道德世界的基本现象是否仍然可以被说明，而康德哲学的伦理力量就存在于对这一基本现象的清晰理解中，即借以向我们提出特定行为方式要求的约束性（die Verbindlichkeit）、义务（die Pflicht）以及无条件法则的特征（der Charakter des unbedingten Gesetzes）"②。

针对第一个问题，狄尔泰给出否定回答。康德在《道德形而上学的奠基》第一章中曾给出关于道德的三个命题③：（1）只有出于义务的

① DILTHEY W. Gesammelte Schriften. Band XIV. Leben Schleiermachers. Zweiter Band：Schleier-machers System als Philosophie und Theologie. Aus dem Nachlaß von Wilhelm Dilthey［M］. hrsg. von REDEKER M. Göttingen：Vandenhoeck & Ruprecht Verlag，1966：341.

② DILTHEY W. Gesammelte Schriften. Band XIV. Leben Schleiermachers. Zweiter Band：Schleier-machers System als Philosophie und Theologie. Aus dem Nachlaß von Wilhelm Dilthey［M］. hrsg. von REDEKER M. Göttingen：Vandenhoeck & Ruprecht Verlag，1966：342.

③ 康德关于道德的三个命题，康德. 康德著作全集（第4卷）［M］. 李秋零，译. 北京：中国人民大学出版社，2005：404-407；康德. 道德形而上学原理［M］. 苗力田，译. 上海：上海人民出版社，2005：13-19. 康德在原著中并未明确给出第一个命题的提法，只是给出了例证，但国内外学者普遍认为第一个命题就是"为义务而义务"的善良意志命题，苗力田先生译本附录《论证分析》中 H. J. 帕通给出的说明以及邓晓芒教授的注释：康德. 道德形而上学原理［M］. 苗力田，译. 上海：上海人民出版社，2005：99；邓晓芒. 对康德《道德形而上学奠基》第1章中三条原理的分析［J］. 哲学分析，2010（02）：80. 此处，第一个命题的提法按苗力田先生译本，第二个和第三个命题的提法按李秋零教授译本。die Pflicht 一词在苗力田先生译本中均译为"责任"，但苗先生并未说明此意，因此此处统一按李秋零教授译本改译为"义务"。

行为才具有道德价值；（2）一个出于义务的行为具有自己的道德价值，不在于由此应当实现的意图，而是在于该行为被决定时所遵循的准则，因而不依赖行为的对象的现实性，而仅仅依赖该行为不考虑欲望能力的一切对象而发生所遵循的意欲的原则；（3）义务就是出自对法则的敬重（Achtung）的一个行为的必然性。在狄尔泰看来，第二个和第三个命题似乎都是从第一个命题得来的，只不过是通过将意志错误拆分成内容和形式，或者说拆分成法则的"意图（Absichten）"和"表象（Vorstellung）"。他认为，康德得出的唯一正确结论，就是"价值判断和行为成功与否无关"①，因为行为会因此成为价值判断的媒介，并不再因为自身而被评判。但是，"如果人们将行为终点排除到伦理判断之外，那么剩下的不是单纯的形式，而是意志，不是依据终点，而是依据品性被评判"②。也就是说，狄尔泰并不认同康德将排除表象内容后的意志视为纯粹形式的观点，因为"意志和它的特定内容的关系，也可以构成作为纯粹形式的意志特征"③。狄尔泰还敏锐地发现，康德的第二个命题偏离他的伦理学的形式主义特征，因为在这里普遍合法性（die allgemeine Gesetzmäßigkeit）或普遍性（Allgemeinheit）既被视为形式主义原则，又被用作"诸意志成功、和谐的共同作用的条件（Bedingung eines erfolgreichen und harmonischen Zusammenwirkens der Willen）"④。相较于

---

① Wilhelm Dilthey. Gesammelte Schriften. Band XIV. Leben Schleiermachers. Zweiter Band：Schleiermachers System als Philosophie und Theologie. Aus dem Nachlaß von Wilhelm Dilthey［M］. hrsg. von REDEKER M. Göttingen：Vandenhoeck & Ruprecht Verlag，1966. S. 341.

② Wilhelm Dilthey. Gesammelte Schriften. Band XIV. Leben Schleiermachers. Zweiter Band：Schleiermachers System als Philosophie und Theologie. Aus dem Nachlaß von Wilhelm Dilthey［M］. hrsg. von REDEKER M. Göttingen：Vandenhoeck & Ruprecht Verlag，1966. S. 341.

③ Wilhelm Dilthey. Gesammelte Schriften. Band XIV. Leben Schleiermachers. Zweiter Band：Schleiermachers System als Philosophie und Theologie. Aus dem Nachlaß von Wilhelm Dilthey［M］. hrsg. von REDEKER M. Göttingen：Vandenhoeck & Ruprecht Verlag，1966. S. 341.

④ Wilhelm Dilthey. Gesammelte Schriften. Band XIV. Leben Schleiermachers. Zweiter Band：Schleiermachers System als Philosophie und Theologie. Aus dem Nachlaß von Wilhelm Dilthey［M］. hrsg. von REDEKER M. Göttingen：Vandenhoeck & Ruprecht Verlag，1966. S. 341.

上文提到的康德关于道德的三个命题，狄尔泰更赞成康德在定言命令公式中更为深刻也更富有逻辑性的阐述："唯有这种合法则性（一般行为的普遍合法则性）应当充任意志的原则，也就是说，我决不应当以别的方式行事，除非我也能够希望我的准则应当成为一个普遍的法则。"①这一阐述将普遍性的概念具体化，并引入"和谐的目的王国（eines harmonischen Reichs der Zwecke）"②，赋予普遍性更大的力量。

针对上文提到的第二个问题，狄尔泰给出肯定回答。在《道德形而上学奠基》中，康德在对善良意志无限价值进行间接证明后，将接下来的全部研究都集中到义务现象上。因此，康德之后的伦理学，都"必须理解义务这一道德现象，并说明我们行为中习以为常的约束性的特征。也就是说，它必须能够证明，约束性也可以被认为是以道德意志的真实内容为基础的"③。

由此可以推论，在施莱尔马赫之前，重构古代质料伦理学的任务就已经存在于现代伦理学的创立者康德的思想当中。在狄尔泰看来，康德关于道德的第一个命题对"唯一的善（das Gute）"进行了绝对价值判断。而施莱尔马赫则基于康德伦理学和古代伦理学的关联，在早期论文《论至善》（*Über das höchste Gut*，1789）中将古代"诸善（die Güter）"的概念置于与意志的关系之中，提出新的"诸善"概念，并将它理解为"道德行为的产品（Produkte des moralischen Handelns）"④。"如果

---

① 康德. 道德形而上学原理 [M]. 苗力田，译. 上海：上海人民出版社，2005：409.
② DILTHEY W. Gesammelte Schriften. Band XIV. Leben Schleiermachers. Zweiter Band：Schleiermachers System als Philosophie und Theologie. Aus dem Nachlaß von Wilhelm Dilthey [M]. hrsg. von REDEKER M. Göttingen：Vandenhoeck & Ruprecht Verlag，1966：341–342.
③ DILTHEY W. Gesammelte Schriften. Band XIV. Leben Schleiermachers. Zweiter Band：Schleiermachers System als Philosophie und Theologie. Aus dem Nachlaß von Wilhelm Dilthey [M]. hrsg. von REDEKER M. Göttingen：Vandenhoeck & Ruprecht Verlag，1966：342.
④ DILTHEY W. Gesammelte Schriften. Band XIV. Leben Schleiermachers. Zweiter Band：Schleiermachers System als Philosophie und Theologie. Aus dem Nachlaß von Wilhelm Dilthey [M]. hrsg. von REDEKER M. Göttingen：Vandenhoeck & Ruprecht Verlag，1966：342.

他在体系中将构成道德行为整体的诸善、德性（Tugenden）和义务（Pflichten）三个概念总结为生产性的力量（hervorbringende Kraft）、行为（Handlung）及其必须产出之物（das，was sie hervorbringen muss），那么他就在这里达成了一种由他所提出的三种形式构成的秩序。"① 在这一秩序中，"道德取向（Gesinnung）"作为"产生诸善之物（das die Güter Erzeugende）"被施莱尔马赫视作伦理学的起点和基础，"诸善的体系（das System der Güter）"则被置于伦理学的顶端，二者彼此分离。②

诚如狄尔泰所言，康德以普遍性作为法则形式的第二个命题，源自康德对该法则真正内容以及普遍之物的具体形式的抽象理解，因为"形式的普遍性是形式的和谐、成功的共同作用的前提条件，而具体形式的普遍性则是它们自身的实现"③。狄尔泰由此得出自己的推断，康德之所以将普遍之物的真正概念"歪曲（umbog）"成"同一之物（das Identische）"概念，是为了将它作为"个体之物（das Individuelle）"概念的相关概念引入伦理学，而这恰恰是他无法解决其发现的特殊和普遍难题的原因所在。

狄尔泰认为，康德在关于道德的第三个命题中对约束性（Verbindlichkeit）概念的阐释立场，是促使施莱尔马赫由康德形式主义伦理学转向古代质料伦理学的关键。施莱尔马赫认为，约束性产生于"与意愿

① DILTHEY W. Gesammelte Schriften. Band XIV. Leben Schleiermachers. Zweiter Band：Schleiermachers System als Philosophie und Theologie. Aus dem Nachlaß von Wilhelm Dilthey［M］. hrsg. von REDEKER M. Göttingen：Vandenhoeck & Ruprecht Verlag，1966：342.

② DILTHEY W. Gesammelte Schriften. Band XIV. Leben Schleiermachers. Zweiter Band：Schleiermachers System als Philosophie und Theologie. Aus dem Nachlaß von Wilhelm Dilthey［M］. hrsg. von REDEKER M. Göttingen：Vandenhoeck & Ruprecht Verlag，1966：342.

③ DILTHEY W. Gesammelte Schriften. Band XIV. Leben Schleiermachers. Zweiter Band：Schleiermachers System als Philosophie und Theologie. Aus dem Nachlaß von Wilhelm Dilthey［M］. hrsg. von REDEKER M. Göttingen：Vandenhoeck & Ruprecht Verlag，1966：343.

的特定内容的关系"之中，因此并不认同康德对于"道德判断是无条件的（kategorisch）"的论断，"道德判断更确切地说只是假设性的，也就是说，是在理性被意愿的前提下才可能被设想的"①。构造性伦理学对约束性概念的重构，最终将"被允许之物（das Erlaubte）"概念排除出伦理学。因为"如果约束性对我们而言是一种通过真实的内容对意志的稳定的确切性（die beständige Bestimmtheit des Willens）的表达，实现了理性理念，那么对于作为普遍目的器官（Organ allgemeiner Zwecke）的人而言，将不存在任何时间（kein Augenblick Zeit）和区隔范围（keine abgesonderte Sphäre），被允许之物甚至没有任何空间（keinen Raum）"②。但是，这一结论却令伦理学陷入一种"两难境地"③：一方面不承认理性理念具有绝对约束性，另一方面也不承认道德生活的要求成为纯粹的理念却同时丧失掉无条件约束性的特征。也就是说，构造性伦理学若想解决与道德意识间的这一矛盾，就必须首先消除约束性概念与充斥着约束性要求的伦理世界间的对立。在狄尔泰看来，这恰恰是施莱尔马赫调和康德形式主义伦理学以及古代质料伦理学尝试的"最大漏洞"。因为对约束性概念的批判并不会令不同伦理关系的约束性范围变得明晰，从而有助于区分道德判断的不同类别。

三、对赫尔巴特及其学派伦理学的批判

在完成对康德道德三命题的批判之后，狄尔泰接下来在博士论文第

---

① DILTHEY W. Gesammelte Schriften. Band XIV. Leben Schleiermachers. Zweiter Band：Schleiermachers System als Philosophie und Theologie. Aus dem Nachlaß von Wilhelm Dilthey ［M］. hrsg. von REDEKER M. Göttingen：Vandenhoeck & Ruprecht Verlag, 1966：343.

② DILTHEY W. Gesammelte Schriften. Band XIV. Leben Schleiermachers. Zweiter Band：Schleiermachers System als Philosophie und Theologie. Aus dem Nachlaß von Wilhelm Dilthey ［M］. hrsg. von REDEKER M. Göttingen：Vandenhoeck & Ruprecht Verlag, 1966：343.

③ DILTHEY W. Gesammelte Schriften. Band XIV. Leben Schleiermachers. Zweiter Band：Schleiermachers System als Philosophie und Theologie. Aus dem Nachlaß von Wilhelm Dilthey ［M］. hrsg. von REDEKER M. Göttingen：Vandenhoeck & Ruprecht Verlag, 1966：343.

一章后半部分，主要针对赫尔巴特及其学派对构造性伦理学的否定进行批判。狄尔泰认为，赫尔巴特的思想以形而上学为基础，由"实在"概念推出价值世界与"实在"世界的绝对划分，因而缺乏一种"关联总体（ein zusammenhängendes Ganz）"① 观。他发现施莱尔马赫连接"实在"与"应在"的漏洞，又从"美学之物（das Ästhetische）"以形而上学的关系概念为基础的角度反驳康德学派，并最终通过对美学和理论科学的关系重构得出结论："伦理学以及可由其达到的伦理学的完成，不可以也不可能指望其他的科学。"②

对于这种彻底的形而上学的伦理学立场，狄尔泰有两点质疑③：第一，他们对伦理学的要求是否正确；第二，构造性伦理学是否能够确保对伦理学要求的正确性。前者的前提是，让伦理学发挥良心（das Gewissen）的作用，并要求美学和理论科学提供对行为进行道德判断的完善标准。但是，伦理学显然不能躲在良心的背后，历史上道德判断相较于科学发展的确定性和稳定性，也断然否定了仰仗科学的不断进步而为前者提供完善标准的做法。"这样一种以自身为根基的道德意识，无关乎任何被认识到的事物的秩序和行为之上浮现的真正动机，是一种形式主义伦理学的幽灵（ein Hirngespinst der formalen Ethik）。"④ 狄尔泰认为，这从另一个角度证明了构造性伦理学关于约束性的命题，即"一

---

① DILTHEY W. Gesammelte Schriften. Band XIV. Leben Schleiermachers. Zweiter Band：Schleiermachers System als Philosophie und Theologie. Aus dem Nachlaß von Wilhelm Dilthey ［M］. hrsg. von REDEKER M. Göttingen：Vandenhoeck & Ruprecht Verlag，1966：343.

② DILTHEY W. Gesammelte Schriften. Band XIV. Leben Schleiermachers. Zweiter Band：Schleiermachers System als Philosophie und Theologie. Aus dem Nachlaß von Wilhelm Dilthey ［M］. hrsg. von REDEKER M. Göttingen：Vandenhoeck & Ruprecht Verlag，1966：344.

③ DILTHEY W. Gesammelte Schriften. Band XIV. Leben Schleiermachers. Zweiter Band：Schleiermachers System als Philosophie und Theologie. Aus dem Nachlaß von Wilhelm Dilthey ［M］. hrsg. von REDEKER M. Göttingen：Vandenhoeck & Ruprecht Verlag，1966：344.

④ DILTHEY W. Gesammelte Schriften. Band XIV. Leben Schleiermachers. Zweiter Band：Schleiermachers System als Philosophie und Theologie. Aus dem Nachlaß von Wilhelm Dilthey ［M］. hrsg. von REDEKER M. Göttingen：Vandenhoeck & Ruprecht Verlag，1966：344.

条道德诫命的可靠性，要符合它被相信或可被证实的与价值秩序关系的可靠性"①。更确切地说，无论是在古代健康的人类理智时代，还是以与稳固的宗教观相连的传统为基础的混乱的人类理智时代，历史和生命都被作为有力论据证明了构造性伦理学原则的真理性。而康德式的道德法则乃是通过摆脱与真实动机的关联，获得一种"面向一切理性存在者的普遍有效性"②，与此形成鲜明的对比。

在第二点质疑中，狄尔泰首先指出构造性伦理学存在的两种误解③：第一，一切诸善的学说都关乎行为对象；第二，单个道德行为却不是以"单个善（das einzelne Gut）"为条件的，因此道德行为的约束性与后者无关，或者说道德概念已逐渐变成"有用性（Nützlichkeit）"概念。狄尔泰随后就此表达了与施莱尔马赫相同的反驳态度④："作为整体的伦理世界体系，产生于作为整体的人类天性与价值规定"，因此在构造性伦理学中并不存在"单个义务与单个善的关联"。

但狄尔泰并非全然否定赫尔巴特对施莱尔马赫伦理学批判的价值。他认为，除却其形而上学的伦理学出发点以及对构造性伦理学的误解，赫尔巴特的批判也对促进施莱尔马赫构造性伦理学的革新发挥了积极作

---

① DILTHEY W. Gesammelte Schriften. Band XIV. Leben Schleiermachers. Zweiter Band：Schleiermachers System als Philosophie und Theologie. Aus dem Nachlaß von Wilhelm Dilthey［M］. hrsg. von REDEKER M. Göttingen：Vandenhoeck & Ruprecht Verlag，1966：345.

② DILTHEY W. Gesammelte Schriften. Band XIV. Leben Schleiermachers. Zweiter Band：Schleiermachers System als Philosophie und Theologie. Aus dem Nachlaß von Wilhelm Dilthey［M］. hrsg. von REDEKER M. Göttingen：Vandenhoeck & Ruprecht Verlag，1966：345.

③ DILTHEY W. Gesammelte Schriften. Band XIV. Leben Schleiermachers. Zweiter Band：Schleiermachers System als Philosophie und Theologie. Aus dem Nachlaß von Wilhelm Dilthey［M］. hrsg. von REDEKER M. Göttingen：Vandenhoeck & Ruprecht Verlag，1966：345.

④ DILTHEY W. Gesammelte Schriften. Band XIV. Leben Schleiermachers. Zweiter Band：Schleiermachers System als Philosophie und Theologie. Aus dem Nachlaß von Wilhelm Dilthey［M］. hrsg. von REDEKER M. Göttingen：Vandenhoeck & Ruprecht Verlag，1966：345.

用。主要体现在以下三个方面①：第一，赫尔巴特认为约束性的真实动机在大量事件中"退后（zurücktritt）"，呈现为一种简单的道德诫命。这就要求对约束性做出批判，并对诸善以及义务的关系加以理解，进而把握二者间的实在关联，而不是将它们视为"两个彼此分离的范围"。第二，他认为，意志是道德判断的唯一主体，"强化伦理意识"是道德的最高任务。这不仅意味着将"道德取向"前置，也对诸善概念提出改造要求。第三，他认为，美学和理论科学对价值的不同"观察方式"指明"伦理过程与逻辑过程的根本不同之处"。而施莱尔马赫的做法则完全不同，他通过伦理意识将道德之物的独特性置入"一种对立的平衡（ein Gleichgewicht von Gegensätzen）"，从而为伦理意识加载逻辑过程。

四、构造性伦理学的存在依据

形式主义伦理学对构造性伦理学的各种指摘不可尽数，后者根本无法做到一一回应。于是，在博士论文第一章的最后，狄尔泰总结性地给出两个构造性伦理学的存在依据及其证明。他首先提出构造性伦理学的第一个存在依据："伦理学不可能凭空创造伦理动机（sittliche Motive），它只能对其加以理解、强化和变革。它唯一可被设想的理性立场的根据在于，它涉及真正起激发作用（wirklichen bewegenden）的动机，并且集合了一切真正起激发作用（von den wirklichen bewegenden alle）的动机。"② 这里所说的"真正动机"以"真实价值（reale Werte）"为主，

---

① DILTHEY W. Gesammelte Schriften. Band XIV. Leben Schleiermachers. Zweiter Band：Schleiermachers System als Philosophie und Theologie. Aus dem Nachlaß von Wilhelm Dilthey［M］. hrsg. von REDEKER M. Göttingen：Vandenhoeck & Ruprecht Verlag，1966：345-346.

② DILTHEY W. Gesammelte Schriften. Band XIV. Leben Schleiermachers. Zweiter Band：Schleiermachers System als Philosophie und Theologie. Aus dem Nachlaß von Wilhelm Dilthey［M］. hrsg. von REDEKER M. Göttingen：Vandenhoeck & Ruprecht Verlag，1966：346.

辅以"直接义务与德性理念（unmittelbare Pflicht und Tugendideen）"。但前者不可归因于后者，后者可以被设想为一种在"价值的总和（die Summe der Werte）"得到发展的同时前者所依赖的"经济学规定（Regel einer Ökonomie）"。① 狄尔泰就此给出两点理由②：一方面，"这些规定的日常意识（das gewöhnliche Bewusstsein dieser Regeln）"可能会带来严重违反这些规定以及"最高的道德意识（das höchste moralische Bewusstsein）"的状况。尽管随着人类不断洞察到这些整体性规定相对于单个价值的重要性，"不可违反这些规定的意识（das Bewusstsein der Unverletztlichkeit dieser Regeln）"得到不断增强，但是为了价值的缘故去违反伦理规定的状况屡见不鲜。另一方面，"日常伦理意识（das gewöhnliche sittliche Bewusstsein）"只要以义务和德性的形式占有它的伦理，并且清楚知道，在必须放弃这些概念与"真实价值"的关系时，这些概念只是"空洞的形式之物（leere Formsache）"。相反，对这些关系的强调令伦理概念更加"远离心绪（dem Gemüt zu entfernen）"。在这种意义上，伦理学才达成一种与历史的统一。因为道德法则的不断变更，是由对事物与价值世界秩序的看法的改变造成的结果。这就凸显出伦理学在历史进程中的任务：随着"真实动机"不断变更，不断改造伦理概念。狄尔泰认为，这种对伦理概念的不断"拓宽"和"加深"的过程具有根本上的"进步"意义，而这也正是施莱尔马赫伦理学立场的重要特征。

此后，他提出构造性伦理学的第二个存在依据："形式主义伦理

---

① DILTHEY W. Gesammelte Schriften. Band XIV. Leben Schleiermachers. Zweiter Band: Schleiermachers System als Philosophie und Theologie. Aus dem Nachlaß von Wilhelm Dilthey ［M］. hrsg. von REDEKER M. Göttingen: Vandenhoeck & Ruprecht Verlag, 1966: 346.

② DILTHEY W. Gesammelte Schriften. Band XIV. Leben Schleiermachers. Zweiter Band: Schleiermachers System als Philosophie und Theologie. Aus dem Nachlaß von Wilhelm Dilthey ［M］. hrsg. von REDEKER M. Göttingen: Vandenhoeck & Ruprecht Verlag, 1966: 346.

学，在一定程度上通过与它谋求的内容无关联的无条件法则，从外在决定人类天性。它与可以这般产生的具有双元结构的伦理（dualistische Sittlichkeit），居于最简单的心绪（Gemüt）背后。这种心绪，例如以一种宗教的方式知晓它的意志的全部内容，意在达成一种能够实现至善的事物秩序。"① 狄尔泰在这里对形式主义伦理学的评价，与他之前对构造性伦理学概念的描述②保持一致，即以人类"心绪"为对象的伦理以及伦理学必须要从人类天性出发，而不是根据与之相对立的"外来的不可理解的形式法则的要求"去实现人类自身的"内在目的"。因此，人类心绪的"自由"达成与否，关键在于它是否能在"与它所谋求的一切其他内容的关联中"③ 被理解。

在狄尔泰看来，上述两点存在依据正是促使施莱尔马赫转向构造性伦理学的"最内在特征"。与此同时，道德需求以及伦理学需求对于施莱尔马赫伦理学的意义也得到进一步彰显："道德需求（das Bedürfnis einer Sittlichkeit）将人类提升至完全统一的内在自由（voller einheitlicher innerer Freiheit），而伦理学需求（das Bedürfnis einer Ethik）并非虚构（ersönne）出一个伦理世界，而是像一幅具有说服力的人类画作一样，将现实世界的深层关联和不朽的美展现于心灵面前。"④ 狄尔泰认为，正是这两种需求促使施莱尔马赫回归到古代伦理学说中寻找构造性伦理学，并以此与形式主义伦理学进行不懈斗争。总的来说，狄尔泰在博士

---

① DILTHEY W. Gesammelte Schriften. Band XIV. Leben Schleiermachers. Zweiter Band；Schleiermachers System als Philosophie und Theologie. Aus dem Nachlaß von Wilhelm Dilthey［M］. hrsg. von REDEKER M. Göttingen：Vandenhoeck & Ruprecht Verlag, 1966：346.

② 详见本书第四章第三节"'伦理进化'：朝向'持久的满意'的人类伦理实践"。

③ DILTHEY W. Gesammelte Schriften. Band XIV. Leben Schleiermachers. Zweiter Band；Schleiermachers System als Philosophie und Theologie. Aus dem Nachlaß von Wilhelm Dilthey［M］. hrsg. von REDEKER M. Göttingen：Vandenhoeck & Ruprecht Verlag, 1966：347.

④ DILTHEY W. Gesammelte Schriften. Band XIV. Leben Schleiermachers. Zweiter Band；Schleiermachers System als Philosophie und Theologie. Aus dem Nachlaß von Wilhelm Dilthey［M］. hrsg. von REDEKER M. Göttingen：Vandenhoeck & Ruprecht Verlag, 1966：347.

论文第一章充分表达出对施莱尔马赫所代表的构造性伦理学立场的赞同态度，只是惋惜其在之后的哲学体系建构中，未能"恰当表达"这一构造性伦理学的"最内在特征"。不过，这一点在他博士论文第二章得到了更清晰地展现。

第二节 "构造性伦理学的实施"：施莱尔马赫哲学伦理学体系

在博士论文第二章，狄尔泰主要考察施莱尔马赫从构造性伦理学立场出发构建伦理学体系的过程，具体包括对施莱尔马赫哲学体系与伦理问题——伦理概念和伦理判断之间关系，以伦理问题为前提的原则以及以上述二者为前提的系统性问题的探讨。

一、施莱尔马赫伦理学与其整体哲学之关系

狄尔泰将构造性伦理学的任务总结为："在应在中指明一种实在（im Sollen ein Sein nachzuweisen）。"① 他认为，构造性伦理学方法既不是纯"命令式的（imperativisch）""断言式的（assertorisch）"②，也不是纯"经验式的（empirisch）"，而是类似于赫尔巴特的观点："经由纯粹实在的世界——经验世界，通达价值的世界——思辨世界的命令式判断的方法条件，在于为人类行为提供一个与之接近的价值尺度；对

① DILTHEY W. Gesammelte Schriften. Band XIV. Leben Schleiermachers. Zweiter Band：Schleiermachers System als Philosophie und Theologie. Aus dem Nachlaß von Wilhelm Dilthey ［M］. hrsg. von REDEKER M. Göttingen：Vandenhoeck & Ruprecht Verlag，1966：348.
② DILTHEY W. Gesammelte Schriften. Band XIV. Leben Schleiermachers. Zweiter Band：Schleiermachers System als Philosophie und Theologie. Aus dem Nachlaß von Wilhelm Dilthey ［M］. hrsg. von REDEKER M. Göttingen：Vandenhoeck & Ruprecht Verlag，1966：348.

于构造性伦理学而言，这一尺度是在世界整体结构中形成的人类天性的任务；而这一任务是由一种物理学和伦理学的共同原则针对一元论决定的。因此，思辨的物理学（die spekulative Physik）就是具有命令式天性的伦理学（Ethik imperativischer Natur）。"① 换句话说，在狄尔泰看来，施莱尔马赫采用的构造性伦理学方法是一种思辨的方法。而这种方法之所以可以提供人类行为的价值尺度，在于它源自自然与人类世界的共同原则，能够阐明思维逻辑过程中存在的关于"实在"的形而上学关联。在此，狄尔泰引用施莱尔马赫针对伦理学与理论哲学间辩证关系的表述："伦理学依赖于理论哲学，因为后者将人给予前者，其清晰的直观（klare Anschauung）是后者的最终结论。而后者又依赖于'道德取向'；于是，二者处于相互作用中。"② 于是，一方面"人对自身包含善的尺度的直观（die ein Maß des Guten in sich enthaltende Anschauung des Menschen）"③ 成为伦理学的基础；另一方面，这种直观似乎已经在伦理观察过程中得出伦理尺度。

面对这样一种"循环"，狄尔泰认为，引入心理学是唯一可行的解决方法。而一向将心理学视为思辨哲学对立面的施莱尔马赫，显然选择了另一条路径："通过意于提出最高的对立（einen höchsten Gegensatz），我们必然进入最高的知识（des höchsten Wissens）的表述多样性的领域。这些表述总的来看都是不完整的。随意性（die Willkür）开始了，

---

① DILTHEY W. Gesammelte Schriften. Band XIV. Leben Schleiermachers. Zweiter Band：Schleiermachers System als Philosophie und Theologie. Aus dem Nachlaß von Wilhelm Dilthey［M］. hrsg. von REDEKER M. Göttingen：Vandenhoeck & Ruprecht Verlag，1966：348.

② DILTHEY W. Gesammelte Schriften. Band XIV. Leben Schleiermachers. Zweiter Band：Schleiermachers System als Philosophie und Theologie. Aus dem Nachlaß von Wilhelm Dilthey［M］. hrsg. von REDEKER M. Göttingen：Vandenhoeck & Ruprecht Verlag，1966：349-350.

③ DILTHEY W. Gesammelte Schriften. Band XIV. Leben Schleiermachers. Zweiter Band：Schleiermachers System als Philosophie und Theologie. Aus dem Nachlaß von Wilhelm Dilthey［M］. hrsg. von REDEKER M. Göttingen：Vandenhoeck & Ruprecht Verlag，1966：350.

而伴随我们的处理过程，确信（Überzeugung）必须清晰而明确地表达出一种关于知识的关联性观点才能变得坚定。"① 一方面，"随意性开始"之处所关涉的"最高的对立"——自然与理性的对立，为"最高的知识"的提出奠定基础；另一方面，"最高的知识"也为确立自然与理性的统一性提供依据。也就是说，自然与理性，作为思维中相互独立的两个要素，只有借助于意识或者"道德取向"，才能被设想为"最高的对立"。在提出"最高的对立"后，施莱尔马赫紧接着提出设想"为这一不可消解的对立提供必要基础的统一性"② 或者"理念与实在的纯粹先验同一性"③ 的要求。这种"统一性"或者"同一性"作为"一种我们意愿确定性的先验根据（eines transzendentalen Grund für unsere Gewißheit im Wollen）"④，不但决定我们的意愿与"实在"的关系，也为作为"理性对自然的影响"⑤ 的伦理行为提供可能性。

　　但在狄尔泰看来，施莱尔马赫上述关于"最高的对立"以及"统一性"或者"同一性"的设想，只涉及理性影响自然的"可能性"，而非其"必然性"。因为在自然与理性的先验同一性的基础上，自然与理性本是相互影响的关系，而他却排除了自然支配理性的可能性。这显然

① DILTHEY W. Gesammelte Schriften. Band XIV. Leben Schleiermachers. Zweiter Band：Schleiermachers System als Philosophie und Theologie. Aus dem Nachlaß von Wilhelm Dilthey ［M］. hrsg. von REDEKER M. Göttingen：Vandenhoeck & Ruprecht Verlag, 1966：350.

② DILTHEY W. Gesammelte Schriften. Band XIV. Leben Schleiermachers. Zweiter Band：Schleiermachers System als Philosophie und Theologie. Aus dem Nachlaß von Wilhelm Dilthey ［M］. hrsg. von REDEKER M. Göttingen：Vandenhoeck & Ruprecht Verlag, 1966：350.

③ DILTHEY W. Gesammelte Schriften. Band XIV. Leben Schleiermachers. Zweiter Band：Schleiermachers System als Philosophie und Theologie. Aus dem Nachlaß von Wilhelm Dilthey ［M］. hrsg. von REDEKER M. Göttingen：Vandenhoeck & Ruprecht Verlag, 1966：350.

④ DILTHEY W. Gesammelte Schriften. Band XIV. Leben Schleiermachers. Zweiter Band：Schleiermachers System als Philosophie und Theologie. Aus dem Nachlaß von Wilhelm Dilthey ［M］. hrsg. von REDEKER M. Göttingen：Vandenhoeck & Ruprecht Verlag, 1966：350.

⑤ DILTHEY W. Gesammelte Schriften. Band XIV. Leben Schleiermachers. Zweiter Band：Schleiermachers System als Philosophie und Theologie. Aus dem Nachlaß von Wilhelm Dilthey ［M］. hrsg. von REDEKER M. Göttingen：Vandenhoeck & Ruprecht Verlag, 1966：350.

与其伦理学原则必须包含"个体性之物的说明依据"的观点不一致。另一个不一致的地方，存在于施莱尔马赫伦理学原则在统一性与多样性关系设定上表现出的"对一元论的偏爱（die monistische Vorliebe）"以及"伦理价值评判"之间①：理性作为具有普遍性的"单一之物（etwas Einfaches）"，其"多样性"源自"与其始终相一致的自然（mit ihr immer schon geeinigten Natur）"；而"伦理价值评判"却强调个体性的伦理意义，与"被构造成理性单一性的自然的理想（das Ideal einer zur Einfachheit der Vernunft gebildeten Natur）"相矛盾。

二、由理性活动的三重形式到施莱尔马赫伦理学原则

接着，狄尔泰总结出施莱尔马赫为了实现理性与自然统一性而提出的理性活动的三重形式——德性、诸善与义务。按照施莱尔马赫自己的说法，"伦理之物（das Sittliche）"在德性概念中被称作一种"自身拥有各种分支的、寓于行为的人的力量（sich mannigfaltig verzweigende，dem Menschen als handelndem innewohnende Kraft）"，在诸善概念中则被表述为"通过这一力量的全部有效性而成为并必须成为之物（das jenige，was durch die gesamte Wirksamkeit jener Kraft wird und werden muss）"，在义务的概念中被视作"居于二者之间之物（das，was zwischen jenen beiden liegt）"或"伦理行为本身（die sittliche Handlung selbst）"。②施莱尔马赫将伦理学视为"理性的创造性活动（die schaffende Tätigkeit der Vernunft）"，并认为其自身发展出力量（Kraft）、行为（Handlung）

---

① DILTHEY W. Gesammelte Schriften. Band XIV. Leben Schleiermachers. Zweiter Band：Schleiermachers System als Philosophie und Theologie. Aus dem Nachlaß von Wilhelm Dilthey［M］. hrsg. von REDEKER M. Göttingen：Vandenhoeck & Ruprecht Verlag，1966：350.

② DILTHEY W. Gesammelte Schriften. Band XIV. Leben Schleiermachers. Zweiter Band：Schleiermachers System als Philosophie und Theologie. Aus dem Nachlaß von Wilhelm Dilthey［M］. hrsg. von REDEKER M. Göttingen：Vandenhoeck & Ruprecht Verlag，1966：352.

和产品（Produkt）三种具有内在关联性的形式。这显然与他最初提出的伦理学体系构建形式——以诸善作为德性和义务基础的构想相抵触。经施莱尔马赫改造后的伦理学体系将理性活动的三种形式从现实世界逐入"旁观者的头脑"，形成"一种伦理之物的三重表现方式的假说（Hypothese einer dreifachen Erscheinungsweise des Moralischen）"①，建立伦理学与辩证法之间的完全关联，而不再在理性活动现实发展的内在关联中描述它。

　　除了上文提到的伦理学体系构建方面的问题，狄尔泰也质疑了施莱尔马赫德性、诸善与义务三个概念的使用："如此重要的伦理学概念，必须首先在原初意义上对其进行把握。但在这层意义上，这三个概念绝不可能构造出相同的、以各种方式包含整个生命的诸体系（das ganze Leben in verschiedener Weise umspannende Systeme）。"② 他认为，描述人思想和行为方式的义务与德性概念的关系会更近一些，义务与"被允许之物"，德性与"纯粹符合义务之物（das bloß Pflichtmäßige）"则彼此对立、互补："这种区分并非出于划分寓居的力量（die innewohnende Kraft）和伦理行为的系统性要求；就像人们此后也未能通过将抽象的义务关系概念转换成述谓结构的抽象概念（prädikativen Abstraktums）的关系概念——例如正直的关系概念，来完全扬弃对立一样。更确切地说，如此才真正地展现出对约束性行为领域与另外一个个体的、伦理禀

---

① DILTHEY W. Gesammelte Schriften. Band XIV. Leben Schleiermachers. Zweiter Band：Schleiermachers System als Philosophie und Theologie. Aus dem Nachlaß von Wilhelm Dilthey [M]. hrsg. von REDEKER M. Göttingen：Vandenhoeck & Ruprecht Verlag，1966：353.
② DILTHEY W. Gesammelte Schriften. Band XIV. Leben Schleiermachers. Zweiter Band：Schleiermachers System als Philosophie und Theologie. Aus dem Nachlaß von Wilhelm Dilthey [M]. hrsg. von REDEKER M. Göttingen：Vandenhoeck & Ruprecht Verlag，1966：353.

性的（ethischen Naturells）领域间差异的最初构想。"① 也就是说，义务概念的约束性特征，从根本上源自它与"被允许之物"之间的关联性。如果取消二者之间的这种关系，义务概念必将沦为施莱尔马赫这位体系大师的"空洞游戏（einem leeren Spiel）"②。此外，诸善的概念则"在更远一点的关系上"与彼此互补的义务和德性概念相对："前者与后二者无法完全区分开，若非这样，义务概念就会从根本上失去存在依据，沦为空洞的形式，而诸善的概念也会掉出伦理学的范围。"③ 基于上述论证，狄尔泰一方面肯定施莱尔马赫提出的理性活动的三重形式以及对"诸善"概念的重构对其伦理学的重要意义，但另一方面也指出，这恰恰是他在此基础上开展的伦理学体系构造过程中饱受质疑的原因所在。

三、"两组相互交叉的对立"与伦理的认识论问题

在博士论文第二章的最后，狄尔泰针对这一过程中施莱尔马赫的至善学说从最初的具有生产性力量和理性支配自然的统一性的"一种独立有机体（ein in sich geschlossener Organismus）"④ 分裂为作为被生产之物并存的诸善的转变过程展开论述。他首先指出，这一转变发生的原因在于施莱尔马赫"引入决定至善学说的对立的方式（Art，wie er die

---

① DILTHEY W. Gesammelte Schriften. Band XIV. Leben Schleiermachers. Zweiter Band：Schleiermachers System als Philosophie und Theologie. Aus dem Nachlaß von Wilhelm Dilthey [M]. hrsg. von REDEKER M. Göttingen：Vandenhoeck & Ruprecht Verlag，1966：353.

② DILTHEY W. Gesammelte Schriften. Band XIV. Leben Schleiermachers. Zweiter Band：Schleiermachers System als Philosophie und Theologie. Aus dem Nachlaß von Wilhelm Dilthey [M]. hrsg. von REDEKER M. Göttingen：Vandenhoeck & Ruprecht Verlag，1966：354.

③ DILTHEY W. Gesammelte Schriften. Band XIV. Leben Schleiermachers. Zweiter Band：Schleiermachers System als Philosophie und Theologie. Aus dem Nachlaß von Wilhelm Dilthey [M]. hrsg. von REDEKER M. Göttingen：Vandenhoeck & Ruprecht Verlag，1966：354.

④ DILTHEY W. Gesammelte Schriften. Band XIV. Leben Schleiermachers. Zweiter Band：Schleiermachers System als Philosophie und Theologie. Aus dem Nachlaß von Wilhelm Dilthey [M]. hrsg. von REDEKER M. Göttingen：Vandenhoeck & Ruprecht Verlag，1966：354.

seine Lehre vom höchsten Gut bestimmenden Gegensätze einführte）"①：他早期伦理学说的基本问题——"普遍之物（das Allgemeine）"与"个体之物（das Individuelle）"的关系问题彻底被推翻了，在这里变成"一个纯粹的对立"。这使得人们不再关注"个体对道德世界的直观（individualer Anschauung innerhalb der moralischen Welt）"意义上的逻辑问题，以及"个体性（die Indivdualität）"自身作为目的和"整体的器官（Organ des Ganzens）"的伦理问题，还有只有"献身于普遍之物（die Hingabe an das Allgemeine）"才能实现个体自由的奇怪现象。但伴随这种"用一种巨大的对立取代那一系列难以解决的问题"②的做法而来的，还有"推导极不充分"的问题："因为一切作为个别之物的伦理上的自为设定（alles sittlich für sich zu Setzende als Einzelnes），都必须同时与一切其他个别之物在概念上相区别：因此每一人类个体也必须最初在概念上彼此区别，也就是说每个人都必须是一个具有独特性的个体。"③在狄尔泰看来，这里所说的"在概念上彼此区别"，不仅指人类个体在空间和时间上的区分，还指向他们中"作为空间和时间中被设定之物自身发展源头的统一性（die Einheit，aus welcher das im Raum und in der Zeit Gesetzte sich entwickelt）"④的差异。施莱尔马赫本人也明确反对这样

---

① DILTHEY W. Gesammelte Schriften. Band XIV. Leben Schleiermachers. Zweiter Band：Schleiermachers System als Philosophie und Theologie. Aus dem Nachlaß von Wilhelm Dilthey ［M］. hrsg. von REDEKER M. Göttingen：Vandenhoeck & Ruprecht Verlag, 1966：354.

② DILTHEY W. Gesammelte Schriften. Band XIV. Leben Schleiermachers. Zweiter Band：Schleiermachers System als Philosophie und Theologie. Aus dem Nachlaß von Wilhelm Dilthey ［M］. hrsg. von REDEKER M. Göttingen：Vandenhoeck & Ruprecht Verlag, 1966：354.

③ DILTHEY W. Gesammelte Schriften. Band XIV. Leben Schleiermachers. Zweiter Band：Schleiermachers System als Philosophie und Theologie. Aus dem Nachlaß von Wilhelm Dilthey ［M］. hrsg. von REDEKER M. Göttingen：Vandenhoeck & Ruprecht Verlag, 1966：354.

④ DILTHEY W. Gesammelte Schriften. Band XIV. Leben Schleiermachers. Zweiter Band：Schleiermachers System als Philosophie und Theologie. Aus dem Nachlaß von Wilhelm Dilthey ［M］. hrsg. von REDEKER M. Göttingen：Vandenhoeck & Ruprecht Verlag, 1966：354.

一种从人类"类本质（Wesen der Gattung）"出发，根本不触及人类独特性本质的演绎方式，因为"类的同质性（Gleichheit der Gattung）"始终隐匿在"每一个体性的独特性价值（dem eigentümlichen Wert des einzelnen Individualität）"之后。①

　　为了更好地解决随着引入"普遍之物"与"个体之物"的对立带来的"推导极不充分"的问题，施莱尔马赫又引入另一组对立——"组织和象征活动的对立（Gegensatz des organisierenden und symbolisierenden Handelns）"②，并试图通过伦理学问题与其画等号的方式——对待前一组对立的相同方式来获得"两组相互交叉的对立（zwei sich kreuzende Gegensätze）"，或者说完成对诸善学说的"四重划分（eine

---

① DILTHEY W. Gesammelte Schriften. Band XIV. Leben Schleiermachers. Zweiter Band：Schleiermachers System als Philosophie und Theologie. Aus dem Nachlaß von Wilhelm Dilthey［M］. hrsg. von REDEKER M. Göttingen：Vandenhoeck & Ruprecht Verlag，1966：354.
② "组织活动（die organisierende Tätigkeit）"指理性对自然施加影响的过程，使"自然之物（das Natürliche）"成为"理性的器官（O-gan der Vernunft）"，并能够推动"自然与理性达成逐步统一（die fortschreitende Einigung der Natur mit der Vernunft）"。狄尔泰曾就这一概念给出一个形象的描述："最初只是人类动物性与理性相统一；现在通过伦理行为，外在自然的一部分进入了这种与理性的关联，之后人类对此施加的影响以及由这种关联与理性达成统一的自然，作用于外在自然，是一个不断向外展开的过程。"而"象征活动（das symbolisierende Tätigkeit）"是完成"组织活动"任务的必要要求："组织活动以此为前提：被纳入一个组织的理性活动可以告知自我和接收告知；各种人必须能够认识和承认彼此；但理性活动永远不可以在一个又一个心灵生命中被认识；它必须在动物性和感官之物中自我呈现。"例如，家长的理性可以透过孩子的外形和活动来认识自我。"组织活动"和"象征活动"二者互为条件、彼此转化，因为"理性必须首先在原初的组织中主动展示自己，也就是说独立地透彻理解自身（sich selbständig aneignen）；之后它才可以在其中以某种方式被认识"。DILTHEY W. Gesammelte Schriften. Band XIV. Leben Schleiermachers. Zweiter Band：Schleiermachers System als Philosophie und Theologie. Aus dem Nachlaß von Wilhelm Dilthey［M］. hrsg. von REDEKER M. Göttingen：Vandenhoeck & Ruprecht Verlag，1966：282-285.

vierfache Gliederung) "。① 如果说"组织和象征活动的对立"在施莱尔马赫早期伦理学思想中具有明显的伦理属性,"道德取向通过对自身的不断直观与表达,通过某种程度上反思的(reflexive)、由行为倒回中心点的活动(vom Handeln auf seinen Mittelpunkt rückwärtsgehende Bewegung)——施莱尔马赫因此称其为反思(Reflexion),成为一种特征"②。那么在他的晚期伦理学思想中得到突出的,则是与这种"向内的活动"相对的"向外的活动(die Tätigkeit nach außen)":"在理性和自然的伦理交融(sittlichen Ineinandersein)范围中,理性被以行动的方式设定……在这种交融状态下,理性必须是可被认识的,并就这一点成为一种对理性而言被象征的自然的存在(ein Symboliertsein der Natur

---

① DILTHEY W. Gesammelte Schriften. Band XIV. Leben Schleiermachers. Zweiter Band: Schleier-machers System als Philosophie und Theologie. Aus dem Nachlaß von Wilhelm Dilthey [M]. hrsg. von REDEKER M. Göttingen: Vandenhoeck & Ruprecht Verlag, 1966: 354; HERFURTH T. Diltheys Schriften zur Ethik. Der Aufbau der moralischen Welt als Resultat einer Kritik der in-stropektiven Vernunft [M]. Würzburg: Königshausen & Neumann, 1992: 68. 狄尔泰曾就"组织和象征活动(die organisierende und symbolisierende Tätigkeit)" "同一性(die Identität, 或'普遍之物'das Allgemeine)"和"个体性(die Individualität, 或'独特性'die Eigentümlichkeit, 或'个体之物'das Individuelle)"两组对立在伦理世界中的交叉关系作出专门论述。他认为,后一组对立是前一组所具有的特征:"我们让后者隶属于前者,因为后者以理性的部分存在为基础,而前者对于伦理世界的内容性(die Inhaltlich-keit)而言更为重要。"但他也指出,在这两组对立中,理解伦理世界的统一性也至关重要:"……每一个具体的伦理活动和每一个伦理的善中都反映出整体。就像善、义务和德性在伦理世界的每一处在场(gegenwärtig),每一个伦理德性,每一个善和每一个义务都包含着这一在统一性中被联结的四重划分之物(dies vierfach Getrennte in seiner Einehit ge-bunden),因为透过它们中的每一个都可以领会整个伦理世界,只不过带有一点片面的偏移(einseitigen Verschiebung)……只有它们不同的相互联结方式,才能区分诸善。因此,每个单独的善都是整体的映像(ein Abbild des Ganzen)、最高的善的映像。" DILTHEY W. Gesammelte Schriften. Band XIV. Leben Schleiermachers. Zweiter Band: Schleiermachers System als Philosophie und Theologie. Aus dem Nachlaß von Wilhelm Dilthey [M]. hrsg. von REDEKER M. Göttingen: Vandenhoeck & Ruprecht Verlag, 1966: 286-288.

② DILTHEY W. Gesammelte Schriften. Band XIV. Leben Schleiermachers. Zweiter Band: Schleier-machers System als Philosophie und Theologie. Aus dem Nachlaß von Wilhelm Dilthey [M]. hrsg. von REDEKER M. Göttingen: Vandenhoeck & Ruprecht Verlag, 1966: 355.

für die Vernunft），理性行为成为一种象征性行为。"① 就这样，"可认知性（die Erkennbarheit）"或者说认识论问题进入伦理学视野。狄尔泰也因此质疑施莱尔马赫混淆了"伦理认识问题"和"认识与科学的伦理价值"，进而造成理论上的前后矛盾。②

除了从理性概念中存在的认知出发对"象征性活动"进行演绎，施莱尔马赫还表示："象征是理性与自然的每一种交融，只要它们中设定将对自然行动过（Gehandelthaben auf die Natur）作为每一种交融的器官（Organ jedes），只要它们中设定将与自然共同行动（ein Handelnwerden mit der Natur）。"③ 不过，这也遭到狄尔泰的明确反对。因为只要一个伦理行为以另一个更早的伦理行为作为前提，它就不可能是伦理的行为。

四、对施莱尔马赫哲学伦理学的质疑

在博士论文的最后，狄尔泰简要总结了施莱尔马赫伦理学的特征以及自己主要质疑的方面。他认为，在施莱尔马赫构造的伦理学体系中，"伦理之物（das Ethische）现身于行为的理性的不停歇的、奔涌而去的统一体（ungebrochenen dahinfließenden Einheit der handelnden Vernunft），拥有一种势不可当的力量——一种被生产、即又具有生产性的力量

---

① DILTHEY W. Gesammelte Schriften. Band XIV. Leben Schleiermachers. Zweiter Band：Schleiermachers System als Philosophie und Theologie. Aus dem Nachlaß von Wilhelm Dilthey ［M］. hrsg. von REDEKER M. Göttingen：Vandenhoeck & Ruprecht Verlag, 1966：355.

② HERFURTH T. Diltheys Schriften zur Ethik. Der Aufbau der moralischen Welt als Resultat einer Kritik der instropektiven Vernunft ［M］. Würzburg：Königshausen & Neumann, 1992：68；DILTHEY W. Gesammelte Schriften. Band XIV. Leben Schleiermachers. Zweiter Band：Schleiermachers System als Philosophie und Theologie. Aus dem Nachlaß von Wilhelm Dilthey ［M］. hrsg. von REDEKER M. Göttingen：Vandenhoeck & Ruprecht Verlag, 1966：355.

③ DILTHEY W. Gesammelte Schriften. Band XIV. Leben Schleiermachers. Zweiter Band：Schleiermachers System als Philosophie und Theologie. Aus dem Nachlaß von Wilhelm Dilthey ［M］. hrsg. von REDEKER M. Göttingen：Vandenhoeck & Ruprecht Verlag, 1966：355.

（hervorgebrachte und sogleich wieder hervorbringende Macht）。这一过程带来的，并非伦理意志的强化（die Intensivität eines sittlichen Willens），而是带有伦理特征的扩展之物（ein Extensives mit dem Gepräge des Sittlichen）。从不停滞的行为理性之流（der nie stockende Fluss der handelnden Vernunft）决定了伦理世界和伦理主体每一刻的发展变化，还排除一切中间物（Adiaphora）。伦理法则因与伦理意识相矛盾，因此不可能出现在这种均匀的约束性力量之流（gleichmäßigen Flusse von seiner verbindenden Kraft）中"①。整个伦理学体系的构造过程，清晰展现出"伦理之物"作为"具有完整结构的伦理世界"的内在关联，体现出施莱尔马赫试图提出"一种与内在关联相符合的外在结构（eine dem inneren Zusammenhang entsprechende äußere Gliederung）"的"逻辑狂热"。② 狄尔泰指责他使用思辨的方法，制造出这样一种"错觉"："世界分裂成对立物，对立物只能通过其对立面和统一性被理解。这里所说的统一性……是不可认识的。"③ 这种"可认识的真实性"与"不可认识的实在性"之间不一致的状况，被狄尔泰称作"怀疑论的同一性哲学的特别演出"④。他甚至就这场"特别演出"给出更为形象的比喻："有时人们想把这一系列概念比作一根链条（Kette），一端系着一只可入深井的水桶，但链条的长度只能勉强够到水面。因此，当人们口渴

---

① DILTHEY W. Gesammelte Schriften. Band XIV. Leben Schleiermachers. Zweiter Band：Schleiermachers System als Philosophie und Theologie. Aus dem Nachlaß von Wilhelm Dilthey［M］. hrsg. von REDEKER M. Göttingen：Vandenhoeck & Ruprecht Verlag，1966：355-357.

② DILTHEY W. Gesammelte Schriften. Band XIV. Leben Schleiermachers. Zweiter Band：Schleiermachers System als Philosophie und Theologie. Aus dem Nachlaß von Wilhelm Dilthey［M］. hrsg. von REDEKER M. Göttingen：Vandenhoeck & Ruprecht Verlag，1966：356.

③ DILTHEY W. Gesammelte Schriften. Band XIV. Leben Schleiermachers. Zweiter Band：Schleiermachers System als Philosophie und Theologie. Aus dem Nachlaß von Wilhelm Dilthey［M］. hrsg. von REDEKER M. Göttingen：Vandenhoeck & Ruprecht Verlag，1966：356.

④ DILTHEY W. Gesammelte Schriften. Band XIV. Leben Schleiermachers. Zweiter Band：Schleiermachers System als Philosophie und Theologie. Aus dem Nachlaß von Wilhelm Dilthey［M］. hrsg. von REDEKER M. Göttingen：Vandenhoeck & Ruprecht Verlag，1966：356.

时，只能通过不断将链条上拉下放来解闷（unterhalten werden）。"① 这种无异于隔靴搔痒的做法，根本无法触及实在性问题。

此外，狄尔泰还批评"伦理之物"在这一体系中被转换成一个纯粹的逻辑序列。当人们只能在"对立的统一""对立的平衡（Gleichgewicht derselben）"或者"在自身中均衡一切对立的总体性（sie alle in sich ausgleichenden Universalität）"中发现"伦理之物"时，它显然已经丧失了作为伦理事实的真实意义。② 施莱尔马赫后来也意识到这一点，但他想出的"补救"之法，也无外乎在伦理世界关联的真实纽带中研究"伦理之物"与真实的伦理动机之间的关系。这种特别的做法，尽管使"伦理之物"进一步获得一种"对自身最高发展形态的理解的深度和精度（Tiefe und Feinheit des Verständnisses seiner entwickelsten Gestalten）"③，造就伦理学史上"独一无二"的伦理学体系，但却无法摆脱对其不重视"伦理之物"基本形式的诟病。因为伦理学原则"最终应当依靠伦理规定以及它们与生命的关系，来为自身奠基并自我证明"④。在狄尔泰看来，施莱尔马赫这种颠倒生命和伦理学关系的伦理学原则彻底违背了构造性伦理学变革生命的终极要求，只能得出"与生命

---

① DILTHEY W. Gesammelte Schriften. Band XIV. Leben Schleiermachers. Zweiter Band：Schleiermachers System als Philosophie und Theologie. Aus dem Nachlaß von Wilhelm Dilthey ［M］. hrsg. von REDEKER M. Göttingen：Vandenhoeck & Ruprecht Verlag, 1966：356.

② DILTHEY W. Gesammelte Schriften. Band XIV. Leben Schleiermachers. Zweiter Band：Schleiermachers System als Philosophie und Theologie. Aus dem Nachlaß von Wilhelm Dilthey ［M］. hrsg. von REDEKER M. Göttingen：Vandenhoeck & Ruprecht Verlag, 1966：356.

③ DILTHEY W. Gesammelte Schriften. Band XIV. Leben Schleiermachers. Zweiter Band：Schleiermachers System als Philosophie und Theologie. Aus dem Nachlaß von Wilhelm Dilthey ［M］. hrsg. von REDEKER M. Göttingen：Vandenhoeck & Ruprecht Verlag, 1966：356.

④ DILTHEY W. Gesammelte Schriften. Band XIV. Leben Schleiermachers. Zweiter Band：Schleiermachers System als Philosophie und Theologie. Aus dem Nachlaß von Wilhelm Dilthey ［M］. hrsg. von REDEKER M. Göttingen：Vandenhoeck & Ruprecht Verlag, 1966：356.

的一致性假象（den Schein der Übereinstimmung mit dem Leben）"①。

面对施莱尔马赫伦理学体系所处的窘境，狄尔泰不禁发问："难道伦理学不应也尝试，不如就让各组现象臣服于法则算了?"② 但一方面，他显然也意识到，自然科学也仅仅是在某些分支领域试图建立一种综合体系；另一方面，"外在世界，如我们从外在发现的那样，作为一种多样性（Vielheit）给定我们。精神世界则与此相反，我们从一开始就借助于对自我的直观（Anschauung des eigenen Ichs），随处发现统一性（Einheit）。只有这样，精神才不会放弃在个别之物中理解它在整体中所知晓的这种统一性（diese Einheit，welche er im Ganzen weiß，in dem Einzelnen zu verstehen）"③。精神世界所具有的这种与自然世界不同的独特特征，也正是吸引狄尔泰终其一生对其进行系统、深入研究的魅力所在。

---

① DILTHEY W. Gesammelte Schriften. Band XIV. Leben Schleiermachers. Zweiter Band：Schleier-machers System als Philosophie und Theologie. Aus dem Nachlaß von Wilhelm Dilthey ［M］. hrsg. von REDEKER M. Göttingen：Vandenhoeck & Ruprecht Verlag, 1966：356.

② DILTHEY W. Gesammelte Schriften. Band XIV. Leben Schleiermachers. Zweiter Band：Schleier-machers System als Philosophie und Theologie. Aus dem Nachlaß von Wilhelm Dilthey ［M］. hrsg. von REDEKER M. Göttingen：Vandenhoeck & Ruprecht Verlag, 1966：356.

③ DILTHEY W. Gesammelte Schriften. Band XIV. Leben Schleiermachers. Zweiter Band：Schleier-machers System als Philosophie und Theologie. Aus dem Nachlaß von Wilhelm Dilthey ［M］. hrsg. von REDEKER M. Göttingen：Vandenhoeck & Ruprecht Verlag, 1966：356.

第三章 早期狄尔泰的构造性伦理学构想

——以《试析道德意识》为核心

在任教资格论文《试析道德意识》（1864）中，狄尔泰不仅对康德形式主义伦理学进行更为全面的批判，也试图借助对道德意识的形式和内容的分析，给出克服康德"实在"与"应在"二元对立的方案，即狄尔泰的构造性伦理学构想。但在这篇论文开篇，狄尔泰并没有直接对道德意识展开分析，而是首先阐明伦理学的研究目的，简要追溯西方伦理学发展史，并说明自己选取道德意识作为伦理学研究出发点的理由。

第一节 "道德意识的哲学深化"：基于伦理实践的需求

阿图尔·叔本华（Arthur Schopenhauer）认为，"人生来就是痛苦的，由于他的本质就是落在痛苦的手心里的。"① 但在狄尔泰看来，人类肉体上的痛苦是"最可忍受的"，精神上的痛苦却往往源自某种"限制性"或者诸如"嫉妒""渴望被认同（Gelten-Wollen）"和"得不

---

① 叔本华. 作为意志和表象的世界 [M]. 石冲白，译. 北京：商务印书馆，1982：427.

到同等回应的爱慕（nicht im selben Grade erwiderter Zuneigung）"等情感。① 而论及有助于消解上述精神痛苦或者说对人类意志施加影响的有效手段，他特别强调除教育、宗教和最富有教益的社会组织之外的"我们道德意识的哲学深化（die philosophische Vertiefung in unser moralisches Bewusstsein）"②，或者说对"一种引领我们生命的普遍有效之物、确定之物（ein Allgemeingültiges，Gewisses，das unser Leben leitet）"③ 的寻求。

一、道德意识分析的必要性

在他看来，无论柏拉图、亚里士多德等伟大的古代哲学家，还是康德等现代哲学家，都想通过自己的伦理学说对人类意志施加这样一种影响：令人们将伦理研究的目光投向生命/生活（das Leben），而不是理论本身。尤其是在伦理学与宗教共同作用于人的心灵之后，在这种"对生命/生活产生影响的伦理学需求（das Bedürfnis der Ethik nach Wirkung auf das Leben）"④ 的驱使下，"一个大多由义务或者德性组成的、被赋予无条件约束性力量的理念体系（ein Idealsystem zumeist von Pflichten oder Tugenden，mit der Macht der unbedingten Verbindlichkeit aus-

---

① DILTHEY W. Gesammelte Schriften. Band VI. Die geistige Welt. Einleitung in die Philosophie des Lebens. Zweite Hälfte：Abhandlungen zur Poetik，Ethik und Pädagogik［M］. hrsg. von MISCH G. Göttingen：Vandenhoeck & Ruprecht Verlag，1924：1.

② DILTHEY W. Gesammelte Schriften. Band VI. Die geistige Welt. Einleitung in die Philosophie des Lebens. Zweite Hälfte：Abhandlungen zur Poetik，Ethik und Pädagogik［M］. hrsg. von MISCH G. Göttingen：Vandenhoeck & Ruprecht Verlag，1924：1.

③ DILTHEY W. Gesammelte Schriften. Band VI. Die geistige Welt. Einleitung in die Philosophie des Lebens. Zweite Hälfte：Abhandlungen zur Poetik，Ethik und Pädagogik［M］. hrsg. von MISCH G. Göttingen：Vandenhoeck & Ruprecht Verlag，1924：1.

④ DILTHEY W. Gesammelte Schriften. Band VI. Die geistige Welt. Einleitung in die Philosophie des Lebens. Zweite Hälfte：Abhandlungen zur Poetik，Ethik und Pädagogik［M］. hrsg. von MISCH G. Göttingen：Vandenhoeck & Ruprecht Verlag，1924：2.

gestattet）"① 逐渐成为伦理学乃至整个哲学的基石，而对"实在"的探究也逐渐成为对"一切诫命和理念的基础"② 的研究。

在对"实在"的各种事实研究过程中涉及的众多研究基础与研究方法中，为何狄尔泰唯独选择对道德意识进行分析这一路径呢？他给出两个理由③：第一，这可以摆脱一切心理学和形而上学前提，也可以脱离所有基于这一基础构建的伦理学；第二，这还可以解决伦理学在历史发展过程中所遭遇的最为棘手的问题——与道德动机的现实以及生命的对立（der Wirklichkeit der moralischen Motive und dem Leben gegenüber）。前者符合狄尔泰对待形而上学的一贯态度，后者则凸显出生命总体框架对他的伦理学研究的基础性地位。狄尔泰明确指出，"实在"的概念应包含一种"对应在的指明（Hindeutung auf das Sollen）"④。

那么"实在"又能在多大程度上成其为"应在"的基础呢？狄尔泰认为回答这一问题并不需要什么复杂的论证，因为历史上的每一种伦理学都要对道德意识进行分析，因此也都必须先回答同一个问题："应在""绝对约束性（absolute Verbindlichkeit）"和"旁观者的判断（das Urteil des Zuschauers）"这些自身难以洞察的出发点，是否能"完

① DILTHEY W. Gesammelte Schriften. Band VI. Die geistige Welt. Einleitung in die Philosophie des Lebens. Zweite Hälfte：Abhandlungen zur Poetik，Ethik und Pädagogik［M］. hrsg. von MISCH G. Göttingen：Vandenhoeck & Ruprecht Verlag，1924：2.

② DILTHEY W. Gesammelte Schriften. Band VI. Die geistige Welt. Einleitung in die Philosophie des Lebens. Zweite Hälfte：Abhandlungen zur Poetik，Ethik und Pädagogik［M］. hrsg. von MISCH G. Göttingen：Vandenhoeck & Ruprecht Verlag，1924：2.

③ DILTHEY W. Gesammelte Schriften. Band VI. Die geistige Welt. Einleitung in die Philosophie des Lebens. Zweite Hälfte：Abhandlungen zur Poetik，Ethik und Pädagogik［M］. hrsg. von MISCH G. Göttingen：Vandenhoeck & Ruprecht Verlag，1924：2.

④ DILTHEY W. Gesammelte Schriften. Band VI. Die geistige Welt. Einleitung in die Philosophie des Lebens. Zweite Hälfte：Abhandlungen zur Poetik，Ethik und Pädagogik［M］. hrsg. von MISCH G. Göttingen：Vandenhoeck & Ruprecht Verlag，1924：2. 印艾辛将"Hindeutung auf das Sollen"视为狄尔泰克服康德"实在"与"应在"二元对立的关键。INEICHEN H. Erkenntnistheorie und geschichtlich‐gesellschaftliche Welt. Diltheys Logik der Geisteswissenschaften［M］. Frankfurt am Main：V. Klostermann，1975：24.

整而适当地表达道德意识的完整形式"①？这个问题难以回答，狄尔泰甚至认为康德和赫尔巴特都没能成功解答它。赫尔巴特尽管清晰地认识到康德将义务概念视为最根本的伦理现象这一做法的"随意性"，但他却放弃对道德意识进行分析，转而选择以义务、德性和诸善等抽象概念作为自身伦理学认识原则的基础，并错误地将"自我感（das Selbstgefühl）"②视为个体德性价值的基础。

　　因此，狄尔泰认为有必要对道德形式进行更为全面的分析，以便为上文提到的"应在""绝对约束性"和"旁观者的判断"等各种常见的伦理学认识原则——"道德述谓结构（der moralischen Prädizierung）"③提供基础，并克服迄今为止道德形式中存在的矛盾。其中，狄尔泰举出三组最需加以克服的矛盾④：第一，伦理学必须契合和包含"真正起激发作用"的动机，与人们可以从最为抽象的形式原则出发构建起完全不包含构成"人类日常生活道德性（die Moralität des gewöhnlichen menschlichen Lebens）"的伦理学体系之间的矛盾；第二，历史上诸伦理学体系道德规定与道德价值的"极度变易性（außerordentlichen Veränderlichkeit）"与其所具有的"同等无条件性（gleichen Unbedingtheit）"之间的矛盾；第三，"伦理意识的变易性"或者说"不断增强的对价值世界的洞察"，与道

---

① DILTHEY W. Gesammelte Schriften. Band VI. Die geistige Welt. Einleitung in die Philosophie des Lebens. Zweite Hälfte：Abhandlungen zur Poetik，Ethik und Pädagogik［M］. hrsg. von MISCH G. Göttingen：Vandenhoeck & Ruprecht Verlag，1924：3.

② DILTHEY W. Gesammelte Schriften. Band VI. Die geistige Welt. Einleitung in die Philosophie des Lebens. Zweite Hälfte：Abhandlungen zur Poetik，Ethik und Pädagogik［M］. hrsg. von MISCH G. Göttingen：Vandenhoeck & Ruprecht Verlag，1924：3.

③ DILTHEY W. Gesammelte Schriften. Band VI. Die geistige Welt. Einleitung in die Philosophie des Lebens. Zweite Hälfte：Abhandlungen zur Poetik，Ethik und Pädagogik［M］. hrsg. von MISCH G. Göttingen：Vandenhoeck & Ruprecht Verlag，1924：3.

④ DILTHEY W. Gesammelte Schriften. Band VI. Die geistige Welt. Einleitung in die Philosophie des Lebens. Zweite Hälfte：Abhandlungen zur Poetik，Ethik und Pädagogik［M］. hrsg. von MISCH G. Göttingen：Vandenhoeck & Ruprecht Verlag，1924：3-4.

德法则等义务世界"固定的规定体系"之间的矛盾。而达到价值世界与义务世界的"平衡"的唯一可能路径，就在于充分认识"道德之物的要素（Elemente des Moralischen）"。狄尔泰并不否认，对道德意识的分析使得这一任务逐渐转变成一种伦理学的形而上学-心理学奠基。如上文所说，这是他明确反对的，但对这其中所揭示的真理性认识亦持肯定态度。

"为什么人们不能期待这样一些研究呢？它们从各组非常不同的事实出发，按照一切科学思维的必要假设——囊括一个世界的所有事实彼此一致。"① 总的来说，狄尔泰期待的是一种"和而不同"的伦理学研究局面，它涉及一切法则和道德世界的基础，只要这些从各种出发点出发的研究能够自证彼此间的一致性，就可以被共同包含在其中。

二、道德意识分析的方法

论及对道德意识进行分析的普遍方法，狄尔泰再次将目光投向康德伦理学。在他看来，康德和休谟都对道德意识进行了"最为完整的分析（die vollständigsten Analysen）"②。其中，尤其是康德通过在《道德形而上学的奠基》第一章中对道德意识的分析，揭示了自己的写作意图："理性迫使我给予一种可能的普遍立法以直接的敬重，对此我尽管目前尚不知晓它应以何为基础（这是哲学家乐于研究的），但至少理解到：这是一种对超出可由偏好赞誉的其他价值的珍视（eine Schätzung

---

① DILTHEY W. Gesammelte Schriften. Band VI. Die geistige Welt. Einleitung in die Philosophie des Lebens. Zweite Hälfte：Abhandlungen zur Poetik，Ethik und Pädagogik［M］. hrsg. von MISCH G. Göttingen：Vandenhoeck & Ruprecht Verlag，1924：4.

② DILTHEY W. Gesammelte Schriften. Band VI. Die geistige Welt. Einleitung in die Philosophie des Lebens. Zweite Hälfte：Abhandlungen zur Poetik，Ethik und Pädagogik［M］. hrsg. von MISCH G. Göttingen：Vandenhoeck & Ruprecht Verlag，1924：5.

sei, welcher allen Wert dessen, was durch Neigung angepriesen wird, weit überwiegt)。"① 在《实践理性批判》中，道德法则也被作为一种道德意识的事实而明确提及。在《道德形而上学的奠基》第二章中，康德从实践理性出发"综合地"完成整个关于道德的推导过程："道德法则并非被找到，而是被阐明。道德意识变得越来越显明（immer durchsichtiger），直至在它的现象后面要求敬重的道德法则（das achtungsgebietende Sittengesetz）就像现身于一层薄薄的面纱后面一般。"② 毫无疑问，狄尔泰清楚地意识到"综合（Synthesis）"概念对于康德道德意识分析的重要性，它不仅从一开始就奠定了分析的开端和发展方向，还提前揭示了最终的研究结论。因此，对道德意识的分析，仅仅得出其现象中隐含的稳定的先验形式要素是不够的，还需将"内容变易的多样性与无条件形式间的关系（die Beziehung der veränderlichen Vielheit des Inhalts zu der unbedingten Form）"③ 一并纳入分析中。

在明确研究对象的性质及研究条件的限制性方面，狄尔泰主要指出道德意识每每只是"部分显现（teilweise erschient）"的问题，"因为这个研究对象并非这个或那个道德意识，而是总体的道德意识"④。这就意味着，"作为分析（注：此处指道德意识分析）基础的无条件约束

---

① DILTHEY W. Gesammelte Schriften. Band VI. Die geistige Welt. Einleitung in die Philosophie des Lebens. Zweite Hälfte：Abhandlungen zur Poetik，Ethik und Pädagogik［M］. hrsg. von MISCH G. Göttingen：Vandenhoeck & Ruprecht Verlag，1924：6.

② DILTHEY W. Gesammelte Schriften. Band VI. Die geistige Welt. Einleitung in die Philosophie des Lebens. Zweite Hälfte：Abhandlungen zur Poetik，Ethik und Pädagogik［M］. hrsg. von MISCH G. Göttingen：Vandenhoeck & Ruprecht Verlag，1924：6.

③ DILTHEY W. Gesammelte Schriften. Band VI. Die geistige Welt. Einleitung in die Philosophie des Lebens. Zweite Hälfte：Abhandlungen zur Poetik，Ethik und Pädagogik［M］. hrsg. von MISCH G. Göttingen：Vandenhoeck & Ruprecht Verlag，1924：6.

④ DILTHEY W. Gesammelte Schriften. Band VI. Die geistige Welt. Einleitung in die Philosophie des Lebens. Zweite Hälfte：Abhandlungen zur Poetik，Ethik und Pädagogik［M］. hrsg. von MISCH G. Göttingen：Vandenhoeck & Ruprecht Verlag，1924：6.

性的事实（das der Analyse zugrunde liegende Faktum einer unbedingten Verbindlichkeit）"① 是通过一种"极不完整"的归纳过程得出的结果。狄尔泰认为，正是这种"极不完整"的归纳，导致康德对空间和时间普遍性的阐明只能在形而上学层面进行。这也使得历史学家和道德学家们仅仅根据某一空间或时间有限范围内的历史和道德发展得出的关于普遍性的结论，不具有普遍有效性。"我们……既不知道当下道德意识的基本特征是否与人类自身同时出现，也不知道它们是怎样自我构造和变易的，也不知道它们是否会在所有未来无法通过预料通达的诸文化层面仍被持续坚持。"②

那么，在如此多的限制条件下该如何对道德意识展开分析呢？狄尔泰认为，只有通过"对我们自身内在不断运用的类比（die beständig an-gewandte Analogie unseres eigenen Innern）"③ ——一种类似于实验的方法，才能在如此有限的范围内阐明道德意识，才能确保整个分析过程与内在经验以及观察结果的一致性。面对实验方法不适用于精神科学的质疑，狄尔泰举出费希纳和亥姆霍兹的反例。既然他们都利用实验方法证明人类心灵的最基本功能以及知觉的产生过程，那么实验方法——在严格设定的实验条件下对实验结果进行比较研究，当然也可以被运用到对道德意识的分析中。具体来说，就是"按照我们研究的需要，设定具有现实中从未出现过的明见性（in der Wirklichkeit nie vorkommenden Durch-

---

① DILTHEY W. Gesammelte Schriften. Band VI. Die geistige Welt. Einleitung in die Philosophie des Lebens. Zweite Hälfte：Abhandlungen zur Poetik，Ethik und Pädagogik ［M］. hrsg. von MISCH G. Göttingen：Vandenhoeck & Ruprecht Verlag，1924：6.

② DILTHEY W. Gesammelte Schriften. Band VI. Die geistige Welt. Einleitung in die Philosophie des Lebens. Zweite Hälfte：Abhandlungen zur Poetik，Ethik und Pädagogik ［M］. hrsg. von MISCH G. Göttingen：Vandenhoeck & Ruprecht Verlag，1924：7.

③ DILTHEY W. Gesammelte Schriften. Band VI. Die geistige Welt. Einleitung in die Philosophie des Lebens. Zweite Hälfte：Abhandlungen zur Poetik，Ethik und Pädagogik ［M］. hrsg. von MISCH G. Göttingen：Vandenhoeck & Ruprecht Verlag，1924：7.

sichtigkeit）的道德行为条件，之后使道德判断在这样一种印象下产生，以便通过各种可能性（durch die verschiedensten Möglichkeiten hindurch）来探究伦理述谓结构的本质（die Natur der sittlichen Prädizierung）"①。也就是说，狄尔泰试图借助内在实验方法得出的道德判断来补充"由印象激发的、通过观察获取的"② 道德判断。前者通过例如将人置于设定好的各种违背道德法则的情境中，确保"其研究结论与良心的一致性"③，进而成为"道德世界的确切测量工具（der sichere Messer der moralischen Welt）"④。

三、道德判断——道德意识分析的出发点

在获得"道德世界的准确测量工具"——内在经验方法/内在实验方法后，狄尔泰接下来对作为研究对象的道德意识进行更为细致的界定。何谓"道德意识（das moralische Bewusstsein）"，它与道德判断之间的关系如何？狄尔泰明确指出，只有"发展完备的科学"才能给出道德意识的准确概念，因此目前他只能给出一个"临时性定位（vorläufigen Ori-

---

① DILTHEY W. Gesammelte Schriften. Band VI. Die geistige Welt. Einleitung in die Philosophie des Lebens. Zweite Hälfte：Abhandlungen zur Poetik，Ethik und Pädagogik［M］. hrsg. von MISCH G. Göttingen：Vandenhoeck & Ruprecht Verlag，1924：7.
② DILTHEY W. Gesammelte Schriften. Band VI. Die geistige Welt. Einleitung in die Philosophie des Lebens. Zweite Hälfte：Abhandlungen zur Poetik，Ethik und Pädagogik［M］. hrsg. von MISCH G. Göttingen：Vandenhoeck & Ruprecht Verlag，1924：7.
③ DILTHEY W. Gesammelte Schriften. Band VI. Die geistige Welt. Einleitung in die Philosophie des Lebens. Zweite Hälfte：Abhandlungen zur Poetik，Ethik und Pädagogik［M］. hrsg. von MISCH G. Göttingen：Vandenhoeck & Ruprecht Verlag，1924：7.
④ DILTHEY W. Gesammelte Schriften. Band VI. Die geistige Welt. Einleitung in die Philosophie des Lebens. Zweite Hälfte：Abhandlungen zur Poetik，Ethik und Pädagogik［M］. hrsg. von MISCH G. Göttingen：Vandenhoeck & Ruprecht Verlag，1924：8.

entierung）"①。狄尔泰对于道德意识的观点可以归结为以下几点②：

第一，道德意识是精神世界一部分，因此也具有后者的统一性特征。而这同时也是以目的概念为基础的"综合理性（die synthetische Vernunft）"的特征。

第二，不同于动物性受制于自然世界的物理学和化学观察方式，作为伦理学客体的人类行为受制于另一种存在于精神世界中的、兼顾"法学的、审美的和道德的立场"的观察方式。其中，法学的立场关乎行为本身及其与外在世界的关联："只要行为的真实本质在行为中被认识，行为意图就关涉法学的立场。只要自我表达的意志的本质可由动机得到认识，审美的和道德的观察就都与之有关。"此处，狄尔泰又进一步区分了审美的和道德的观察方式："一种行为，只要它可以从一定程度上毫不遮掩地又完全直观地向我们呈现这一点（注：'这一点'指上文'自我表达的意志的本质'），它就是审美的……道德观察的唯一客体是行为动机，只要它指明意志的实质（die Substanz des Willens）。"由此可见，就道德观察而言，人类行为只不过是认识"行为动机"的"材料（Stoff）"，而它唯一关心的乃是通过对人类行为的分析，获悉与"意志的实质"相关的"行为动机"。

第三，这种能够揭示人类行为"意志的实质"的道德观察就是道德判断，而道德意识就是"一切在某个精神中所作出的判断的总和"。狄尔泰特别强调，此处的"总和"是一种"内在关系上"的"总和"："话语

---

① DILTHEY W. Gesammelte Schriften. Band Ⅵ. Die geistige Welt. Einleitung in die Philosophie des Lebens. Zweite Hälfte：Abhandlungen zur Poetik，Ethik und Pädagogik ［M］. hrsg. von MISCH G. Göttingen：Vandenhoeck & Ruprecht Verlag，1924：8.

② DILTHEY W. Gesammelte Schriften. Band Ⅵ. Die geistige Welt. Einleitung in die Philosophie des Lebens. Zweite Hälfte：Abhandlungen zur Poetik，Ethik und Pädagogik ［M］. hrsg. von MISCH G. Göttingen：Vandenhoeck & Ruprecht Verlag，1924：8-11. 其中，关于"综合""综合要素"以及"综合理性"等概念的论述，详见本书第三章第二节"伦理实践的动机：道德意识内容中对'应在'的指向"。

(das Wort) 包含构成道德之物的基础 (den Grund des Moralischen) 统一性的前提条件, 就像大众思维 (das volkstümliche Denken) 乐于构成这样的前提一般。" 接下来第四点中提到的 "直言三段论", 也与这里所说的包含道德 "统一性" 的 "话语" 密切相关。

第四, 道德判断是一种 "直言三段论"① 式的推理结论。作为 "道德判断的总和" 的道德意识包含 "两种可能的观察方式"——以 "普遍的大前提" 和 "特殊的小前提" 为出发点的观察方式, 它们共同构成一种 "关联性观点"。之所以给出以上 "两种可能的观察方式", 是因为狄尔泰并不认为在道德判断的整个 "直言三段论" 式的推理过程以及结论中, 会出现超出 "普遍的大前提" 和 "特殊的小前提" 之外的 "新产物 (neuen Ertrag)"。

在后一种观察方式中, "特殊的小前提" 就是道德意识所包含的行为动机。因此, 作为 "特殊的小前提" 与推理结论共同构成的 "总体观察 (Gesamtbetrachtung)" 的结果, 处于生命总体框架下的 "知识 (das Wissen)" 及其所带来的 "实践产物 (den praktischen Ertrag)", 又被狄尔泰称作 "生命经验 (Lebenserfahrung)" 和 "生命智慧 (Lebensweisheit)"。② 二者作为道德意识的重要组成部分, 要对其展开科学分析, 就必须首先确保 "从清晰的行为中获悉关于动机和品性的结论的可能性", 之后就要为这些处于意识中缺乏统一性的个人观点寻找 "一条观察的纽带 (ein Band der Betrachtung)"③。狄尔泰认为, 行为

---

① "直言三段论" 通常由 "大前提 (Obersatz)" "小前提 (Untersatz)" "结论 (Schlussfolgerung)" 三部分构成, 是所有前提均为直言命令的演绎推理。

② DILTHEY W. Gesammelte Schriften. Band VI. Die geistige Welt. Einleitung in die Philosophie des Lebens. Zweite Hälfte: Abhandlungen zur Poetik, Ethik und Pädagogik [M]. hrsg. von MISCH G. Göttingen: Vandenhoeck & Ruprecht Verlag, 1924: 9.

③ DILTHEY W. Gesammelte Schriften. Band VI. Die geistige Welt. Einleitung in die Philosophie des Lebens. Zweite Hälfte: Abhandlungen zur Poetik, Ethik und Pädagogik [M]. hrsg. von MISCH G. Göttingen: Vandenhoeck & Ruprecht Verlag, 1924: 9.

与动机、品性之间的关联，是人们内在体验的对象。因此人们对其有着"可设想的最为清晰的洞见（die denkbar klarste Einsicht）"，并且能够对构成"我们的自我（unser Ich）"的"人类行为范围的无尽小片段"进行"类比（Analogie）"，使其结论最终可以关联整个范围。这就使得内在经验成为确保"从清晰的行为中获悉关于动机和品性的结论的可能性"的重要基础。但是狄尔泰也清晰地意识到，这种人们对行为与动机、品性间关联的"可设想的最清晰的洞见"只是一种理论上的可能性。事实上，行为与动机的关联大多数情况下存在于"意识"之中，而动机则产生于"无意识"之中，因此动机必须经历一个展现人类品性及其与动机关联的过程，才能由"无意识"进入"意识"。然而品性对内在经验而言却是不可知的"秘密"，行为与动机的关联也并非始终可在意识中被洞察。一方面，由于人类有限的"视域"不断经历新旧更替，旧有视域逐渐"陷入遗忘"，"过去行为"的动机也处于"隐匿"状态；另一方面，这也使得被意识到的准动"当下行为"的力量，不见得就是对当下行为"真正起作用"的行为动机。因此，在狄尔泰看来，只有"至高的道德完满的理念（das Ideal höchster moralischer Vollend-ung）"才有可能确保真正动机的明见性，成为良善行为的稳定源头。此外，前一种观察方式中的"普遍的大前提"的统一性基础，就源自道德意识自身。那么，这是否也是后一种观察方式中"特殊的小前提"的统一性基础呢？狄尔泰在上文对后者的分析中显然给出了否定回答。

第五，为了对人类行为作出更准确地评判，道德判断不得不选择"道德述谓结构"这样一种"不舒服的表达（den unbequemen Aus-druck）"。这是因为人类行为不仅是"旁观者"判断的对象，也是"行为者"自身的评判对象，伴随着一种"应在"或者说一种约束性。也就是说，面对同一行为，这种道德约束性不仅制约着行为者，也为旁观者的判断提供了重要基础。因此，若使上述内外两种不同视角下得出的伦理立场两相杂糅，或者进行非此即彼的处理，都会对"伦理过程"造成巨大影响。而狄尔泰所主张的，是在清晰把握这两种伦理立场各自不足之处的基础上，寻找二者可以彼此互补之处。"这种判断（注：此处指道德判断）的实质，并不在于对这种关联（注：这种关联指上文所说的行为以及伴随它的'一种应在或者说一种约束性'间的关联）的直观之中，而是在于与这种关联同时出现的道德述谓结构中。"①

那么，这是否会造成混淆逻辑判断和道德判断的情况呢？对此，狄尔泰再次给出否定回答。"以推论结论形式存在的道德判断，符合我们当下接受过充分训练的道德意识的实际内在过程（dem wirklichen inneren Verfahren unseres gegenwärtigen sehr geschulten moralischen Bewusstseins）。"② 也就是说，在现实的伦理世界中，人们已经习惯于依据"普遍的大前提"做出道德判断，或者将其视为个体的道德判断回溯的终点。但是，这并不意味着人们可以在任何情况下将逻辑判断视为道德述谓结构的最简单形式，因为个体的道德判断可能是一种对道德情感的抽象，也可能是"一种对普遍法则的逻辑涵摄（eine Subsumption unter allgemeine Gesetze）"③。于是，对关涉道德情感与普遍法则的个体的道德判断的探讨，使狄尔泰又一次将目光投向康德及其同时代伦理学家。他试图再次对康德伦理学进行修正，扬弃康德与以休谟为代表的同时代

---

① DILTHEY W. Gesammelte Schriften. Band Ⅵ. Die geistige Welt. Einleitung in die Philosophie des Lebens. Zweite Hälfte：Abhandlungen zur Poetik，Ethik und Pädagogik ［M］. hrsg. von MISCH G. Göttingen：Vandenhoeck & Ruprecht Verlag，1924：11.

② DILTHEY W. Gesammelte Schriften. Band Ⅵ. Die geistige Welt. Einleitung in die Philosophie des Lebens. Zweite Hälfte：Abhandlungen zur Poetik，Ethik und Pädagogik ［M］. hrsg. von MISCH G. Göttingen：Vandenhoeck & Ruprecht Verlag，1924：11.

③ DILTHEY W. Gesammelte Schriften. Band Ⅵ. Die geistige Welt. Einleitung in die Philosophie des Lebens. Zweite Hälfte：Abhandlungen zur Poetik，Ethik und Pädagogik ［M］. hrsg. von MISCH G. Göttingen：Vandenhoeck & Ruprecht Verlag，1924：11. "涵摄"指确定生活事实与法律规范之间关系的思维过程。将事实涵摄于法律规范，就是检验事实是否满足法律规范的事实构成并因此产生规范所规定的法律后果。

伦理学思想间的矛盾，以及其伦理学与生命间的矛盾。

四、实践理性与道德情感——道德判断的两种对立形式及其扬弃

如上文所说，在康德所处的时代，康德与英国伦理学家休谟都曾对道德意识进行过十分深入的分析。① 他们分别以实践理性和"道德情感（das moralische Gefühl 或者 moralische Empfindung）"② 作为道德判断的出发点，代表当时最主要的两种鲜明对立的伦理学立场。但和康德一样，狄尔泰认为，无论持有何种伦理学立场，都必须首先对道德意识的形式进行准确分析。这是所有伦理学研究"无可争议的基础"③，因为道德判断作为道德意识过程中根本性和决定性因素，或是以"普遍的大前提"为基础，即以"普遍性（Allgemeinheit）"构成"每个最终确定真实的道德行为的动机的特征"④，或是以"特殊的小前提"——道德情感取代"普遍的大前提"的基础性地位。

在狄尔泰看来，康德在这一问题上的观点也并非一以贯之。例如，在对约束性概念的认识上，早年康德在《关于神学与道德的明证性的研究》（*Untersuchung über die Evidenz der Theologie und der Moral*，1763）中将每一种"应在"都视为对"行为必然性（Notwendigkeit der Handlung）"的表达：一种是对"手段的必然性（Notwendigkeit der Mittel，necessitatem problematicam）"——目的与手段不一致状况的表达，另一种是对"目的的必然性（die Notwendigkeit der Zwecke，necessitatem

---

① 相关论述详见本书第三章"早期狄尔泰的构造性伦理学构想——'试析道德意识'"。

② 道德情感是休谟社会道德学说中的核心概念。

③ DILTHEY W. Gesammelte Schriften. Band VI. Die geistige Welt. Einleitung in die Philosophie des Lebens. Zweite Hälfte：Abhandlungen zur Poetik，Ethik und Pädagogik［M］. hrsg. von MISCH G. Göttingen：Vandenhoeck & Ruprecht Verlag，1924：12.

④ DILTHEY W. Gesammelte Schriften. Band VI. Die geistige Welt. Einleitung in die Philosophie des Lebens. Zweite Hälfte：Abhandlungen zur Poetik，Ethik und Pädagogik［M］. hrsg. von MISCH G. Göttingen：Vandenhoeck & Ruprecht Verlag，1924：12.

legalem)"——目的与手段一致状况的表达。① 前者只不过是一种与约束性无涉的"规定"，而后者则是"被设想带有约束性特征的行为应有（die mit dem Charakter der Verbindlichkeit gedachten Handlungen zukom-mene）"② 之物。对此时的康德而言，约束性本质上是一切道德行为都应具有的"无条件性"——"一种不可消解的对至善的情感（ein unauflösliches Gefühl des Guten）"③，是行为意志"为了自身"而行动，而不是着眼于行为结果的重要根据。这也就是说，对早年康德而言，先天综合道德判断的基础，并非他后来所秉承的实践理性，而是"一种不可消解的情感"——一种英国情感主义伦理学意义上的提法。因此，狄尔泰也将这种不同时期观点上的差异视为理解和批判康德伦理学体系的重要切入点。

　　如前文所述④，康德在《道德形而上学的奠基》（1785）第一章中，通过道德三命题在道德意识分析中凸显对道德法则的敬重。在《施莱尔马赫伦理学原则批判》中，狄尔泰已经对这三个命题进行过详尽的分析。那么，为何他要在《试析道德意识》中再次对这三个命题展开分析呢？这主要是出于不同的写作目的：前者意在回应康德出于形式主义伦理学立场向构造性伦理学提出的疑问，为构造性伦理学进行辩护；而后者则是着力于寻找克服康德不同时期针对"道德情感"和实践理性之于道德判断的基础性地位表述存在不一致性的方法。

---

① DILTHEY W. Gesammelte Schriften. Band VI. Die geistige Welt. Einleitung in die Philosophie des Lebens. Zweite Hälfte：Abhandlungen zur Poetik，Ethik und Pädagogik［M］. hrsg. von MISCH G. Göttingen：Vandenhoeck & Ruprecht Verlag，1924：13.
② DILTHEY W. Gesammelte Schriften. Band VI. Die geistige Welt. Einleitung in die Philosophie des Lebens. Zweite Hälfte：Abhandlungen zur Poetik，Ethik und Pädagogik［M］. hrsg. von MISCH G. Göttingen：Vandenhoeck & Ruprecht Verlag，1924：13.
③ DILTHEY W. Gesammelte Schriften. Band VI. Die geistige Welt. Einleitung in die Philosophie des Lebens. Zweite Hälfte：Abhandlungen zur Poetik，Ethik und Pädagogik［M］. hrsg. von MISCH G. Göttingen：Vandenhoeck & Ruprecht Verlag，1924：13.
④ 详见本书第二章第一节论述"对康德道德三命题的批判"的部分。

在对康德道德三命题的再次分析中，狄尔泰明确指出，对于第一命题所彰显的"善良意志的无条件价值"的基础——"内在经验"，个体要想实现对自身的跨越，必须在对自身说明中用"既为（内在经验）自身，又为别的"① 取代"或者为（内在经验）自己，或者为别的"②，即达成一种与经验总体的一致性。③ 而康德为了阐明"善良意志"的概念引入的"义务"概念，使得除了"义务感（Pflichtgefühl）"以外的诸如"悲悯（Mitleiden）""友善（Wohlwollen）"等一切"行善动机（Motiv der Wohltätigkeit）"都失去了道德价值，只是被视作一种无意中契合善的"无忧思的软心肠（leichtherzige Weichherzigkeit）"，或者被作为"友善"基础的"自爱（Selbstliebe）"。④ 在狄尔泰看来，无论是第一命题，还是由它推导而来的第二、第三命题，都是康德将意志错误地划分成作为法则的内容和作为形式的意图和表象所带来的结果。因为"当价值评判与行为结果无涉时，即当这一行为因此成为手段并且停止为其自身被评判时，当被设想成目的（als Zweck gedacht）的、行为者以外的目标（Ziel）扬弃行为意志的无条件价值时，带有它的全部内容的意志（der Wille mit seinem gesamten Inhalt）就与之相对。它可以被设想成目的（als Zweck gedacht werden kann），但绝不可以被设想成纯形式"⑤。有学者将这里所说的"带有它的全部内容的意志"称作"意志

---

① 原文为"sowohl um seiner selbst als um eines anderen willen"，括号里为笔者所加。

② 原文为"entweder um seiner selbst oder um eines anderen wollen"，括号里为笔者所加。

③ DILTHEY W. Gesammelte Schriften. Band VI. Die geistige Welt. Einleitung in die Philosophie des Lebens. Zweite Hälfte：Abhandlungen zur Poetik，Ethik und Pädagogik［M］. hrsg. von MISCH G. Göttingen：Vandenhoeck & Ruprecht Verlag，1924：14.

④ DILTHEY W. Gesammelte Schriften. Band VI. Die geistige Welt. Einleitung in die Philosophie des Lebens. Zweite Hälfte：Abhandlungen zur Poetik，Ethik und Pädagogik［M］. hrsg. von MISCH G. Göttingen：Vandenhoeck & Ruprecht Verlag，1924：14-15.

⑤ DILTHEY W. Gesammelte Schriften. Band VI. Die geistige Welt. Einleitung in die Philosophie des Lebens. Zweite Hälfte：Abhandlungen zur Poetik，Ethik und Pädagogik［M］. hrsg. von MISCH G. Göttingen：Vandenhoeck & Ruprecht Verlag，1924：15.

的内容关系（inhaltliche Verhältnisse des Willens）"①。不可否认的是，意志并非作为一种"纯形式"而存在，而能否准确理解它与内容的关联就成为克服康德对道德判断基础表述不一致的关键。

　　究极作为康德不同时期道德判断基础的实践理性与道德情感的关系，狄尔泰主要借助"普遍性"的概念进行阐释。何为实践理性？"理性既是行为的主体，也是思维的主体，因为理性是按照法则的表象去行为的能力。但从法则推导出行为，是一个出自理性本质的过程。既然它在行为中实现自我表达，我们就将这一主体称作实践理性。"② 作为行为和思维主体的实践理性不仅要在内在世界中对意志起决定性作用，还在外在世界应对各种"感性冲动（sinnlichen Antrieben）"③。于是，在狄尔泰看来，寓居于此产生的命令中的"普遍性"，就成为康德所设定的道德现象世界的基础，是实践理性——"显象于行为中的普遍理性（in Handlungen erscheinenden allgemeinen Vernunft）"或者说"高于一切的全面的统一性（über alles übergreifenden Einheit）"的一种"给定（Mitgabe）"④。而命令的"绝对性（kategorisch）"特征，则是源自人"以自身为目的"的形而上学本质，或者说人自身体现的目的与手段的统一。狄尔泰因而认为，康德道德法则未能"将理性及其普遍法则与

① INEICHEN H. Erkenntnistheorie und geschichtlich – gesellschaftliche Welt. Diltheys Logik der Geisteswissenschaften［M］. Frankfurt am Main：V. Klostermann，1975：37.

② DILTHEY W. Gesammelte Schriften. Band VI. Die geistige Welt. Einleitung in die Philosophie des Lebens. Zweite Hälfte：Abhandlungen zur Poetik，Ethik und Pädagogik［M］. hrsg. von MISCH G. Göttingen：Vandenhoeck & Ruprecht Verlag，1924：15.

③ DILTHEY W. Gesammelte Schriften. Band VI. Die geistige Welt. Einleitung in die Philosophie des Lebens. Zweite Hälfte：Abhandlungen zur Poetik，Ethik und Pädagogik［M］. hrsg. von MISCH G. Göttingen：Vandenhoeck & Ruprecht Verlag，1924：15.

④ DILTHEY W. Gesammelte Schriften. Band VI. Die geistige Welt. Einleitung in die Philosophie des Lebens. Zweite Hälfte：Abhandlungen zur Poetik，Ethik und Pädagogik［M］. hrsg. von MISCH G. Göttingen：Vandenhoeck & Ruprecht Verlag，1924：15.

人的无条件价值相联系"①，错失掉"普遍性"乃至理性与个体价值的重要关联性，或者说实践理性与道德情感的"契合点（Koinzidenz-punkt）"②，因为"它们不可以将彼此视为一些完全异质之物而互斥。也就是说，情感不可以是与理性异质的无理性之物。相反，理性必须在情感、在快乐（Lust）与不快（Unlust）、在价值感中起作用。在它的驱动下，这个偏好、需求与激情（Leidenschaften）的世界才持续地于我们的内在发挥作用"③。

　　那么，如何理解理性和情感的"契合点"呢？狄尔泰认为，这一点只有借助于将理性视为"我们心灵中的构造性目的（gestaltender Zweck in unserer Seele）"④的假设才可能做到。于是，在具体的情感事实中，抽象的目的概念与心理学研究实现结合，而情感作为道德意识的自我表达形式，不仅包含普遍理性，也具备阐明它的能力。因此，狄尔泰将源自人的本质目的的一切情感的总和视为一个充满目的的系统，即人的"道德组织（moralische Organisation）"⑤。

　　那么，拥有这一"充满目的的系统"是否足以造就伦理之人呢？狄尔泰再一次给出否定回答，因为"这种组织只在我们身上偶尔起作用，

①　DILTHEY W. Gesammelte Schriften. Band Ⅵ. Die geistige Welt. Einleitung in die Philosophie des Lebens. Zweite Hälfte：Abhandlungen zur Poetik，Ethik und Pädagogik［M］. hrsg. von MISCH G. Göttingen：Vandenhoeck & Ruprecht Verlag，1924：16.

②　DILTHEY W. Gesammelte Schriften. Band Ⅵ. Die geistige Welt. Einleitung in die Philosophie des Lebens. Zweite Hälfte：Abhandlungen zur Poetik，Ethik und Pädagogik［M］. hrsg. von MISCH G. Göttingen：Vandenhoeck & Ruprecht Verlag，1924：20.

③　DILTHEY W. Gesammelte Schriften. Band Ⅵ. Die geistige Welt. Einleitung in die Philosophie des Lebens. Zweite Hälfte：Abhandlungen zur Poetik，Ethik und Pädagogik［M］. hrsg. von MISCH G. Göttingen：Vandenhoeck & Ruprecht Verlag，1924：20.

④　DILTHEY W. Gesammelte Schriften. Band Ⅵ. Die geistige Welt. Einleitung in die Philosophie des Lebens. Zweite Hälfte：Abhandlungen zur Poetik，Ethik und Pädagogik［M］. hrsg. von MISCH G. Göttingen：Vandenhoeck & Ruprecht Verlag，1924：20.

⑤　DILTHEY W. Gesammelte Schriften. Band Ⅵ. Die geistige Welt. Einleitung in die Philosophie des Lebens. Zweite Hälfte：Abhandlungen zur Poetik，Ethik und Pädagogik［M］. hrsg. von MISCH G. Göttingen：Vandenhoeck & Ruprecht Verlag，1924：20.

因此绝不会引起伦理行为。只有当我们的意志的这种道德组织的内在目的，即我们行为精神的统一体（die Einheit unseres handelnden Geistes）居于统治地位时，伦理（Sittlichkeit）才会开始。"这里所说的处于意志的道德组织之中的"内在目的"，是一股"活生生的（lebendig）、迫切的（eindringlich）"力量，伴随着人对自身本质目的的观察和理性思考，最终使"对世界构造的完全洞见"达到一种"完全的清晰性"。①于是乎道德情感与实践理性在伦理世界中提供的道德判断的两种对立形式——情感和普遍法则，才能"越来越清晰地（in wachsender Deutlich-keit）表达道德意识应有的无条件性"②，这也就达成了狄尔泰进行道德意识形式分析的目的。

五、普遍性、普遍有效性与约束性

如上文所述，狄尔泰进行道德意识形式分析的主要意图，在于基于情感和普遍法则这两种道德判断的对立形式"越来越清晰地表达道德意识应有的无条件性"。但这并不意味着，厘清包括普遍性在内的一系列核心概念对于加深对道德判断形式的理解毫无意义。正相反，在使道德意识形式"具象化（vergegenwärtigt）"③的反思中，狄尔泰着重强调了普遍性、普遍有效性（Allgemeingültigkeit）和约束性三个概念。

在他看来，普遍性首先是一个"伦理判断形式的谓词（Prädikat

① DILTHEY W. Gesammelte Schriften. Band VI. Die geistige Welt. Einleitung in die Philosophie des Lebens. Zweite Hälfte： Abhandlungen zur Poetik, Ethik und Pädagogik ［M］. hrsg. von MISCH G. Göttingen： Vandenhoeck & Ruprecht Verlag, 1924：21.

② DILTHEY W. Gesammelte Schriften. Band VI. Die geistige Welt. Einleitung in die Philosophie des Lebens. Zweite Hälfte： Abhandlungen zur Poetik, Ethik und Pädagogik ［M］. hrsg. von MISCH G. Göttingen： Vandenhoeck & Ruprecht Verlag, 1924：21.

③ DILTHEY W. Gesammelte Schriften. Band VI. Die geistige Welt. Einleitung in die Philosophie des Lebens. Zweite Hälfte： Abhandlungen zur Poetik, Ethik und Pädagogik ［M］. hrsg. von MISCH G. Göttingen： Vandenhoeck & Ruprecht Verlag, 1924：23.

der Form sittlicher Urteile)"，是"集体的普遍性（die kollektive Allge-meinheit）"存在的前提条件。① 但其无法在经验上得到证明，因而只能作为先验的概念的推论结果出现。此外，普遍性还是由思维而来的道德判断的形式本身，是"道德世界结构中影响最为深远的力量之一"②。狄尔泰提出两种普遍性③：一种是通过"概括（Generalisation）"的方法得来判断的普遍性，另一种则是产生于"对准则的构造过程（Bildung der Maximen）"。前者所说的"概括"，一直以来是将"伦理之物"等精神内容固定下来的重要方法。民间约定俗成的规定和箴言警句都是由大量经验"概括"得来的，因此"其影响范围（Tragweite）是由产生它的经验范围（die Ausdehnung der Erfahrung）决定的"④。后者所说的"对准则的构造过程"则是一种"预先推定（Antizipation）"的方法，即"精神不再就每一个行为重新作出判定，而是在一系列非随意行为（unwillkürlicher Handlungen）上为这一特征奠定基础"⑤，并最终使得这一准则决定一切行为。换句话说，后一种普遍性的影响范围，就是每个

① DILTHEY W. Gesammelte Schriften. Band VI. Die geistige Welt. Einleitung in die Philosophie des Lebens. Zweite Hälfte：Abhandlungen zur Poetik，Ethik und Pädagogik [M]. hrsg. von MISCH G. Göttingen：Vandenhoeck & Ruprecht Verlag，1924：21.

② DILTHEY W. Gesammelte Schriften. Band VI. Die geistige Welt. Einleitung in die Philosophie des Lebens. Zweite Hälfte：Abhandlungen zur Poetik，Ethik und Pädagogik [M]. hrsg. von MISCH G. Göttingen：Vandenhoeck & Ruprecht Verlag，1924：21.

③ DILTHEY W. Gesammelte Schriften. Band VI. Die geistige Welt. Einleitung in die Philosophie des Lebens. Zweite Hälfte：Abhandlungen zur Poetik，Ethik und Pädagogik [M]. hrsg. von MISCH G. Göttingen：Vandenhoeck & Ruprecht Verlag，1924：21.

④ DILTHEY W. Gesammelte Schriften. Band VI. Die geistige Welt. Einleitung in die Philosophie des Lebens. Zweite Hälfte：Abhandlungen zur Poetik，Ethik und Pädagogik [M]. hrsg. von MISCH G. Göttingen：Vandenhoeck & Ruprecht Verlag，1924：21-22.

⑤ DILTHEY W. Gesammelte Schriften. Band VI. Die geistige Welt. Einleitung in die Philosophie des Lebens. Zweite Hälfte：Abhandlungen zur Poetik，Ethik und Pädagogik [M]. hrsg. von MISCH G. Göttingen：Vandenhoeck & Ruprecht Verlag，1924：22.

人精神中"预先考虑好的情况的范围"①。因此，在狄尔泰看来，这两种获取"普遍性"的方法都属于归纳法，只不过后者更准确地给出了普遍法则的有效性范围，或者说以一种"归纳的普遍性（Allgemeinheit der Induktion）"② 补充康德的"普遍性"——先天综合。在这一过程中，除了道德判断拥有的"普遍性"以外，人类的思维还获得处于道德判断之外的"一种人类精神最高等级的巨大伦理力量（eine große ethische Macht auf der höchsten Stufe des menschlichen Geistes）"，一种谋求"摆脱情感暴力和束缚""非技术性克服侵袭意志的外在世界的手段"。③

狄尔泰随后区分了普遍性和普遍有效性两个概念。他认为，前者是理解后者的前提，后者是道德判断的形式。作为一种人类必不可少的综合要素，普遍有效性必然会带来"被先天认识之物的集体普遍性（die kollektive Allgemeinheit des apriorisch Erkannten）"④。"依照这一形式，个体想要或者不想要思维并不交由个体意愿（dem Blieben des einzelnen）决定，而个体是否占有对此必要的经验也不交由个体的命运决定。更确切地说，这一道德判断坚定不移地、完全不依赖于意志以及个

---

① DILTHEY W. Gesammelte Schriften. Band VI. Die geistige Welt. Einleitung in die Philosophie des Lebens. Zweite Hälfte：Abhandlungen zur Poetik，Ethik und Pädagogik［M］. hrsg. von MISCH G. Göttingen：Vandenhoeck & Ruprecht Verlag，1924：22.

② DILTHEY W. Gesammelte Schriften. Band VI. Die geistige Welt. Einleitung in die Philosophie des Lebens. Zweite Hälfte：Abhandlungen zur Poetik，Ethik und Pädagogik［M］. hrsg. von MISCH G. Göttingen：Vandenhoeck & Ruprecht Verlag，1924：22.

③ DILTHEY W. Gesammelte Schriften. Band VI. Die geistige Welt. Einleitung in die Philosophie des Lebens. Zweite Hälfte：Abhandlungen zur Poetik，Ethik und Pädagogik［M］. hrsg. von MISCH G. Göttingen：Vandenhoeck & Ruprecht Verlag，1924：22.

④ DILTHEY W. Gesammelte Schriften. Band VI. Die geistige Welt. Einleitung in die Philosophie des Lebens. Zweite Hälfte：Abhandlungen zur Poetik，Ethik und Pädagogik［M］. hrsg. von MISCH G. Göttingen：Vandenhoeck & Ruprecht Verlag，1924：23.

体的理智（Intelligenz）。"① 这也就意味着，对人类理智的任何错误应用，都无法动摇先天存在于人类道德意识中的"综合-实践判断（synthetisch-praktisches Urteil）"② 的地位。但另一方面，狄尔泰也指出，人类文化和一切经验也必然使得这一"先天之物（Apriori, Apriorisches）"③ 得以逐步展现和保存。

接下来，狄尔泰又对普遍有效性和约束性概念加以区分④：前者如上文所说，包含一个"显明的理念（vorschwebendes Ideal）"；而后者则包含一种基于意志——通过某种"表达活动（ausdrücklichen Akt）"或者某种包含"未言明的责任（unausgesprochene Verpflichtung）"的"事实关系（faktisches Verhältnis）"所确立的、"与我关联（welchem ich verbunden bin）"的、"神、其他存在者或者人自身的（der göttliche oder der eines anderen Wesens oder gar mein eigener）"意志的"强制性威压（zwingende Nötigung）"。这里所说的约束性无关乎脱离经验世界的绝对存在："并不存在这样一个简单的、各处相同的应在，由它带来同一个简单的、到处相同的责任的体系。"⑤ 在狄尔泰看来，这恰恰是以往的伦理学说的普遍做法，即一味追求道德判断形式的无条件性，却忽

① DILTHEY W. Gesammelte Schriften. Band VI. Die geistige Welt. Einleitung in die Philosophie des Lebens. Zweite Hälfte：Abhandlungen zur Poetik，Ethik und Pädagogik [M]. hrsg. von MISCH G. Göttingen：Vandenhoeck & Ruprecht Verlag，1924：22.

② DILTHEY W. Gesammelte Schriften. Band VI. Die geistige Welt. Einleitung in die Philosophie des Lebens. Zweite Hälfte：Abhandlungen zur Poetik，Ethik und Pädagogik [M]. hrsg. von MISCH G. Göttingen：Vandenhoeck & Ruprecht Verlag，1924：23.

③ DILTHEY W. Gesammelte Schriften. Band VI. Die geistige Welt. Einleitung in die Philosophie des Lebens. Zweite Hälfte：Abhandlungen zur Poetik，Ethik und Pädagogik [M]. hrsg. von MISCH G. Göttingen：Vandenhoeck & Ruprecht Verlag，1924：23.

④ DILTHEY W. Gesammelte Schriften. Band VI. Die geistige Welt. Einleitung in die Philosophie des Lebens. Zweite Hälfte：Abhandlungen zur Poetik，Ethik und Pädagogik [M]. hrsg. von MISCH G. Göttingen：Vandenhoeck & Ruprecht Verlag，1924：23.

⑤ DILTHEY W. Gesammelte Schriften. Band VI. Die geistige Welt. Einleitung in die Philosophie des Lebens. Zweite Hälfte：Abhandlungen zur Poetik，Ethik und Pädagogik [M]. hrsg. von MISCH G. Göttingen：Vandenhoeck & Ruprecht Verlag，1924：25.

略掉道德意识内容的可变性。因此，为了解决上述矛盾，狄尔泰对康德的概念进行了改造，提出了"先天综合-实践判断（synthetisch-praktische Urteile a priori）"①。

六、先天综合-实践判断——"我们意志的实践行为方式"

何为先天综合-实践判断？简单地说，就是狄尔泰对康德的解题思路加以改造，将兼具"统一性""多样性"和"多元性"的"一点综合之物（etwas Synthetisches）"② 设想成道德意识的基础，从而使人的道德组织和逻辑组织一样呈现出一定的结构。而他为"一点综合之物"选定的锚点——"内在经验（Innere Erfahrung）"，或者更准确说是作为前者客体的"我们的本真内在（unserem eigenen Innern）"③，自然也不同于康德将其视为纯粹理性的推导结果的提法。具体来说，狄尔泰共提出三种不同的"综合（Synthesen）"或者说"我们道德组织的创造性综合（schöpferische Synthese unserer moralischen Organisation）"④——"正直（die Rechtschaffenheit）""友善（das Wohlwollen）"与"完满（die

---

① DILTHEY W. Gesammelte Schriften. Band VI. Die geistige Welt. Einleitung in die Philosophie des Lebens. Zweite Hälfte：Abhandlungen zur Poetik，Ethik und Pädagogik［M］. hrsg. von MISCH G. Göttingen：Vandenhoeck & Ruprecht Verlag，1924：25. 狄尔泰对"先天综合-实践判断（synthetische-praktische Urteile a priori）""先天实践综合（praktische Synthesen apriori）"和"实践范畴（prakatische Kategorien）"等概念视作同义词。

② DILTHEY W. Gesammelte Schriften. Band VI. Die geistige Welt. Einleitung in die Philosophie des Lebens. Zweite Hälfte：Abhandlungen zur Poetik，Ethik und Pädagogik［M］. hrsg. von MISCH G. Göttingen：Vandenhoeck & Ruprecht Verlag，1924：25.

③ DILTHEY W. Gesammelte Schriften. Band VI. Die geistige Welt. Einleitung in die Philosophie des Lebens. Zweite Hälfte：Abhandlungen zur Poetik，Ethik und Pädagogik［M］. hrsg. von MISCH G. Göttingen：Vandenhoeck & Ruprecht Verlag，1924：26.

④ DILTHEY W. Gesammelte Schriften. Band VI. Die geistige Welt. Einleitung in die Philosophie des Lebens. Zweite Hälfte：Abhandlungen zur Poetik，Ethik und Pädagogik［M］. hrsg. von MISCH G. Göttingen：Vandenhoeck & Ruprecht Verlag，1924：27.

Vollkommenheit）"，分别对应三种不同的"负责（Verpflichtung）"① 形式、"应在"或者说约束性。

"正直"② 作为第一种综合，是"一种意志或者一种被承认的彼此关系（ein anerkanntes gegenseitiges Verhältnis）"基于"彼此负责"（gegenseitiger Verpflichtung）提出的要求。③ 在狄尔泰看来，这种最初由"法权关系（Rechtverhältnisse）"所具有的"负责"形式，在道德的历史发展过程中已然超越法律确立的范围，并在道德世界的经验关系中无限延伸，使人们得以将"义务"设想成具有"无条件约束性（unbedingt verbindlich）"特征之物———一种"义务感（Pflichtgefühl）"④。于是，当之前的行为确立的自我意志对人们自身提出这种无条件约束性的要求时，人们会觉得自身的行为都是在"负责"，甚至还会将这看成自身"亏欠的和预先限定好的（verschuldet und im Voraus gebunden）"⑤，形成一种强制感。

狄尔泰提出的第二种综合是"友善"。不同于"正直"在"对彼此

---

① 在《试析道德意识》中，狄尔泰将 die Verbindlichkeit 和 die Verpflichtung 二词视作同义词。在德语中，die Verbindlichkeit 由动词 verbinden（联系；约束）的词根派生而来，译为"约束性"；die Verpflichtung 是动词 verpflichten（负责；允诺，承诺）的名词化形式，产生于自愿的、有意识的行为。在本书中，根据该词不同使用语境将其译为"负责""责任"或"允诺"。另外需要注意的是，与 die Verpflichtung 词形相似的 die Pflicht（义务）一词却并不是由动词派生而来。

② Rechtschaffenheit 一词由动词词组 Recht schaffen（实现正义，实现公正）派生而来。在日常语言使用中，指那些按照自身工作的道德要求生活的、要价公道的人及其行为的状态。在基督教传统中，它指涉虔诚的、符合基督教德行规范的虔诚信徒的行为举止——"正直的人（rechtschaffene Menschen）"。

③ DILTHEY W. Gesammelte Schriften. Band Ⅵ. Die geistige Welt. Einleitung in die Philosophie des Lebens. Zweite Hälfte：Abhandlungen zur Poetik，Ethik und Pädagogik［M］．hrsg. von MISCH G. Göttingen：Vandenhoeck & Ruprecht Verlag，1924：26.

④ DILTHEY W. Gesammelte Schriften. Band Ⅵ. Die geistige Welt. Einleitung in die Philosophie des Lebens. Zweite Hälfte：Abhandlungen zur Poetik，Ethik und Pädagogik［M］．hrsg. von MISCH G. Göttingen：Vandenhoeck & Ruprecht Verlag，1924：26.

⑤ DILTHEY W. Gesammelte Schriften. Band Ⅵ. Die geistige Welt. Einleitung in die Philosophie des Lebens. Zweite Hälfte：Abhandlungen zur Poetik，Ethik und Pädagogik［M］．hrsg. von MISCH G. Göttingen：Vandenhoeck & Ruprecht Verlag，1924：26.

的负责"的链条中审视人的意志的做法，其关注的是整个道德世界中的"人类情感的自由交换关系"①。狄尔泰直言："友善是以一种比正直深刻得多的方式实现人与人的联结，因为此时他人的命运被我们感同身受（als unser eigenes empfunden）。"② 狄尔泰又将这样一种"根植于情感的必然形式"，称作一种"别无他法（Nicht-anders-Können）"或者说一种"处于不断增强、上升直至进展至内在必然性（inneren Notwendigkeit）的情感力量之下的存在"③。在这一影响下形成的"诸人类个体的内在共同体"，甚至可以使"不感兴趣的旁观者（unintere ssierten Zuschauer）"也亲身参与到"再惧（nachzittert）"以及"再感（nachfühlen④）"——诸如"偏好（Neigung）""共感（Mitempfind-ung）"和心理"共同活动（Mitbewegung）"等复杂的情感活动中。⑤与此相比，传统伦理学所追求的放之四海皆准的道德判断形式，显得僵化又冷漠。

"完满"是狄尔泰提出的最后一个综合。它以普遍有效性为基础，是一种对人的内在价值的追求。在他的界定中，"完满"并没有丧失与精神理论内容的联系，这就直接区别于以往伦理学派在认识上帝、人和

---

① DILTHEY W. Gesammelte Schriften. Band VI. Die geistige Welt. Einleitung in die Philosophie des Lebens. Zweite Hälfte：Abhandlungen zur Poetik，Ethik und Pädagogik ［M］. hrsg. von MISCH G. Göttingen：Vandenhoeck & Ruprecht Verlag，1924：26.

② DILTHEY W. Gesammelte Schriften. Band VI. Die geistige Welt. Einleitung in die Philosophie des Lebens. Zweite Hälfte：Abhandlungen zur Poetik，Ethik und Pädagogik ［M］. hrsg. von MISCH G. Göttingen：Vandenhoeck & Ruprecht Verlag，1924：26.

③ DILTHEY W. Gesammelte Schriften. Band VI. Die geistige Welt. Einleitung in die Philosophie des Lebens. Zweite Hälfte：Abhandlungen zur Poetik，Ethik und Pädagogik ［M］. hrsg. von MISCH G. Göttingen：Vandenhoeck & Ruprecht Verlag，1924：26-27.

④ 原文"nachgefühlt wird"使用被动态，此处有改动。

⑤ DILTHEY W. Gesammelte Schriften. Band VI. Die geistige Welt. Einleitung in die Philosophie des Lebens. Zweite Hälfte：Abhandlungen zur Poetik，Ethik und Pädagogik ［M］. hrsg. von MISCH G. Göttingen：Vandenhoeck & Ruprecht Verlag，1924：27.

世界的过程中由关于"完满"的理论推导出"我们道德意识的全部内容"① 的做法。于是，通常借助于一定的理论前提才能设想的人类存在的意义和价值，便直接"显明（vorschweben）"② 于人的存在当中。对此，狄尔泰不禁慨叹："有多少种文化层级（Kulturstufen），就有多少种理解对完满和价值的欲望的天性和基础的方式。③"

不仅如此，狄尔泰还将传统伦理学体系间的差异归结于他们总是只将上述三种综合之一视作为伦理世界奠基的决定性力量，只突出其中一方，弱化其他两方。而这三种综合"在生命中彼此支持，在道德中彼此抗争"，在相互交织和彼此互补中共同为一切道德判断奠定基础，并构造出"我们的道德组织的整体图景（Gesamtbild unserer moralischen Organisation）"④。为了更好地阐明上述三种综合如何共同构造出这幅"我们道德组织的整体图景"，狄尔泰接下来将结合道德意识的内容展开相关论述。

---

① DILTHEY W. Gesammelte Schriften. Band VI. Die geistige Welt. Einleitung in die Philosophie des Lebens. Zweite Hälfte：Abhandlungen zur Poetik，Ethik und Pädagogik ［M］. hrsg. von MISCH G. Göttingen：Vandenhoeck & Ruprecht Verlag，1924：27.
② DILTHEY W. Gesammelte Schriften. Band VI. Die geistige Welt. Einleitung in die Philosophie des Lebens. Zweite Hälfte：Abhandlungen zur Poetik，Ethik und Pädagogik ［M］. hrsg. von MISCH G. Göttingen：Vandenhoeck & Ruprecht Verlag，1924：27.
③ DILTHEY W. Gesammelte Schriften. Band VI. Die geistige Welt. Einleitung in die Philosophie des Lebens. Zweite Hälfte：Abhandlungen zur Poetik，Ethik und Pädagogik ［M］. hrsg. von MISCH G. Göttingen：Vandenhoeck & Ruprecht Verlag，1924：27.
④ DILTHEY W. Gesammelte Schriften. Band VI. Die geistige Welt. Einleitung in die Philosophie des Lebens. Zweite Hälfte：Abhandlungen zur Poetik，Ethik und Pädagogik ［M］. hrsg. von MISCH G. Göttingen：Vandenhoeck & Ruprecht Verlag，1924：27.

第二节　伦理实践的动机：道德意识
内容中对"应在"的指向

　　如上文所述，狄尔泰认为，他对道德意识形式的分析，已经足以使人类的道德意识摆脱单一的约束性形式或者说单一的行为动机的束缚，进而转向"生命"——"构成行为世界（die handelnde Welt）的动机"① 或者说构成道德意识内容的动机。这些直接决定人类行为的动机，在道德世界各种不同的情境下呈现出错综复杂的状态，亦非哪一个个人可以全部经验到的。而在经验主义和怀疑主义等对立的伦理学观点中展现的不同侧面，无疑提供了重要的解题"线索"②。基于一种实践哲学的研究立场，狄尔泰深刻地意识到，不同的伦理学体系间矛盾的根源在于它们都将自身视为对伦理学总体的把握，而它们彼此之间事实上存在一种"互补"③ 关系："因为道德动机（die moralischen Beweggründe）向一种持续的内在经验敞开，这使分析得出的一切道德事实和判断的总和的基础自身必须从道德经验中被获取，并且必须至少能够说明这些道德事实中的一大部分。如果没有这一不受束缚的直觉（diese unbefangene Intuition）——由道德世界任一侧面为出发点并且事

---

①　DILTHEY W. Gesammelte Schriften. Band Ⅵ. Die geistige Welt. Einleitung in die Philosophie des Lebens. Zweite Hälfte：Abhandlungen zur Poetik，Ethik und Pädagogik ［M］. hrsg. von MISCH G. Göttingen：Vandenhoeck & Ruprecht Verlag，1924：28.

②　DILTHEY W. Gesammelte Schriften. Band Ⅵ. Die geistige Welt. Einleitung in die Philosophie des Lebens. Zweite Hälfte：Abhandlungen zur Poetik，Ethik und Pädagogik ［M］. hrsg. von MISCH G. Göttingen：Vandenhoeck & Ruprecht Verlag，1924：28.

③　DILTHEY W. Gesammelte Schriften. Band Ⅵ. Die geistige Welt. Einleitung in die Philosophie des Lebens. Zweite Hälfte：Abhandlungen zur Poetik，Ethik und Pädagogik ［M］. hrsg. von MISCH G. Göttingen：Vandenhoeck & Ruprecht Verlag，1924：29.

实上至少可以将道德动机中的很大一部分归因于此，也就几乎不可能形成任何伦理体系。"① 这段话不仅彰显了狄尔泰的实践哲学研究立场，也再次引出他对经验主义和怀疑主义道德动机分析方法的批判。

一、对传统道德动机分析方法的批判

狄尔泰首先指出，经验主义对道德动机的分析主要有两种进路②：一种是通过"心灵生命（das Leben der Seele）"法则，更准确地说是通过其中包含的心理学所提出的"心灵的进展方式（Verfahrungsweisen der Seele）"——一种"心理学经验主义（psychologischen Empirismus）"的进路；另一种是通过符合上述"心灵生命"法则的、与外在世界有关的、"自我构造的生命经验（sich bildenden Lebenserfahrungen）"——一种后果论的进路。

前一种进路以贝内克（Friedrich Eduard Beneke，1798—1854）为代表：通过心理学方法对不同的心灵的进展方式进行"纯粹数量关系（rein quantitative Verhältnisse）"③上的比较，进而确定它们的完满状态。因而，在狄尔泰看来，尽管他提出的五项"道德基本规范（Grund-

---

① DILTHEY W. Gesammelte Schriften. Band VI. Die geistige Welt. Einleitung in die Philosophie des Lebens. Zweite Hälfte：Abhandlungen zur Poetik，Ethik und Pädagogik［M］. hrsg. von MISCH G. Göttingen：Vandenhoeck & Ruprecht Verlag，1924：29.

② DILTHEY W. Gesammelte Schriften. Band VI. Die geistige Welt. Einleitung in die Philosophie des Lebens. Zweite Hälfte：Abhandlungen zur Poetik，Ethik und Pädagogik［M］. hrsg. von MISCH G. Göttingen：Vandenhoeck & Ruprecht Verlag，1924：29.

③ DILTHEY W. Gesammelte Schriften. Band VI. Die geistige Welt. Einleitung in die Philosophie des Lebens. Zweite Hälfte：Abhandlungen zur Poetik，Ethik und Pädagogik［M］. hrsg. von MISCH G. Göttingen：Vandenhoeck & Ruprecht Verlag，1924：29.

normen des Moralischen）"① 与赫尔巴特提出的构成完满的五个理念② 具有根本上的一致性——都聚焦于不同的心灵在进展方式上的差异性，但却完全无关乎道德判断："这里也隐藏着附加的表象（hinzutretende Vorstellungen），通过它们，这些观点应当在被用于我们的心灵时才获得价值……此时显明的或者目的概念——使其根本进展方式通达最高实在的心灵内在欲望的概念（der Begriff des inneren Dranges der Seele），或者更常见的是快乐……和不快的概念……"③ 换句话说，贝内克提出的五项"道德基本规范"并非不可被进一步分析地"综合"，而真正能够赋予心灵价值之物却隐匿于"附加的表象"或者说生理关系之下。这也就意味着，贝内克基于心理学的经验主义进路并未区分开理智判断和道德判断这两种心灵生命的理论和实践形式。

经验主义对道德动机进行分析的后一种进路，又被狄尔泰称作"生命经验的经验主义（der Empirismus der Lebenserfahrung）"④，以休

---

① 贝内克提出的构成"道德基本规范（Grundnormen des Moralischen）"的五个理念，或者说"实践范畴（praktische Kategorien）"，分别为"原初能力的特性（die Beschaffenheit des Urvermögens）""印象对各种原初能力的构造（die Ausbildung der einzelnen Urvermögen durch die Eindrücke）""如此构造出的基本产物多样性的终结（der Grab der Vielfachheit der in dieser Art gebildeten elmentarischen Produkte）""这些构造过程的持续时间（die Dauer dieser Bildungen）""这些构造过程的纯粹性（die Reinheit dieser Bildungen）"或者说"心理构造物的纯粹性（die Reinheit psychischer Gebilde）"。BENEKE F E. Grundlinien der Sittenlehre, ein Versuch eines natürlichen Systemes derselben [M]. Berlin: E-. S. Mittler, 1837: 231-249.

② 赫尔巴特提出的构成"完满"的五个要素，或者说"实践理念（praktische Ideen）"，分别为"内在自由（die innere Freiheit）""完满（die Vollkommenheit）""友善（das Wohlwollen）""法权（das Recht）"和"公平（die Billigkeit）"。HERBART J F. Allgemeine Pädagogik aus dem Zweck der Erziehung abgeleitet [M]. Göttingen: Johann Friedrich Röwer, 1806: 6-8.

③ DILTHEY W. Gesammelte Schriften. Band VI. Die geistige Welt. Einleitung in die Philosophie des Lebens. Zweite Hälfte: Abhandlungen zur Poetik, Ethik und Pädagogik [M]. hrsg. von MISCH G. Göttingen: Vandenhoeck & Ruprecht Verlag, 1924: 30.

④ DILTHEY W. Gesammelte Schriften. Band VI. Die geistige Welt. Einleitung in die Philosophie des Lebens. Zweite Hälfte: Abhandlungen zur Poetik, Ethik und Pädagogik [M]. hrsg. von MISCH G. Göttingen: Vandenhoeck & Ruprecht Verlag, 1924: 31.

谟为典型代表。正如狄尔泰所说，将快乐和利益视作联想出的动机、行为和后果间的因果关系中对某一行为进行道德评判的依据的做法，在休谟看来无非是一种错误的概括，因为"经验足以向我们表明，它（注：指原文上文'对他人的同情'，Sympathie mit anderen）是一种人类天性的基本本能"①。但狄尔泰仍然认为有必要为这一从生命经验出发的伦理观设定一种纯粹先天的综合之物，因为"恰好在一个如此诚实的、敏锐的、认识历史和世界的头脑中，它（注：指原文上文'一种纯粹先天的综合'，eine Synthese rein apriorischer Natur）至少倾向于将友善的神秘的伦理时刻（das geheimnisvolle ethische Moment des Wohlwollens）归因于快乐"②。

相较于经验主义对道德意识的分析进路，怀疑主义在狄尔泰眼中的最大优势在于厘清各种动机，拣选道德动机和寻找道德谓词具有确定性之处，尤其体现在对隐匿于无意识之中的各种可能性的揭示上。于是，传统意义上的"有德行为（tugendhafte Handlungen）"——无论是隐藏着对回报的期待以及行善者的自我优越感的"友善"的行为，还是隐含着不屑于容忍他人的指责和欺骗的骄傲感的"正直"的行为，抑或包含着想要影响外在世界的企图追求的"完满"的行为，都是出于"自我感"或者"对施加影响和好名声的需要（das Bedürfnis des Geltung oder guten Namens）"，并不属于道德动机的范围。③ 在怀疑主

---

① DILTHEY W. Gesammelte Schriften. Band VI. Die geistige Welt. Einleitung in die Philosophie des Lebens. Zweite Hälfte：Abhandlungen zur Poetik，Ethik und Pädagogik［M］. hrsg. von MISCH G. Göttingen：Vandenhoeck & Ruprecht Verlag，1924：31.

② DILTHEY W. Gesammelte Schriften. Band VI. Die geistige Welt. Einleitung in die Philosophie des Lebens. Zweite Hälfte：Abhandlungen zur Poetik，Ethik und Pädagogik［M］. hrsg. von MISCH G. Göttingen：Vandenhoeck & Ruprecht Verlag，1924：31.

③ DILTHEY W. Gesammelte Schriften. Band VI. Die geistige Welt. Einleitung in die Philosophie des Lebens. Zweite Hälfte：Abhandlungen zur Poetik，Ethik und Pädagogik［M］. hrsg. von MISCH G. Göttingen：Vandenhoeck & Ruprecht Verlag，1924：32.

义者眼中，只有出自善的行为才是有德行为。换句话说，只有出自善的动机才是道德动机。这就造成两种结果：一方面，只将出于善的动机理解为道德动机，意味着对那些事实上激发人类行善的动机的无视；另一方面，上述两种动机尽管在现实行为中密不可分，却无法被统一。最终，在怀疑主义者那里，"……道德就会变成童话，也许寓意深刻，却不是严肃研究的对象"①。

在论及怀疑主义伦理观之处，狄尔泰还特意提及赫尔巴特对斯密和休谟伦理学研究方法的革新，并对此给予高度评价。他所采用的伦理学方法是一种类似于化学试验的分析方法②：首先将人设定成一位与"一种和他自身利益完全陌生行为"相对的"不偏不倚的评判者（unparteiischen Beurteilers）"，以便使其做出的道德判断完全摆脱"好处（Vorteil）"的干扰，而只关乎蕴含某种"道德品质（moralische Qualitä）"的行为与动机。随后，这位"不感兴趣的旁观者"亲自从各种复杂的行为动机中判定、拣选出道德动机，同时摆脱掉基于良心的行为会遭受的动机和后果不分的指责。在狄尔泰看来，人们不仅可以对与自身利益有紧密关联的行为给出"赞成（Billigung）"或"反对（Mißbilligung）"的判断，也可以对那些时空距离遥远的行为——诸如希腊悲剧等"诗性想象的世界（Welt dichterischer Einbildung）"中的英雄事迹进行评判。

综上可知，经验主义和怀疑主义的道德动机分析方法，在狄尔泰看来既未能否定经验中先天综合之物的存在，也未能否定道德意识内容的

---

① DILTHEY W. Gesammelte Schriften. Band VI. Die geistige Welt. Einleitung in die Philosophie des Lebens. Zweite Hälfte：Abhandlungen zur Poetik, Ethik und Pädagogik［M］. hrsg. von MISCH G. Göttingen：Vandenhoeck & Ruprecht Verlag，1924：32.

② DILTHEY W. Gesammelte Schriften. Band VI. Die geistige Welt. Einleitung in die Philosophie des Lebens. Zweite Hälfte：Abhandlungen zur Poetik，Ethik und Pädagogik［M］. hrsg. von MISCH G. Göttingen：Vandenhoeck & Ruprecht Verlag，1924：32-33.

可知性。于是，继在道德意识形式分析中找到"先天实践-综合判断"作为道德意识的基础后，狄尔泰也试图在道德意识内容的分析中找到"一点综合之物"作为道德意识的统一性说明的基础。

二、道德动机中的"一点综合之物"——综合要素

如上文所述，狄尔泰试图也在道德意识内容中，为道德意识找到"一点综合之物"作为统一性说明的基础。他首先对快乐和友善成为自身构造性伦理学"综合要素（das synthetische Element）"的可能性进行分析。

（一）"快乐"和"友善"

狄尔泰首先针对快乐进行分析。作为一种众所周知的利益动机，"快乐只能作用于这样一个理智存在者（verständigen Wesen），不跟从当下的喜爱的冲动（Antrieb des Gefallens），而是相对于当下的更小的享受，宁愿选择未来的更大的享受。然后甚至相较于获得一种相对更大的快乐情感，宁愿选择避免一种痛苦（Schmerzes）；相较于每一种最强烈的当下情感，宁愿选择持久的快乐来源（bleibende Quellen der Lust）。最终相较于每一种外在而来的快乐来源，宁愿选择一种以愉悦为主的生命感（ein vorherrschend heiteres Lebensgefühl）"[1]。那么，这样一种典型的经验主义的综合性元素是否可以作为说明道德世界的基础呢？狄尔泰给出否定回答。[2] 因为一方面，它"并非直接作为决定性的中介概念

---

[1] DILTHEY W. Gesammelte Schriften. Band VI. Die geistige Welt. Einleitung in die Philosophie des Lebens. Zweite Hälfte：Abhandlungen zur Poetik，Ethik und Pädagogik ［M］. hrsg. von MISCH G. Göttingen：Vandenhoeck & Ruprecht Verlag，1924：33–34.

[2] DILTHEY W. Gesammelte Schriften. Band VI. Die geistige Welt. Einleitung in die Philosophie des Lebens. Zweite Hälfte：Abhandlungen zur Poetik，Ethik und Pädagogik ［M］. hrsg. von MISCH G. Göttingen：Vandenhoeck & Ruprecht Verlag，1924：34.

（schlussgebender Mittelbegriff）出现在行为和善的谓词（das Prädikat des Guten）之间，而是在自身之中扬弃善的谓词"；另一方面，就人的内在情感而言，它对于"渴求的心灵（begehrenden Seele）"并不具有无条件约束性，更谈不上像"友善"一般可以引发对他人善意的行为。

接下来，狄尔泰对"友善（das Wollwollen）"展开分析。在他看来，友善、同情以及悲悯等概念①，都表达了自康德以来另一种以叔本华（Arthur Schopenhauer，1788—1860）和洛采（Rudolf Hermann Lotze，1817—1881）为典型代表的重要伦理观。在探究社会和伦理现象根源的过程中，这些伦理学家的注意力逐渐集中到上述概念所包含的动机上，并试图在此基础上构建出伦理学体系。由于洛采的相关论述过于零散，狄尔泰主要针对叔本华以"悲悯"为核心的伦理学体系展开论述。对于叔本华阐发伦理学问题的两部主要作品——《作为意志和表象的世界》（*die Welt als der Wille und die Vorstellung*，1818）的第四篇以及《伦理学的两个基本问题》（*Die beiden Grundprobleme der Ethik*，1841）②，狄

---

① das Mitleid 是叔本华伦理学的核心概念，从德语构词法来说，该名词是由介词"mit"（一起，同时）和名词"Leid"（悲伤、内心的痛苦）构成的复合词，略带有负面意味。与其相比，das Mitgefühl 是一种分享情感的中性表达；die Sympathie 表明一种对他人悲伤的理解；die Empathie 则在 die Sympathie 的基础上附加了予以帮助的意愿。出于对目前国内通行的术语翻译的尊重，在本书中 die Sympathie 仍译作"同情"。但同时出于对狄尔泰原文的尊重，将 das Mitgefühl 译作"共感"，die Empathie 译作"感同身受"，das Mitleid 以及与其相对的 das Mitfreude 分别译作"悲悯"和"共悦"。

② 叔本华在《伦理学的两个基本问题》的《第一版导言》中明确指出，不仅可以认为该作品收录的两篇论文——《论意志自由》（*Über die Freiheit des Willens*，1838）和《论道德的基础》（*Über die Grundlage der Moral*，1839）互相补充构成了"一个关于伦理学基本真理的体系"，也可以将它们视为《作为意志和表象的世界》第四篇的"补充"。因为，在他看来，这两部作品具有思想上的一致性，只不过后者是从他的形而上学思想中推导得出的，或者说是"用综合的方法先验地推导出来的"；而前者则是"用分析的方法后验地加以证明的"。除此以外，前者作为"从这种所有人都会采用的一般的立场出发的"专论，比后者更易理解，也更具说服力，论证也更为系统、深入。论及前者所收录的两篇论文之间的关系，叔本华将前一篇视为后一篇的"钥匙"，并直言道："看到这种联系首先有助于完整地理解这两篇论文。"叔本华．伦理学的两个基本问题［M］．任立，孟庆时，译．北京：商务印书馆，1996：1-2.

尔泰尤其重视后者中收录的论文《论道德的基础》（*Über die Grundlage der Moral*，1839），并将其视为叔本华"主观唯心主义的伦理结论"①。

　　叔本华认为，意志是自在之物，世间万物皆是其表象。因而，可以通过一种否定的方式从理论上消解"我"与"非我"的对立，同时也为人类一切道德行为确立形而上学基础。在狄尔泰看来，叔本华无疑注意到了这一过程与"悲悯"作为心理学现象的同一性，即"将在经验世界中展现验证性现象（bestätigende Phänomene aufzuzeigen）理解成最为抽象的形而上学命题（metaphysische Sätze der abstraktesten Art）"②。换句话说，叔本华不是想通过归纳法从对悲悯现象的观察结果中得出普遍法则，而是想通过这一观察来"验证"普遍法则。叔本华认为，悲悯是具有道德价值行为的唯一动机，一切反道德动机都可以被归结为"利己主义"。这一论断显然与他对痛苦的肯定性假设相一致。但在狄尔泰看来，这样一种"消极伦理学"立场既经受不住心理学的全面推敲，也违背了快乐的高级形式完全不以对痛苦的需求为前提的事实。因为共悦作为"友善的最理想形式"③ 与悲悯都是人类心灵的原初情感，因而具有根本上的同一性。从心理学角度来看，它们都属于"纯粹的心理共同活动（bloßen psychischen Mitbewegung）"④，自身不具有任何内在价值；而从伦理学角度看，只有当痛苦被人们认定为自身的情感

① DILTHEY W. Gesammelte Schriften. Band VI. Die geistige Welt. Einleitung in die Philosophie des Lebens. Zweite Hälfte：Abhandlungen zur Poetik，Ethik und Pädagogik［M］. hrsg. von MISCH G. Göttingen：Vandenhoeck & Ruprecht Verlag，1924：35.

② DILTHEY W. Gesammelte Schriften. Band VI. Die geistige Welt. Einleitung in die Philosophie des Lebens. Zweite Hälfte：Abhandlungen zur Poetik，Ethik und Pädagogik［M］. hrsg. von MISCH G. Göttingen：Vandenhoeck & Ruprecht Verlag，1924：35.

③ DILTHEY W. Gesammelte Schriften. Band VI. Die geistige Welt. Einleitung in die Philosophie des Lebens. Zweite Hälfte：Abhandlungen zur Poetik，Ethik und Pädagogik［M］. hrsg. von MISCH G. Göttingen：Vandenhoeck & Ruprecht Verlag，1924：37.

④ DILTHEY W. Gesammelte Schriften. Band VI. Die geistige Welt. Einleitung in die Philosophie des Lebens. Zweite Hälfte：Abhandlungen zur Poetik，Ethik und Pädagogik［M］. hrsg. von MISCH G. Göttingen：Vandenhoeck & Ruprecht Verlag，1924：38.

时，悲悯才具有伦理价值。

狄尔泰指出，叔本华也曾在《作为意志和表象的世界》（第二卷）中深刻揭示过悲悯的本质："在其（注：指下文的'意志'）显象的无尽的多样性中，总的来说有三个以作为物自体的意志的形而上学同一性为基础的、可以归于同情这一共同概念之下的现象：1.……作为公正（Gerechtigkeit）和仁爱（Menschenliebe）基础的悲悯；2.……作为优先于个体的类的生命的性爱（Geschlechtsliebe）；3. 动物的催眠疗法和同情疗法……"① 这也就是说，对叔本华而言，意志是唯一具有伦理价值的行为的主体，真正意义上的伦理行为就是"对意志的否定"。尽管他此处也论及除此以外的其他道德动机，但在狄尔泰看来，那只是一种对西方人理解方式的"适应（Zugeständnis）"② 。这一点不难理解，因为在叔本华眼中，人生只是痛苦，"消除痛苦的不断努力除了改变痛苦的形态外，再也做不出什么"③ 。

叔本华提出用源于同情或者说悲悯的两种德性——公正和仁爱，替代康德所说的"完全义务（vollkommene Pflichten）"和"不完全义务（unvollkommene Pflichten）"。他又将它们称为"元德（Kardinaltugenden）"④ ，因为它们是存在于人性自身的人类意识事实，是其他一切德性实践和理论上的源头。在面对他人的痛苦时，公正和仁爱分别具有消极和积极的特征：前者作为低级层次的悲悯，以"不要损害任何

---

① DILTHEY W. Gesammelte Schriften. Band VI. Die geistige Welt. Einleitung in die Philosophie des Lebens. Zweite Hälfte：Abhandlungen zur Poetik，Ethik und Pädagogik［M］. hrsg. von MISCH G. Göttingen：Vandenhoeck & Ruprecht Verlag，1924：38.

② DILTHEY W. Gesammelte Schriften. Band VI. Die geistige Welt. Einleitung in die Philosophie des Lebens. Zweite Hälfte：Abhandlungen zur Poetik，Ethik und Pädagogik［M］. hrsg. von MISCH G. Göttingen：Vandenhoeck & Ruprecht Verlag，1924：38.

③ 叔本华. 作为意志和表象的世界［M］. 石冲白，译. 北京：商务印书馆，1982：431.

④ 叔本华. 作为意志和表象的世界［M］. 石冲白，译. 北京：商务印书馆，1982：239.

人"① 为基本规则，是法律的根源；后者作为高级层次的悲悯，以"尽你力之所能帮助一切人"② 为行为规则。基于此，狄尔泰批评叔本华基于公正是法律的根源这一点，"随意设定"（注：此处改为主动态，原文为被动态"willkürlich herbeigeholt werden"）法律具有普遍性特征，并误以为凭借"理性思考（vernünftige Überlegung）"就可以令人做出尊重他人法权的行为。③ 因为对公正和仁爱而言，一方面，要想说明行为准则是如何"由对非义行为（Unrechttun）带来的痛苦一劳永逸地认识自我构造（sich bilden）而来"并非难事；另一方面，还可以由公正的消极特征以及与其相对的仁爱的积极特征，推导出法律规定所具有的普遍性特征。④

总的来说，狄尔泰认为叔本华的伦理学并未脱离其"基础性形而上学世界观"的窠臼："如果世上只有一个迟钝的、没有表象的意志（ein dumpfer vorstellungsloser Wille）是真实的，一切显象都是假象，那么扬弃这一假象的唯一出发点，就部分地在悲悯中，总体地在对意志的否定中。"⑤ 叔本华的伦理世界中根本不存在肯定的或积极的目的或动机。他认为"幸福和不幸（Wohl und Wehe）"构成人类一切道德动机的观点，事实上与幸福主义伦理学达成一致。而在将"消除他人的不

---

① 叔本华. 作为意志和表象的世界 [M]. 石冲白，译. 北京：商务印书馆，1982：240.

② 叔本华. 作为意志和表象的世界 [M]. 石冲白，译. 北京：商务印书馆，1982：255.

③ DILTHEY W. Gesammelte Schriften. Band Ⅵ. Die geistige Welt. Einleitung in die Philosophie des Lebens. Zweite Hälfte：Abhandlungen zur Poetik，Ethik und Pädagogik [M]. hrsg. von MISCH G. Göttingen：Vandenhoeck & Ruprecht Verlag，1924：39.

④ DILTHEY W. Gesammelte Schriften. Band Ⅵ. Die geistige Welt. Einleitung in die Philosophie des Lebens. Zweite Hälfte：Abhandlungen zur Poetik，Ethik und Pädagogik [M]. hrsg. von MISCH G. Göttingen：Vandenhoeck & Ruprecht Verlag，1924：39.

⑤ DILTHEY W. Gesammelte Schriften. Band Ⅵ. Die geistige Welt. Einleitung in die Philosophie des Lebens. Zweite Hälfte：Abhandlungen zur Poetik，Ethik und Pädagogik [M]. hrsg. von MISCH G. Göttingen：Vandenhoeck & Ruprecht Verlag，1924：39.

幸（das Weh anderer aufzuheben）"① 视为唯一具有道德价值的行为这一点上，叔本华看似与康德达成一致，却因意志的自我否定而显得"极为荒诞"。

(二)"综合要素"：道德世界的统一性基础

通过对"快乐"和"友善"的上述分析，狄尔泰再一次明晰了自己的观点：根本不可能依靠"某一个直观的概念"② 来简单地把握道德意识内容的丰富性。因此，他所寻找的道德世界的统一性基础——"综合要素（die synthetischen Elemente）"，也必然呈现出多样性和多元性的特征。狄尔泰对道德"综合要素"的首要要求，就是能够对意志"起激发作用（bewegen）"③。在正式探讨这个"能够使道德之物在填充心灵的、激情的需要和渴求中起激发作用之物（das Bewegende）"④ 之前，狄尔泰首先回顾了康德和赫尔巴特的相关论述。

如前文所述⑤，康德将实践理性——"显象于行为中的普遍理性"设定为道德世界的基础。但为了消除道德法则和意愿质料间的异质性——前者以意志自由为基础，后者由"快乐"和"不快"的情感所

---

① DILTHEY W. Gesammelte Schriften. Band VI. Die geistige Welt. Einleitung in die Philosophie des Lebens. Zweite Hälfte：Abhandlungen zur Poetik，Ethik und Pädagogik［M］. hrsg. von MISCH G. Göttingen：Vandenhoeck & Ruprecht Verlag，1924：39.
② DILTHEY W. Gesammelte Schriften. Band VI. Die geistige Welt. Einleitung in die Philosophie des Lebens. Zweite Hälfte：Abhandlungen zur Poetik，Ethik und Pädagogik［M］. hrsg. von MISCH G. Göttingen：Vandenhoeck & Ruprecht Verlag，1924：40.
③ DILTHEY W. Gesammelte Schriften. Band VI. Die geistige Welt. Einleitung in die Philosophie des Lebens. Zweite Hälfte：Abhandlungen zur Poetik，Ethik und Pädagogik［M］. hrsg. von MISCH G. Göttingen：Vandenhoeck & Ruprecht Verlag，1924：40.
④ DILTHEY W. Gesammelte Schriften. Band VI. Die geistige Welt. Einleitung in die Philosophie des Lebens. Zweite Hälfte：Abhandlungen zur Poetik，Ethik und Pädagogik［M］. hrsg. von MISCH G. Göttingen：Vandenhoeck & Ruprecht Verlag，1924：42.
⑤ 本书第三章第一节论述"实践理性与道德情感——道德判断的两种对立形式及其扬弃"的部分。

激发，康德提出"实践理性的动机"作为道德法则的因果性范畴在动机中的现身方式。在狄尔泰看来，这无疑是康德伦理学的一大矛盾，这一点也突出体现在他对基督教道德原则的总结上。"爱你的邻人如爱你自己"，本质上就是一种"包含在乐意和命令矛盾中的神圣理想"①。狄尔泰将之称作履行"出自友善的义务（die aus Wohlwollen entspringende Pflicht）"② 的诫命，并认定它不包含任何诸如欲望和偏好的动机，只不过是为了"通过宗教所包含的具体动机③为道德法则抽象的因果性注入生气（beleben）"④ 罢了。

与康德不同，另一位形式主义伦理学家赫尔巴特将意志的形式，或者说意志的关系，视作伦理规定的直接对象，并认为可以在必然呈现为一种"和谐（Harmonie）"的"一切理性之物（allem Vernünftigen）自身的显象方式"——"意志关系的和谐（Harmonie des Willensverhältnisses）"中把握它。⑤ 赫尔巴特将这种从审美角度把握意志关系的能力称作"鉴

① 康德. 康德著作全集（第 5 卷）[M]. 李秋零，译. 北京：中国人民大学出版社，2007：89；DILTHEY W. Gesammelte Schriften. Band VI. Die geistige Welt. Einleitung in die Philosophie des Lebens. Zweite Hälfte：Abhandlungen zur Poetik，Ethik und Pädagogik [M]. hrsg. von MISCH G. Göttingen：Vandenhoeck & Ruprecht Verlag，1924：41.

② DILTHEY W. Gesammelte Schriften. Band VI. Die geistige Welt. Einleitung in die Philosophie des Lebens. Zweite Hälfte：Abhandlungen zur Poetik，Ethik und Pädagogik [M]. hrsg. von MISCH G. Göttingen：Vandenhoeck & Ruprecht Verlag，1924：41.

③ DILTHEY W. Gesammelte Schriften. Band VI. Die geistige Welt. Einleitung in die Philosophie des Lebens. Zweite Hälfte：Abhandlungen zur Poetik，Ethik und Pädagogik [M]. hrsg. von MISCH G. Göttingen：Vandenhoeck & Ruprecht Verlag，1924：41.

④ DILTHEY W. Gesammelte Schriften. Band VI. Die geistige Welt. Einleitung in die Philosophie des Lebens. Zweite Hälfte：Abhandlungen zur Poetik，Ethik und Pädagogik [M]. hrsg. von MISCH G. Göttingen：Vandenhoeck & Ruprecht Verlag，1924：41.

⑤ DILTHEY W. Gesammelte Schriften. Band VI. Die geistige Welt. Einleitung in die Philosophie des Lebens. Zweite Hälfte：Abhandlungen zur Poetik，Ethik und Pädagogik [M]. hrsg. von MISCH G. Göttingen：Vandenhoeck & Ruprecht Verlag，1924：41.

赏（der Geschmack）"①，将之视为一种对意志关系的直观之外的"补充"——既"不存在于纯粹的知觉之中"，也"不沉醉于对象之中"。②但在狄尔泰看来，这同样具有矛盾性，因为尽管前者意味着"鉴赏判断中所表象之物（das im Geschmacksurteil Vorgestellte）"③丧失其重要性，而这却是在意志关系的内容之中得出的结论；后者则意味着由对意志关系的直观产生道德情感。此外，狄尔泰也不赞成将对意志关系的"鉴赏"视作道德的基础，因为这意味着道德的本质与其"起激发作用"的动机的分离，从而使得"鉴赏"事实上丧失掉承载道德的能力。

---

① 康德在《判断力批判》中对"鉴赏（Geschmack）"和"鉴赏判断（Geschmacksurteil）"进行过深入探讨。在他看来，"鉴赏在根本上是道德理念的感性化（凭借对二者的反思的某种类比）的评判能力，也从它里面，从必须建立在它上面的对出自道德理念的情感（它就叫作道德情感）的更大感受性中，引出了鉴赏宣布为对一般人性、不仅对每一种私人情感有效的那种愉快，所以很明显，对于建立鉴赏来说的真正预科就是发展道德理念和培养道德情感；因为只有当感性与道德情感达到一致时，纯正的鉴赏才能获得一种确定的、不变的形式"；"鉴赏判断"是一种综合判断，它"超出了客体的概念，甚至超过了其直观，并把某种根本连知识都不是的东西，亦即把愉快（或者不快）的情感作为谓词附加给那个直观。但是，尽管谓词（与表象相结合的自己的愉快这一谓词）是经验性的，鉴赏判断就其要求每个人都赞同而言却仍然是先天判断，或者想要被视为先天判断，这一点，同样已经包含在他们的要求的这些表述之中了……"正如狄尔泰所说，赫尔巴特只是试图从审美角度更为准确地界定作为道德基础的意志关系，因此二者对"鉴赏"的理解根本上是一致的。康德. 康德著作全集（第5卷）[M]. 李秋零，译. 北京：中国人民大学出版社，2007：300，371. DILTHEY W. Gesammelte Schriften. Band VI. Die geistige Welt. Einleitung in die Philosophie des Lebens. Zweite Hälfte：Abhandlungen zur Poetik，Ethik und Pädagogik [M]. hrsg. von MISCH G. Göttingen：Vandenhoeck & Ruprecht Verlag，1924：42.

② 赫尔巴特. 普通教育学 [M]. 李其龙，译. 北京：人民教育出版社，2015：52. HERBART J F. Allgemeine Pädagogik aus dem Zweck der Erziehung abgeleitet [M]. Göttingen：Johann Friedrich Röwer，1806：143–145.

③ DILTHEY W. Gesammelte Schriften. Band VI. Die geistige Welt. Einleitung in die Philosophie des Lebens. Zweite Hälfte：Abhandlungen zur Poetik，Ethik und Pädagogik [M]. hrsg. von MISCH G. Göttingen：Vandenhoeck & Ruprecht Verlag，1924：42.

具体来说，一方面，"鉴赏"所挖掘的"道德品性（der sittliche Charakter）"① 由于自身超脱于其他动机，并不具有任何"起激发作用"之物，因而只是"貌似"真正的道德动机；另一方面，"内在自由（die innere Freiheit）"由于受"道德鉴赏"的决定性作用，"貌似"成为"一种奋发向上的情感（eine aufstrebende Empfindung）"。② 由此可见，赫尔巴特只是试图从审美角度更为准确地界定作为道德基础的意志的形式，他与康德对道德的理解根本上是一致的：只有出自善的行为才是有德行为，只有出自善的动机才是道德动机。

而狄尔泰苦苦追寻的作为道德世界基础的"综合要素"，显然与此不同：它们应当具有一种"起激发作用"的力量，呈现为一种"对自我实现的努力追求"③。狄尔泰依据它们连接意志和价值世界的不同方

---

① 李其龙将 der sittliche Charakter 译作"道德性格"；为与前文出现的 Charakter 译法保持一致，此处译作"道德品性"。在赫尔巴特看来，"道德品性"现身于一个人决意要什么与决意不要什么这两者之间的比较之中"，体现了"意志的坚定性和前后一致性"。它由客观部分和主观部分两部分构成：前者指"业已具有的意志部分"，后者指"产生的新的意志部分"。赫尔巴特认为，尽管很难对前者进行教诲，但教育的使命恰恰在于此："人们为自己以后的倾向创造了行为的准则，一边享受一种内在的为所欲为的舒适，这种现象必须知道教育把它的主要注意力放在品性（李其龙译文原文为'性格'，此处有改动）的客观部分，是这客观部分在它的观察和影响之下慢慢地得到陶冶和提高。等到这客观部分解决好了，才能指望良好的道德教诲所具有的调整力量取得成果，然后主观部分才能接受教诲，才能完成对道德品性（李其龙译文原文为'性格'，此处有改动）的修正与完善。"赫尔巴特. 普通教育学［M］. 李其龙，译. 北京：人民教育出版社，2015：107-109；HERBART J F. Allgemeine Pädagogik aus dem Zweck der Erziehung abgeleitet［M］. Göttingen：Johann Friedrich Röwer，1806：323.

② DILTHEY W. Gesammelte Schriften. Band VI. Die geistige Welt. Einleitung in die Philosophie des Lebens. Zweite Hälfte：Abhandlungen zur Poetik，Ethik und Pädagogik［M］. hrsg. von MISCH G. Göttingen：Vandenhoeck & Ruprecht Verlag，1924：42.

③ DILTHEY W. Gesammelte Schriften. Band VI. Die geistige Welt. Einleitung in die Philosophie des Lebens. Zweite Hälfte：Abhandlungen zur Poetik，Ethik und Pädagogik［M］. hrsg. von MISCH G. Göttingen：Vandenhoeck & Ruprecht Verlag，1924：42.

式，区分出三种不同类型①：第一种，对应"人应当被实现的显明的内在价值（den vorschwebenen inneren Wert der Person）"；第二种，对应"从最亲近之人到最疏远之人中的某个他人的幸福和个人价值（das Wohl und den persönlichen Wert eines anderen, von dem Nächsten ab gedacht bis zu dem Entferntesten）"；第三种，对应"被决定和限制的我的意志的自身一致性"（原文为"mein Wille ist [...] durch seine eigene Konsequenz gebunden；er ist bestimmt, beschränkt"，此处有改动）。它们又被狄尔泰称作"我们的道德意志得以与价值世界交往的实践行为方式（die praktischen Verhaltungsweisen unseres Willens, sofern er moralisch ist, durch welche er sich zu der Welt der Werte verhält）"，"实践范畴（praktische Kategorien）"，其中包含各种"以符合道德天性的方式彼此连接意志和价值世界的综合要素（der Wille und die Welt der Werte miteinander verbunden sind, soweit diese Verbindung moralischer Natur ist）"。② 狄尔泰指出，这三种"综合"的提出，同时也意味着伦理学视域的自身扩展。从研究无关人类精神内容的心理学形式法则，到关注人类精神在先天综合的基础上构造自身存在主要形式的方式，人们的研究目光不再局限于透过诗歌的语言、句法和韵律去洞察人类的心灵，或者如现代民族心理学派一般试图通过心理学去说明历史，或者通过"一门以人类精神生命的进展为研究对象的形式的科学"去探赜"迄今

---

① DILTHEY W. Gesammelte Schriften. Band VI. Die geistige Welt. Einleitung in die Philosophie des Lebens. Zweite Hälfte：Abhandlungen zur Poetik, Ethik und Pädagogik ［M］. hrsg. von MISCH G. Göttingen：Vandenhoeck & Ruprecht Verlag, 1924：43.

② DILTHEY W. Gesammelte Schriften. Band VI. Die geistige Welt. Einleitung in die Philosophie des Lebens. Zweite Hälfte：Abhandlungen zur Poetik, Ethik und Pädagogik ［M］. hrsg. von MISCH G. Göttingen：Vandenhoeck & Ruprecht Verlag, 1924：43.

为止人类存在的总和"①，而是清晰地认识到人类、社会与国家的构造过程中所包含的"综合"与人类心灵的内容间的紧密关联。狄尔泰也正是在这层意义上借用康德在《纯粹理性批判》"先验分析论"中对形式逻辑的判断分类里引出的范畴概念提出三种"实践范畴"，意指在道德世界中为意志和价值世界间的实践关系奠基的三种综合类型。

于是，狄尔泰通过对道德意识内容的分析，得出与对道德意识形式的分析相同的三种综合类型："完满""友善"和"正直"，分别对应上文所说的"人应当被实现的显明的内在价值""从最亲近之人到最疏远之人中的某个他人的幸福和个人价值"以及"被决定和限制的我的意志的自身一致性"。至于诸如上帝意志和至善等其他被提出的综合，狄尔泰认为它们不过是对"自然的、普遍的、不可变易的道德意识组织（die natürliche, allgemeine, un veränderliche Organisation des moralischen Bewusstseins）"②的某些部分或者总体关联性的说明。因为如果没有道德意识组织为其提供证明过程和认识基础，它们甚至无法在实践行为中获得暂时性的影响。

这三种"不可互相归因（nicht aufeinander zurückgeführt werden können）"③的综合必须能够经受住道德意识内容的检验。换句话说，所有道德意识的内容都必须能够被"归因"到这三类综合之中。狄尔泰这里所说的"归因"事实上是一种逻辑运作，它并不会更改或者减

---

① DILTHEY W. Gesammelte Schriften. Band VI. Die geistige Welt. Einleitung in die Philosophie des Lebens. Zweite Hälfte: Abhandlungen zur Poetik, Ethik und Pädagogik [M]. hrsg. von MISCH G. Göttingen: Vandenhoeck & Ruprecht Verlag, 1924: 43-44.

② DILTHEY W. Gesammelte Schriften. Band VI. Die geistige Welt. Einleitung in die Philosophie des Lebens. Zweite Hälfte: Abhandlungen zur Poetik, Ethik und Pädagogik [M]. hrsg. von MISCH G. Göttingen: Vandenhoeck & Ruprecht Verlag, 1924: 44.

③ DILTHEY W. Gesammelte Schriften. Band VI. Die geistige Welt. Einleitung in die Philosophie des Lebens. Zweite Hälfte: Abhandlungen zur Poetik, Ethik und Pädagogik [M]. hrsg. von MISCH G. Göttingen: Vandenhoeck & Ruprecht Verlag, 1924: 45.

少"对任何一个我们道德意识的显象的直观所赋予的伦理价值"，而是表明只有在上述三个综合所构成的道德意识基础中，这一伦理价值才能"看似被正确并充分地理解"。① 至于诸如高尚（Großmut）和自我牺牲能力（Aufopferungsfähigkeit）等看似比"友善"表达出更大的伦理价值的"具体的德性"，在狄尔泰看来都不过只是由不同境况所彰显的"强度等级"上的差别，或者"不同条件下所测量出的我们道德组织同一侧面的强度和纯度（die Stärke und Reinheit derselben Seite unserer ethischen Organisation）"② 上的差异。因此，就像他认为，文学作品中的人类冲突和战争等活动，都可以被视作揭示某一生命境况下人类某一品性内在本质的各种实验的"试剂（Reagenzien）"③。高尚和自我牺牲能力等看似超越"友善"的"具体的德性"，事实上都只是通过后者在不同境况下表现出的不同强度来彰显其所具有的绝对力量。

（三）三种道德综合与赫尔巴特的完满五要素的比较

尽管狄尔泰也认为需要对上述三种道德综合进行更为广泛和详尽的分析，但由于不想使之陷入"连锁逻辑（Schlussketten）"当中，故只是借由与赫尔巴特提出的完满五要素④的比较，依次对"完满""友善"和"正直"进行概念上的阐明。

"完满"，如上文所述，是对应"人应当被实现的显明的内在价值"

---

① DILTHEY W. Gesammelte Schriften. Band VI. Die geistige Welt. Einleitung in die Philosophie des Lebens. Zweite Hälfte：Abhandlungen zur Poetik，Ethik und Pädagogik［M］. hrsg. von MISCH G. Göttingen：Vandenhoeck & Ruprecht Verlag，1924：45.

② DILTHEY W. Gesammelte Schriften. Band VI. Die geistige Welt. Einleitung in die Philosophie des Lebens. Zweite Hälfte：Abhandlungen zur Poetik，Ethik und Pädagogik［M］. hrsg. von MISCH G. Göttingen：Vandenhoeck & Ruprecht Verlag，1924：45.

③ DILTHEY W. Gesammelte Schriften. Band VI. Die geistige Welt. Einleitung in die Philosophie des Lebens. Zweite Hälfte：Abhandlungen zur Poetik，Ethik und Pädagogik［M］. hrsg. von MISCH G. Göttingen：Vandenhoeck & Ruprecht Verlag，1924：45.

④ 详见本书第三章第二节论述"对传统道德动机分析方法的批判"的部分。

的道德综合，可以被简称为"内在价值的道德综合（moralischen Synthese des inneren Wertes）"①。狄尔泰认为，它可被视作"人类进步文化的真正原则"和实现"总体的精神生命产物通向实践行为"之所在，因为"个体显明的理念价值"在人类发展过程中得以不断深化，同时也使得"与构造社会与国家的价值世界相对的意志的其他进展方式的内容"发生改变。② 相对于它对人的个体性的构造，狄尔泰更重视它促使人们坚持己见和谋求内在自我省察方面所具有的巨大力量，因而也将其称作"最大提升道德世界完满性的动机（das am meisten eine steigende Vollkommenheit der moralischen Welt fördernde Motiv）"③。这里所说的"完满"并非赫尔巴特所说的意志的"量的和谐"关系，而是一种"质"的关系，更确切地说是同一个"质"在不同的基本形式中表现出的"强度"上的差异。

在狄尔泰看来，"友善"的视野相对于"完满"得到很大拓展："只要有幸福与不幸，只要是个人价值广泛存在的地方，友善的意志（der wohlwollene Wille）就会蔓延开来。"④ 比起康德和赫尔巴特，狄尔泰对"友善"的界定更贴近洛采的理解方式。洛采既不以他人的幸福为出发点，也不将之视为一种纯粹的意志间的关系，而是以另一个意志的"幸福与不幸"为前提。但狄尔泰也指出，洛采也只是点明了"友

---

① DILTHEY W. Gesammelte Schriften. Band VI. Die geistige Welt. Einleitung in die Philosophie des Lebens. Zweite Hälfte：Abhandlungen zur Poetik，Ethik und Pädagogik［M］. hrsg. von MISCH G. Göttingen：Vandenhoeck & Ruprecht Verlag，1924：46.

② DILTHEY W. Gesammelte Schriften. Band VI. Die geistige Welt. Einleitung in die Philosophie des Lebens. Zweite Hälfte：Abhandlungen zur Poetik，Ethik und Pädagogik［M］. hrsg. von MISCH G. Göttingen：Vandenhoeck & Ruprecht Verlag，1924：46.

③ DILTHEY W. Gesammelte Schriften. Band VI. Die geistige Welt. Einleitung in die Philosophie des Lebens. Zweite Hälfte：Abhandlungen zur Pcetik，Ethik und Pädagogik［M］. hrsg. von MISCH G. Göttingen：Vandenhoeck & Ruprecht Verlag，1924：46.

④ DILTHEY W. Gesammelte Schriften. Band VI. Die geistige Welt. Einleitung in die Philosophie des Lebens. Zweite Hälfte：Abhandlungen zur Poetik，Ethik und Pädagogik［M］. hrsg. von MISCH G. Göttingen：Vandenhoeck & Ruprecht Verlag，1924：46.

善"的"最外在边界（die äußerste Grenze）"，即通过对"无情感存在者（unempfindender Wesen）"的内在价值的"诗意想象（die poetische Vorstellung）"将它们也纳入由其他动机"乔装的友善（verkleidetes Wohlwollen）"的范围。① 事实上，"友善"并不涉及"无情感存在者"，它只涉及"具有自身无条件价值的、作为个人的他人"②，并始终处于基于后者的内容与其中所包含的"与其（注：此处'其'指代原文上文的'友善的主体'）同质的、真正的兴趣"③ 的自我拓展与深化当中。

最后，为了确保个人与他人在人类整体中的统一性，他提出第三种"综合"——"正直"。与上文所说的"完满"和"友善"不同，它凸显的是意志在价值世界中"被约束"或者说"被限制"的一面———一种"消极"关系。但狄尔泰并不认为它与前两种"积极"的综合相矛盾，因为它们都统一于"意志的天性（Natur des Willens）"——"希望自身随着时间推移保持内在同一和被约束（über die Zeit hinweg in sich selber derselbe und gebunden sein will）"④。这里所说的"被约束"并非指受到外在世界"印象"的钳制，而是指基于一种"相互作用（Gegenseitigkeit）"的、包含"被明言的或者沉默的肯定之物（ausdrücklich oder stillschweigend Bejahtes）"的自身行为或者所处关系的限制，因此

---

① DILTHEY W. Gesammelte Schriften. Band VI. Die geistige Welt. Einleitung in die Philosophie des Lebens. Zweite Hälfte：Abhandlungen zur Poetik, Ethik und Pädagogik［M］. hrsg. von MISCH G. Göttingen：Vandenhoeck & Ruprecht Verlag, 1924：46.
② DILTHEY W. Gesammelte Schriften. Band VI. Die geistige Welt. Einleitung in die Philosophie des Lebens. Zweite Hälfte：Abhandlungen zur Poetik, Ethik und Pädagogik［M］. hrsg. von MISCH G. Göttingen：Vandenhoeck & Ruprecht Verlag, 1924：46.
③ DILTHEY W. Gesammelte Schriften. Band VI. Die geistige Welt. Einleitung in die Philosophie des Lebens. Zweite Hälfte：Abhandlungen zur Poetik, Ethik und Pädagogik［M］. hrsg. von MISCH G. Göttingen：Vandenhoeck & Ruprecht Verlag, 1924：46.
④ DILTHEY W. Gesammelte Schriften. Band VI. Die geistige Welt. Einleitung in die Philosophie des Lebens. Zweite Hälfte：Abhandlungen zur Poetik, Ethik und Pädagogik［M］. hrsg. von MISCH G. Göttingen：Vandenhoeck & Ruprecht Verlag, 1924：47.

又被狄尔泰称作"负责（Verpfichtung）"。① "但是我们只对另一个令我们受到约束的人真正负责（wirklich verpfichtet），因为我们的意志凭借随时间推移保持同一的天性，决定一个行为或者进入一种关系。"② 狄尔泰也正是从这层意义上，驳斥洛采将法权和义务视作"使友善自我实现的单纯的运作机制"③ 的观点，以及休谟将公正仅仅视作实现公共利益的手段，并进而否定法权在物质极大丰富的社会中仍然具有存在必要性的观点。因为在狄尔泰看来，法权和义务关涉一切不断增长的、"基于一种合法的和彼此沉默的前提（auf einer berechtigten und gegenseitigen stillschweigenden Voraussetzung）"的"彼此负责（gegenseitige Verpfichtung）"的关系，而且它们所具有的普遍性和"约束性的负责（bindender Verpflichtung）"的特征是对社会中各种利益的"充分保障"，体现出一种相较于仅仅依靠"友善"明显的社会"进步"——一种"价值秩序中道德世界的自我客观达成"（注：原文为"vollendet sich objektiv die moralische Welt in der Ordnung der Werte"，此处有改动）。④ 狄尔泰由此得出结论：凸显意志"被约束"一面的"正直"，及其自身所包含的"义务感和有序的相互作用感（Gefühl der Pflicht und

---

① DILTHEY W. Gesammelte Schriften. Band VI. Die geistige Welt. Einleitung in die Philosophie des Lebens. Zweite Hälfte：Abhandlungen zur Poetik，Ethik und Pädagogik［M］. hrsg. von MISCH G. Göttingen：Vandenhoeck & Ruprecht Verlag，1924：47.

② DILTHEY W. Gesammelte Schriften. Band VI. Die geistige Welt. Einleitung in die Philosophie des Lebens. Zweite Hälfte：Abhandlungen zur Poetik，Ethik und Pädagogik［M］. hrsg. von MISCH G. Göttingen：Vandenhoeck & Ruprecht Verlag，1924：47.

③ DILTHEY W. Gesammelte Schriften. Band VI. Die geistige Welt. Einleitung in die Philosophie des Lebens. Zweite Hälfte：Abhandlungen zur Poetik，Ethik und Pädagogik［M］. hrsg. von MISCH G. Göttingen：Vandenhoeck & Ruprecht Verlag，1924：48.

④ DILTHEY W. Gesammelte Schriften. Band VI. Die geistige Welt. Einleitung in die Philosophie des Lebens. Zweite Hälfte：Abhandlungen zur Poetik，Ethik und Pädagogik［M］. hrsg. von MISCH G. Göttingen：Vandenhoeck & Ruprecht Verlag，1924：47-48.

Gegenseitigkeit）"①，具有"完全不依赖于目的的道德价值"。②

除了上述三种综合外，狄尔泰还针对赫尔巴特提出的另外两个补充性要素——"公平"和"内在自由"理念进行了分析。首先，他指出，"公平"理念或者说"惩罚（Vergeltung）"理念只是着意于"制造价值世界和意志间的合比例关系（Herstellung des proportionalen Verhältnisses zwischen der Welt der Werte und den Willen）"③，但事实上却无关乎"单个的实践意志针对价值世界的行为"——个体的道德行为，因此更适于作社会学、政治学以及康德意味上宗教信仰的基础。"因为不然的话，惩罚就会成为我们自身的动机，它令我们始终被驱动通过增加痛苦来惩罚非议（Unrecht durch Zufügung eines Schmerzes zu vergelten）……"④ 狄尔泰认为，"惩罚"理念所表达的无非是一种"补偿（Ausgleichung）"，其实质或是出于对受害者个人的心灵或者其他方面的保护——一种"乔装的友善"，或是出于对以"维护道德相互作用"为基础的、普遍有效的道德法则的保护——一种"双重乔装的友善（doppelt verkleidetes Wohlwollen）"。⑤ 因此，那些深陷于复仇狂热，甚至牺牲自己生命的鲁莽行为，就像赫尔巴特所说都不过是一种"对反

① DILTHEY W. Gesammelte Schriften. Band VI. Die geistige Welt. Einleitung in die Philosophie des Lebens. Zweite Hälfte：Abhandlungen zur Poetik，Ethik und Pädagogik［M］. hrsg. von MISCH G. Göttingen：Vandenhoeck & Ruprecht Verlag，1924：48.

② DILTHEY W. Gesammelte Schriften. Band VI. Die geistige Welt. Einleitung in die Philosophie des Lebens. Zweite Hälfte：Abhandlungen zur Poetik，Ethik und Pädagogik［M］. hrsg. von MISCH G. Göttingen：Vandenhoeck & Ruprecht Verlag，1924：48.

③ DILTHEY W. Gesammelte Schriften. Band VI. Die geistige Welt. Einleitung in die Philosophie des Lebens. Zweite Hälfte：Abhandlungen zur Poetik，Ethik und Pädagogik［M］. hrsg. von MISCH G. Göttingen：Vandenhoeck & Ruprecht Verlag，1924：48-49.

④ DILTHEY W. Gesammelte Schriften. Band VI. Die geistige Welt. Einleitung in die Philosophie des Lebens. Zweite Hälfte：Abhandlungen zur Poetik，Ethik und Pädagogik［M］. hrsg. von MISCH G. Göttingen：Vandenhoeck & Ruprecht Verlag，1924：49.

⑤ DILTHEY W. Gesammelte Schriften. Band VI. Die geistige Welt. Einleitung in die Philosophie des Lebens. Zweite Hälfte：Abhandlungen zur Poetik，Ethik und Pädagogik［M］. hrsg. von MISCH G. Göttingen：Vandenhoeck & Ruprecht Verlag，1924：49.

对的扬弃（die Aufhebung eines Mißfallens）"①，也因此可以说是"一个令人满意的过程（ein gefallender Vorgang）"②，并不能改变对意志的"伦理鉴赏"无关乎真实的行为动机和准则的事实。针对赫尔巴特提出的"内在自由"理念，狄尔泰指出，它不但统辖其他四个理念并与他们共同构成"洞见（Einsicht）"，还表明"意志对洞见的服从"或者说"诸理念对意志的统治"，因此涵盖了"道德之物的最终本质"③。在明晰"内在自由"理念在赫尔巴特伦理学体系中的核心地位之后，狄尔泰继而提出了自身伦理学立场中与之地位相当的概念——"道德取向（Gesinnung）"④。

三、"道德取向"与服务于"类目的"的人类道德组织

那么，何谓"道德取向"？如上文所说，它在狄尔泰伦理学思想中是与赫尔巴特的"内在自由"理念地位相当的概念。狄尔泰在《试析道德意识》中曾明确指出："道德组织是善的基础，被实现的善（das verwirklichte Gute）就是道德取向。"⑤ 换句话说，狄尔泰提出的作为"被实现"的"道德组织"基础之上的"善"的"道德取向"，显然不

---

① DILTHEY W. Gesammelte Schriften. Band Ⅵ. Die geistige Welt. Einleitung in die Philosophie des Lebens. Zweite Hälfte：Abhandlungen zur Poetik，Ethik und Pädagogik ［M］．hrsg. von MISCH G. Göttingen：Vandenhoeck & Ruprecht Verlag，1924：49.

② DILTHEY W. Gesammelte Schriften. Band Ⅵ. Die geistige Welt. Einleitung in die Philosophie des Lebens. Zweite Hälfte：Abhandlungen zur Poetik，Ethik und Pädagogik ［M］．hrsg. von MISCH G. Göttingen：Vandenhoeck & Ruprecht Verlag，1924：49.

③ DILTHEY W. Gesammelte Schriften. Band Ⅵ. Die geistige Welt. Einleitung in die Philosophie des Lebens. Zweite Hälfte：Abhandlungen zur Poetik，Ethik und Pädagogik ［M］．hrsg. von MISCH G. Göttingen：Vandenhoeck & Ruprecht Verlag，1924：49.

④ DILTHEY W. Gesammelte Schriften. Band Ⅵ. Die geistige Welt. Einleitung in die Philosophie des Lebens. Zweite Hälfte：Abhandlungen zur Poetik，Ethik und Pädagogik ［M］．hrsg. von MISCH G. Göttingen：Vandenhoeck & Ruprecht Verlag，1924：50.

⑤ DILTHEY W. Gesammelte Schriften. Band Ⅵ. Die geistige Welt. Einleitung in die Philosophie des Lebens. Zweite Hälfte：Abhandlungen zur Poetik，Ethik und Pädagogik ［M］．hrsg. von MISCH G. Göttingen：Vandenhoeck & Ruprecht Verlag，1924：50.

同于康德意味上人类"奋发向上的情感"所无法染指的、只能源自善良意志的"善"。他重视的是人类活生生的生命经验，因而从未将抽象的、远离生命实践的意志概念视为行为动机的真正源头。而是在对生命经验的仔细观察中明确意识到，出自"行为的心灵的道德天性（der moralischen Natur der handelnden Seele）"的"道德意志得以与价值世界交往的实践行为方式"①，才是决定人类"向善方向（die Richtung auf das Gute）"②的关键。换言之，只有肯定那些构成人类天性的道德意志的实践行为方式，并使之成为它们被洞见的意志，才能够通达这一道德天性的完整、统一的意愿，才能够最终"把握、肯定、实现我们的存在目的"③。

而论及好的"道德取向"的持久确定性，狄尔泰则再次强调这与道德组织之间的密切关联④。一方面，前者不但"完全充斥"后者，还令其成为"一个有自我意识的整体（einem seiner selbst bewussten Ganzen）"；另一方面，二者还处于一种彼此高度依存的关系之中。但是，狄尔泰并不认同宗教就"道德取向"给出的种种说明。因为尽管它们在历史上曾经深刻影响人类心灵，促进人类道德组织的发展，但却在预设道德组织的统一性及其内在目的的前提下，将道德组织视作一系列适用于道德意识内容的"道德谓词"的基础。而这一点显然早已丧失其

---

① DILTHEY W. Gesammelte Schriften. Band VI. Die geistige Welt. Einleitung in die Philosophie des Lebens. Zweite Hälfte：Abhandlungen zur Poetik，Ethik und Pädagogik ［M］. hrsg. von MISCH G. Göttingen：Vandenhoeck & Ruprecht Verlag，1924：43.

② DILTHEY W. Gesammelte Schriften. Band VI. Die geistige Welt. Einleitung in die Philosophie des Lebens. Zweite Hälfte：Abhandlungen zur Poetik，Ethik und Pädagogik ［M］. hrsg. von MISCH G. Göttingen：Vandenhoeck & Ruprecht Verlag，1924：50.

③ DILTHEY W. Gesammelte Schriften. Band VI. Die geistige Welt. Einleitung in die Philosophie des Lebens. Zweite Hälfte：Abhandlungen zur Poetik，Ethik und Pädagogik ［M］. hrsg. von MISCH G. Göttingen：Vandenhoeck & Ruprecht Verlag，1924：50.

④ DILTHEY W. Gesammelte Schriften. Band VI. Die geistige Welt. Einleitung in die Philosophie des Lebens. Zweite Hälfte：Abhandlungen zur Poetik，Ethik und Pädagogik ［M］. hrsg. von MISCH G. Göttingen：Vandenhoeck & Ruprecht Verlag，1924：50.

自明性。

如果说狄尔泰通过对道德意识形式的分析，认识到它绝非一种对所有行为都具有相同约束性的单一存在物，那么在对道德意识的内容展开深入探究之后，他无疑进一步加深了对各种道德判断及行为动机所置身的多种道德意识形式及其独特性的认识。与此同时，这也促使他从"道德取向"以及人类道德组织的视角，重新思考如何克服道德法则的无条件性和变易性之间的矛盾①：他首先指出，道德法则的无条件性和变易性分别关涉"道德组织及其所包含的无条件性——道德取向把握善的凭借"，以及价值世界和对道德组织的说明；接下来，他进一步明晰了道德法则具有无条件性的前提条件——意志能够在道德法则中认识到"在道德取向中得到把握的道德组织的实现的一个必然部分"，并唯独无条件臣服于这一动机。最终道德法则便成为人类心灵中具有无条件性之物，而价值评判作为唯一可能影响其作为不可变易性的因素，也必须保证自身的必然性与普遍性，否则也会为道德法则带来陷入道德相对主义的风险。至于狄尔泰苦苦追寻的作为道德世界基础的综合要素的三个实践综合，它们固然在个体精神中均具有原初性且"不可互相归因"，但不可否认的是，这种多元性已包含了一种明确地对统一性的需求。而要解决二者间的矛盾，就必须跳出孤立的人类个体及其道德组织，并且摆脱将"正直"和"友善"视作粉饰悲惨人生的"美丽假面（schöne Masken）"②的观点。因为在他看来，人类道德组织根本上是以"类目的（dem Zweck der Gattung）"为服务对象，而不是以"同质

---

① DILTHEY W. Gesammelte Schriften. Band VI. Die geistige Welt. Einleitung in die Philosophie des Lebens. Zweite Hälfte：Abhandlungen zur Poetik，Ethik und Pädagogik［M］. hrsg. von MISCH G. Göttingen：Vandenhoeck & Ruprecht Verlag，1924：51.

② DILTHEY W. Gesammelte Schriften. Band VI. Die geistige Welt. Einleitung in die Philosophie des Lebens. Zweite Hälfte：Abhandlungen zur Poetik，Ethik und Pädagogik［M］. hrsg. von MISCH G. Göttingen：Vandenhoeck & Ruprecht Verlag，1924：52.

生存的人类的总和（die Summe der gleichlebenden Menschen）"作为自身存在的充足理由。① 换句话说，个体在人类社会中亘古不变的终极使命，绝非什么具有无条件价值的伦理理念，而是诸如种族延续之类的"类目的"。但遗憾的是，狄尔泰并未就人类道德组织服务于"类目的"的具体方式问题作出解答，但却强调对这一问题的回答无法从根本上跨越生命经验与形而上学之间的边界。例如，友善行为在旁观者与行为主体的不同视角下就会呈现为一种"悖论"——友善行为究竟是出于具有无条件价值的善良意志，还是出于对另一方幸福的考量。② 但有一点是确定无疑的，即狄尔泰始终反对将快乐情感视作说明人类存在的唯一基础，亦不认为那是唯一具有确定性的事实。例如：人类为了享有彼岸世界的"身后名（Nachruhm）"③，甘愿牺牲现世的快乐；人类对"好名声（der gute Name）"④ 的强烈需求，甚至可以超越任何道德动机对行为的影响，更能使某一礼俗伦常得以世代传承。狄尔泰称这种对"身后名"和"好名声"的追求为"内在价值的背面"⑤，与通过对生命经验的观察得出的"内在价值的道德综合"相对。从这一点出发就

---

① DILTHEY W. Gesammelte Schriften. Band VI. Die geistige Welt. Einleitung in die Philosophie des Lebens. Zweite Hälfte：Abhandlungen zur Poetik，Ethik und Pädagogik［M］. hrsg. von MISCH G. Göttingen：Vandenhoeck & Ruprecht Verlag，1924：52-53.

② DILTHEY W. Gesammelte Schriften. Band VI. Die geistige Welt. Einleitung in die Philosophie des Lebens. Zweite Hälfte：Abhandlungen zur Poetik，Ethik und Pädagogik［M］. hrsg. von MISCH G. Göttingen：Vandenhoeck & Ruprecht Verlag，1924：53.

③ DILTHEY W. Gesammelte Schriften. Band VI. Die geistige Welt. Einleitung in die Philosophie des Lebens. Zweite Hälfte：Abhandlungen zur Poetik，Ethik und Pädagogik［M］. hrsg. von MISCH G. Göttingen：Vandenhoeck & Ruprecht Verlag，1924：53.

④ DILTHEY W. Gesammelte Schriften. Band VI. Die geistige Welt. Einleitung in die Philosophie des Lebens. Zweite Hälfte：Abhandlungen zur Poetik，Ethik und Pädagogik［M］. hrsg. von MISCH G. Göttingen：Vandenhoeck & Ruprecht Verlag，1924：53.

⑤ 原文为"der Schatten dieses inneren Wertes"，此处有改动。DILTHEY W. Gesammelte Schriften. Band VI. Die geistige Welt. Einleitung in die Philosophie des Lebens. Zweite Hälfte：Abhandlungen zur Poetik，Ethik und Pädagogik［M］. hrsg. von MISCH G. Göttingen：Vandenhoeck & Ruprecht Verlag，1924：54.

不难理解，为何对某些行为不端者而言，对于在彼岸世界下地狱的恐惧，会远远胜过他们在此世获得的利益和快乐。这也为狄尔泰反对将快乐情感视作说明人类存在的唯一基础的做法提供了更为直接的证据。

在《试析道德意识》的最后，狄尔泰提出"揭示我们道德组织的内容对于人类的内在含义"的具体路径，又称之为"一切人类研究的最高、最难任务"①。首先，必须对快乐、价值、自为存在（das Fürsichsein）和目的这四个形而上学和心理学终极概念展开深入分析；之后，研究必然会转向道德世界；最终，历史和生命经验将被纳入研究视野。此后数十年间，狄尔泰不断对这样"一条根植于人类学-历史分析的心理-伦理进路（a psycho - ethical approach that is rooted in anthropological - historical analysis）"② 进行研究和探索。而后世学者公认的狄尔泰最为成熟的伦理学著述——《狄尔泰全集》（第十卷）《伦理学体系》（*System der Ethik*，1958）③，虽然只是他的学生整理出版的 1890 年柏林大学伦理学讲座遗稿［并且具有明显的提纲式和"断片式（fragmentar-

---

① 原文为 "Alle menschliche Forschung kennt keine höhere und keine schwierigere Aufgabe"，此处有改动。DILTHEY W. Gesammelte Schriften. Band VI. Die geistige Welt. Einleitung in die Philosophie des Lebens. Zweite Hälfte：Abhandlungen zur Poetik，Ethik und Pädagogik［M］. hrsg. von MISCH G. Göttingen：Vandenhoeck & Ruprecht Verlag，1924：55.

② 此处为马克瑞尔的总结，狄尔泰原文为："Wir können nur anthropologisch-historische Analysis mit der psychologisch - ethischen verknüpfen." DILTHEY W. Gesammelte Schriften. Band X. System der Ethik［M］. hrsg. von NOHL H. Göttingen：Vandenhoeck & Ruprecht Verlag，1958：79；MAKREEL R A. Wilhelm Dilthey［DB/OL］. //ZALTA E N（ed.）. Stanford Encyklopedia of Philosophy（Spring 2021 Edition）. URL = < http：//plato. standford. edu/ archives/spr2021/entries/dilthey/>，2021-12-10；MAKREEL R A，RODI F. Introduction to Volume VI［M］//MAKREEL R A，RODI F（ed.）. Selected Works，Volume VI：Ethical and Worldview-Philosophy. Princeton：Princeton University Press，2019：3.

③ CROWE B. Dilthey's Ethical Theory［C］//NELSON E S（ed.）. Interpreting Dilthey：Critical Essays. New York：Cambridge University Press，2019：160.

y）"① 特征]，但作为《狄尔泰全集》二十六卷本中唯一明确以伦理学为题且单独造册的一卷，却可以成为我们更全面了解狄尔泰构造性伦理学体系的整体架构及其发展变化的重要抓手。

---

① CROWE B. Dilthey's Ethical Theory ［C］//NELSON E S （ed.）. Interpreting Dilthey：Critical Essays. New York：Cambridge University Press，2019：166. MAKREEL R A. Dilthey，Wilhelm ［Z］//LaFollette H （ed.）. The International Encyclopedia of Ethics. Oxford：Blackwell Publishing Ltd.，2013：1358.

第四章　狄尔泰的构造性伦理学体系

——以《伦理学体系》为核心

　　如前文所述①，狄尔泰曾在 1890 年 1 月给约克伯爵的一封长信中，提及自己正为即将在每周二新开的一门"夏季学期伦理学讲座（Sommervorlesung über Ethik）"制订教学计划，这令他"终日心潮澎湃地"②期望能够借此完结对自身哲学思想的系统性思考。1958 年，他的学生

---

①　详见本书绪论第三部分论述"国外对狄尔泰哲学思想的研究现状"的部分。

②　原文为："Dies hat mir denn ganz anders den Kopf heiß gemacht und tut es noch alle Tage."此处有改动。DILTHEY W. Gesammelte Schriften. Band X. System der Ethik［M］. hrsg. von NOHL H. Göttingen：Vandenhoeck & Ruprecht Verlag，1958：9.

诺尔依据该讲座遗稿整理出版《狄尔泰全集》（第十卷）《伦理学体系》①。该卷以第二部分和第三部分为核心章节，较为全面地展现了伦理在个体以及社会中如何在最为基础的生命体的冲动、本能与欲望之上得以形成和进化的全过程，充分阐释了"伦理进化"的内在逻辑。正如马克瑞尔所说，狄尔泰在《伦理学体系》中对于以先验方式回答伦理学问题的早期立场进行重要反思，尽管仍然为道德意识的先验判断留有空间，但其关注点已不再是试图将道德规范的无条件要求置于伦理学的社会和历史问题的关系之中，而是发展出一种与时代紧密相关的"实践伦理学"。

　　尽管最终出版的《伦理学体系》的内容和结构与给约克伯爵的信

---

①　该讲座在遗稿中编号为 C 22 Blatt 255 bis 426，93 bis 232，原文冠以"伦理学体系（System der Ethik）"之名。但诺尔也指出，在相关笔记中也出现了诸如"在其历史发展中的社会伦理学原则（Die Prinzipien der Sozialethik in ihrer geschichtlichen Entwicklung）""伦理学作为一门按其基本特征发展起来的的经验科学（Ethik als Erfahrungswissenschaft nach ihren Grundzügen entwickelt）"以及"实践哲学（Praktsiche Philosophie）"等不同叫法。该卷共包含三大部分和两个附录：第一部分主要回顾和分析了当代伦理学面临的问题及三种主要解决方法，并尤其对以边沁和密尔为代表的功利主义的概念、原则和方法等进行了整体批判，提出了道德理解的认识论原则；第二部分以"意志与伦理禀赋（Der Wille und die sittlichen Anlagen）"为总标题，共包含二十一个小节；第三部分以"伦理进化与社会伦理学原则"为总标题，共包含十二个小节；最后的附录，共收录了两个断片——"实践哲学（Praktsiche Philosophie）"和"共同幸福与个人伦理（Gemeinwohl und persönliche Sittlichkeit）"。DILTHEY W. Gesammelte Schriften. Band X. System der Ethik［M］. hrsg. von NOHL H. Göttingen：Vandenhoeck & Ruprecht Verlag，1958：5-7，11.

中表达的最初构想并不完全一致①，但无可争议的是，这部书仍是理解
和研究狄尔泰伦理学核心立场的首要文献。目前出版的版本并非讲座手
稿的第一稿，而是参照当时的学生讲座笔记对内容和顺序进行调整后的
结果。与信中的最初设想相比，最引人注意的莫过于他将第一部分一半
篇幅贡献给对以边沁和密尔为代表的功利主义或者说自由主义社会学说
的批判。马克瑞尔就曾指出，狄尔泰貌似对密尔的功利主义及其不足之
处有些过分关注。② 但克洛却认为，狄尔泰对密尔观点的部分赞同与批

---

① 狄尔泰在信中介绍了对该伦理学讲座的基本设想和整体架构："我从心理生命结构，从本
能系统出发。我在当下现代伦理学家所面临的进化的河流极其模糊的可能性中找到的立
足点，是可由心理学加以认识的人类天性（die psychologisch erkennbare Natur des Men-
schen），它们是如何构成我们人类心灵、自我意识及其他的。我们在自身中发现的心理
关联，被我视作坚实的立场。当然，思考的一切能量都被集中于展现自我意识中存在一
点不可消解之物……人的核心是一捆儿本能。我把这一捆儿拆开。我展示，意志的特征
如何就像我所阐明的那样（诗学），按照心理法则作为一个更高级生命的特征产生：其中
一个就是在每种状态下起作用的内在提升（innere Steigerung）……另一个更高级的特征，
与它的来源组合到一起，在于我们而非原子在各种具体的本能中拥有一种由告知、参与、
共同点等共同决定的特征。第三个更高级的特征，是我们在自身的心理构造中把将他人
作为自身目的去敬重（andere als Selbstzweck zu beachten）并将其视作对我们必要之事。
但这一切在我的论述中将包含一定的经验强度（mit einer gewissen empirischen Härte）以及
对从我们本能生命的差异和失调（Diskrepanzen und Dissonanzen unseres Trieblebens）中艰
难脱身的人类与个体不带偏颇的认可。第二部分是对劳动分工、差异化以及适应等社会
中宏大的社会进程以及其中被构造的社会外在组织和文化系统的描述。这里会加入对
《精神科学导论》（第一卷）的经验补充部分。第三部分表明，在这些条件下，在各种如
此构造的个体之中，在这样一个社会当中，伦理进程如何不可阻挡地带来了人类的道德
发展/进化（die moralische Entwicklung der Menschheit）……第四部分要说明伦理体系或者
说伦理时代（Sittenepochen）的诞生，并对其进行描述。第五部分，描绘当下的道德年代
（das gegenwärtige moralische Weltalter）并区分其中彼此相争的道德体系。第六部分展现作
为生命经验的个性（Personalität）、忠诚（Treue）、共同体（Gemeinschaft）、文化系统的
自我价值（Selbstwert der Kultursysteme）和每一个体的自我目的（Selbstzweck jedes Indivi-
duums）如何向我们确保一种我们只在活生生的经验中自我占有的，但却不能被抽象表达的
形而上学关联（eines metaphysischen Zusammenhangs）——我称作形而上学意识（metaphys-
isches Bewusstsein）之物。这样，对经验之物不带偏颇的理解就可以自证并处驳斥其具
有的非超验的，但从价值和意义上看为一种形而上学之物的实在含义（Realsinn）和实在
关联（Realzusammenhang）。" DILTHEY W. Gesammelte Schriften. Band X. System der Ethik
[M]. hrsg. von NOHL H. Göttingen: Vandenhoeck & Ruprecht Verlag, 1958: 9-11.

② MAKREEL R A. Dilthey, Wilhelm [Z] //LaFollette H (ed.). The International Encyclopedia
of Ethics. Oxford: Blackwell Publishing Ltd., 2013: 1358.

判，恰恰是促使他发展出包括"多元性（Plurality）"在内核心伦理学立场的重要影响因素。①

第一节　人类学-心理学视角下道德规范的可能性

狄尔泰认为，每一门真正的伦理学都必须是哲学伦理学，即都必须基于理论认识得出指导个体生活实践和引领社会发展的原则。因此，即便19世纪末自然科学进步、资本主义发展以及社会主义运动等带来欧洲传统社会道德基础的瓦解，他仍然将"阐明不仅能够指导个体生活，还能够给出面对社会生活主要问题的抉择原则"② 确立为哲学的任务。换句话说，他期待的真正的伦理学，必须能够明确提出对当下个体和社会的实践活动起到变革性作用的伦理原则并能为之提供必要证明的"社会伦理学（Sozialethik）"③。

一、伦理学的实践指向性转变

与《试析道德意识》中仍然有强烈的康德印记的道德意识二分法形成强烈反差的，是他在《伦理学体系》中明确提出要从心理生命的结构关联出发，将思维与认识的关系理解为一种类似于生物学刺激-反应机制的目的性结构关联（teleologischer Zusammenhang），并进而将思维（das Denken）视作必须在行为中"被践行（umgesetzt werden）"

① CROWE B. Dilthey's Ethical Theory [C] //NELSON E S（ed.）. Interpreting Dilthey: Critical Essays. New York: Cambridge University Press，2019：159.

② DILTHEY W. Gesammelte Schriften. Band X. System der Ethik [M]. hrsg. von NOHL H. Göttingen: Vandenhoeck & Ruprecht Verlag，1958：13.

③ DILTHEY W. Gesammelte Schriften. Band X. System der Ethik [M]. hrsg. von NOHL H. Göttingen: Vandenhoeck & Ruprecht Verlag，1958：13.

的、连通印象与内在反应的关键。① 他谋求的是一门与那些 "不令人满意的（unbefriedigend）" 传统哲学相对的 "充满生命力的实践哲学（die lebenskräftige，praktische Philosophie）"，是一门以 "确定生命中何物具有意义和价值" 为任务、以 "为实践行为确定路径和目标的最高原则" 为研究对象的理论科学，因此也在一定意义上实现向柏拉图和亚里士多德时代实践哲学任务的复归。②

而究极当时人们热情高涨地研究道德科学的原因，狄尔泰指出，其根源在于欧洲社会基督教道德瓦解后令日常行为原则充满 "不确定性" 的四点现状③：第一，自然科学的进步指明人的动物性本质，也使得人们对社会历史的理解日益受到现代生物学诸如适者生存和遗传等主要原则的影响。例如，由 "心理物理生命单元" 产生出 "生命理想此岸性的宗教形而上学原则（religiös-metaphysisches Prinzip der Diesseitigkeit des Lebensideals）"，又如孔德和斯宾塞的理论对历史性生命形式分析带来的深刻影响。第二，在新的社会历史条件下产生狄尔泰所谓的 "社会问题" ——新诞生的工人阶级提出参与社会改造的要求并因此带来一系列社会争端。尽管由于受到自身所处时代与阶级观念的局限性而对法国大革命以降奋力谋求参政议政的有教养的中产阶级持支持态度，他还是对后者任由自身不断增长的对财富的欲望支配 "国家治理术（Staatskunst）" 的做法提出明确批评，并将此认定为撼动欧洲社会基础的重要原因。而在简要回顾巴贝夫（Francois Noël Babeyf）、圣西门（Claude-Henri deRouvroy）、孔德以及傅里叶（Baron Jean Baptiste Joseph

① DILTHEY W. Gesammelte Schriften. Band X. System der Ethik ［M］. hrsg. von NOHL H. Göttingen：Vandenhoeck & Ruprecht Verlag，1958：13.
② DILTHEY W. Gesammelte Schriften. Band X. System der Ethik ［M］. hrsg. von NOHL H. Göttingen：Vandenhoeck & Ruprecht Verlag，1958：13-14.
③ DILTHEY W. Gesammelte Schriften. Band X. System der Ethik ［M］. hrsg. von NOHL H. Göttingen：Vandenhoeck & Ruprecht Verlag，1958：14-17.

Fourier）等早期社会主义思想家的核心理论原则后，狄尔泰虽然对前者不再将财产、婚姻以及家庭视作"社会及其行为不可变易的基础"的观点表示赞同，但对其以人的动物性和适者生存等现代生物学原则作为个体和社会存在和变化的唯一原则的观点表示怀疑。与此相比，他更加欣赏的是社会主义的"现代科学形式"——以马尔萨斯的人口论及李嘉图（David Ricardo）的人口定律为代表、尤以马克思的《资本论》为大成、以拉萨尔为后继的现代政治经济学。但狄尔泰并未因此支持通过彻底的社会主义革命打破旧有的社会秩序、改变工人阶级"最贫穷的可忍受的生活方式"的做法，而是寄希望于改变财产、婚姻以及家庭关系等社会现实条件。第三，基督教神学完成对自身历史和教义的完整阐释，最终形成天主教、新教正教和宗教怀疑主义三足鼎立之势，尤其是天主教凭借其稳固的神学道德体系成为当时欧洲社会"最有力的纽带"。但狄尔泰也指出，现代科学发展对神学道德的冲击是如此之巨大，以至于当人们在先验的信仰世界与现实的此岸世界间无法抉择时，往往依靠自身本能作出反应，最终达成"一种世界和科学的内在一致性"。第四，包括绘画与文学创作在内的艺术领域也时刻反映着与社会的抗争。例如以巴尔扎克（Honoré · de Balzac）、大仲马（Alexandre Dumas）、陀思妥耶夫斯基（Fyodor Mikhailovich Dostoevsky）和易卜生（Henrik Ibsen）为代表的时代文豪，都试图从人的动物性本质出发解答"无教养阶层的道德贫困"难题，而不再像 18 世纪的作家们在小说以及戏剧作品中谋求有教养阶层的"内在发展"。但在狄尔泰看来，他们的文学创作在如实描述尘世的腐败不堪之外，都缺少一种必要的、能够"给予更大幸福的新构想"（注：原文为"Eine neue, mehr Glück gewährende Konzeption"，此处语序有改动），以至于他们在戏剧和小说中对伦理问题的探讨都简单回溯到毫无差别的人的动物性本质，缺乏必要的伦理深度与独创性。

　　在狄尔泰看来，上述复杂的社会巨变，一方面使得"能够说明生命的意义和确定其目标"的原则的学说，已不再可能是被自然科学瓦解存在基础的旧理论（这自然也包括在其"现有版本"中丧失其有效性的基督教学说）；另一方面却也再次凸显出伦理学问题的重要性、紧迫性与复杂性，即如何才能在既不背离科学也不否定工人运动正当性的情况下找到解决"悬而未决"的社会问题的原则。① 狄尔泰认为，能做到这一点的只能是一门能够跳出单一个体并在解决社会重大问题方面起到引领作用的社会伦理学。而为了确定这样一门社会伦理学所使用的伦理学方法，他首先将目光投向传统伦理学方法，并在对它们进行分类和细致分析的基础上，明晰对自身伦理学方法的认识。

二、伦理学的方法论改造

　　狄尔泰对传统伦理学方法的批判，主要着眼于对其方法科学性的考量。在他看来，"科学方法就是一种按基本原则规定的程序，它将天生供我们支配的思维能力运用于经验资料，以借助于完全确定的概念和完全有理由的判断达成一种在思维或行为关联中产生的目的（einen im Zusammenhang des Denkens oder Handelns entstehenden Zweck）。"② 因此，各种伦理学方法均服务于这一"目的"，只是在理论基础和论证方式等方面存在差异。基于这一认识，他将传统伦理学方法划分为三大类——形而上学方法（die metaphysische Methode）③、内在经验方法（die Meth-

---

① DILTHEY　W. Gesammelte　Schriften. Band　X. System　der　Ethik　［M］. hrsg. von　NOHL H. Göttingen：Vandenhoeck & Ruprecht Verlag，1958：17.

② DILTHEY　W. Gesammelte　Schriften. Band　X. System　der　Ethik　［M］. hrsg. von　NOHL H. Göttingen：Vandenhoeck & Ruprecht Verlag，1958：18.

③ DILTHEY　W. Gesammelte　Schriften. Band　X. System　der　Ethik　［M］. hrsg. von　NOHL H. Göttingen：Vandenhoeck & Ruprecht Verlag，1958：18.

ode der inneren Erfahrung)① 以及道德群体现象、社会团体、组织、历史关联研究方法（die Methode des Studiums der moralischen Massenerscheinungen, der sozialen Verbände und Organisationen und des geschichtlichen Zusammenhangs)② 或者说社会伦理学方法（die Methode der sozialen Ethik）③。

（一）传统伦理学方法之争

上文所说的形而上学方法，指的是"由世界关联（Weltzusammenhang）推导出生命评价（Lebenswertung）以及生活（Lebensführung）的稳定的、普遍有效原则"④ 的方法。作为一种抽象的哲学研究方法和重要的古代生命/生活观（Lebensansicht），狄尔泰共为它列出四条"稳定的、普遍有效的原则"，分别为彰显源自古代民族积极伦理意识和生命/生活观的"天国的伦理行动原则（das Prinzip der sittlichen Aktion in einem Gottesreiche）"、依靠源自古印度宗教"静观（Kontemplation）"的力量来把握生命中不可变易之物的"否定世界原则（das Prinzip der Weltverneinung）"、源自凯尔特人和斯拉夫人凸显个体生命本能的自然构造性力量的"自我持存原则（das Prinzip der Selbsterhaltung）"以及自然科学发展带来的崇尚唯物主义生命观的"动物性原则（das Prinzip der Animalität）"。⑤ 但在狄尔泰看来，形而上学方法的上述原则不仅无

---

① DILTHEY W. Gesammelte Schriften. Band X. System der Ethik ［M］. hrsg. von NOHL H. Göttingen：Vandenhoeck & Ruprecht Verlag, 1958：20.

② DILTHEY W. Gesammelte Schriften. Band X. System der Ethik ［M］. hrsg. von NOHL H. Göttingen：Vandenhoeck & Ruprecht Verlag, 1958：23.

③ DILTHEY W. Gesammelte Schriften. Band X. System der Ethik ［M］. hrsg. von NOHL H. Göttingen：Vandenhoeck & Ruprecht Verlag, 1958：25.

④ DILTHEY W. Gesammelte Schriften. Band X. System der Ethik ［M］. hrsg. von NOHL H. Göttingen：Vandenhoeck & Ruprecht Verlag, 1958：18.

⑤ DILTHEY W. Gesammelte Schriften. Band X. System der Ethik ［M］. hrsg. von NOHL H. Göttingen：Vandenhoeck & Ruprecht Verlag, 1958：18-19.

视人类自身经验以及不同族群伦理学原则的差异性，而且其用于证明自身普遍有效性的基础——一种基于不可科学验证的"知觉（Wahrneh-mungen）""思维法则（Denkgesetzen）"和"思维运作（Denkopera-tionen）"的"理性的道德世界基础"（注：原文为"Ein vernünftiger moralischer Weltgrund"，此处有改动）也无法实现思维对现象的根本性超越。① 因此，狄尔泰认为，若要打破形而上学伦理学原则与形而上学理论间形成的这种僵死的"循环"，就只能求助于另一种伦理学方法——内在经验方法。

内在经验方法指的是一种"由自我意识中被给定的内在经验出发确定生命的意义以及行为的目标"② 的方法。在狄尔泰看来，这不仅体现于以晚期斯多葛学派，以西塞罗（Marcus Tullius Cicero）和普罗提诺（Plotinus）为代表的古代哲学家对具有独立性的主体内在性内容的强调上，更突出表现在基督教《耶稣圣言录》（*die Logia*）等经典作品中由耶稣所承载的深刻的伦理意识中，即以一种"令超验世界宛若河中倒映的星辰（sich die transzendentale Welt gleichsam wie Sterne in einem Fluß）"般的方式，将基督教"积极的伦理生命感（aktiven ethischen Lebensgefühls）"与"完满"视作"由痛苦、卑微和牺牲在生命关联中带来的力量展开中对自我的提升（die Steigerung des Selbst in der Kraft-entfaltung）"的观点相联结，而"良心（das Gewissen，consceintia）"就是对这一原则的表达。③ 因此也就不难理解，为何在形而上学时代形而上学方法与内在经验方法往往混杂在一起，甚至走向神秘主义。狄尔

---

① DILTHEY W. Gesammelte Schriften. Band X. System der Ethik［M］. hrsg. von NOHL H. Göttingen：Vandenhoeck & Ruprecht Verlag，1958：19-20.
② DILTHEY W. Gesammelte Schriften. Band X. System der Ethik［M］. hrsg. von NOHL H. Göttingen：Vandenhoeck & Ruprecht Verlag，1958：20.
③ DILTHEY W. Gesammelte Schriften. Band X. System der Ethik［M］. hrsg. von NOHL H. Göttingen：Vandenhoeck & Ruprecht Verlag，1958：20.

泰指出，只有借助于对经验内容的分析才能彻底瓦解实体和因果性等形而上学基础性概念，进而摧毁"世界关联的形而上学纽带"①。而这正是笛卡尔、洛克以及休谟等现代哲学家的突出贡献。内在经验方法能够被运用于伦理学领域，首先要归功于宗教改革运动的历史推动作用。它不但使个体成了独立的道德主体以及伦理过程的唯一目标，也为在"个人内在经验事实性"（Tatsächlichkeit der inneren Erfahrung der Person）或者说"关于自身道德自由不可消解的人类基础情感"（unauflöslichen Grundgefühl des Menschen von seiner moralischen Freiheit）的基础之上区分伦理过程的彼此关联方式以及"关乎责任意识的意志行为独立感（Gefühl der Independenz der Willenshandlung）"② 提供必要前提。但需要注意的是，狄尔泰这里所说的"自由"并非什么形而上学客观之物，更准确地说这是一种对道德主体自由感（Freiheitgefühl）或者"一种意识状态，一种伴随在我之中一定关联的情感（den Bewusstseinszustand，ein Gefühl，welches gewisse Verbindungen in mir begleitet）"③ 的肯定。

　　另一方面，狄尔泰也清晰认识到，这种对个体视域的限制必然会带来对作为个体生命表达的各种具体伦理原则的历史相对性的质疑，但他并不认同休谟和康德等人所说的人类可以逐步获得一种普遍有效的道德原则的观点。因为个体道德意志形式的发展建立于个体良心（das Gewissen des Individuums）的基础之上，而道德意志形式的最普遍特征恰恰在于"通过意志活动（Willensarbeit）……去克服本能的游戏（das

---

① DILTHEY W. Gesammelte Schriften. Band X. System der Ethik ［M］. hrsg. von NOHL H. Göttingen：Vandenhoeck & Ruprecht Verlag，1958：21.

② DILTHEY W. Gesammelte Schriften. Band X. System der Ethik ［M］. hrsg. von NOHL H. Göttingen：Vandenhoeck & Ruprecht Verlag，1958：21.

③ DILTHEY W. Gesammelte Schriften. Band X. System der Ethik ［M］. hrsg. von NOHL H. Göttingen：Vandenhoeck & Ruprecht Verlag，1958：22.

Spiel der Triebe）"①，即通过类似心理学实验的方法由本能生命和自我
持存等道德意志更低级的部分推导出责任意识、道德法则以及自我牺牲
等更高级的部分。因此，各种具体的个体伦理原则难分伯仲，人们既不
可能从同情原则推导出约束性或者"更高级诸善的自我价值（die
Selbstwerte der höheren Güter）"②，也不可能通过联想等个体内在心理
学过程得出个人利益原则与义务、自我牺牲等更高级道德事实的必然关
联性。面对深受自身所处文化影响、充满变易性的伦理原则和伦理内
容，狄尔泰提出，只有从"对道德生命历史发展的整体组织的观察
（die Betrachtung der ganzen Organisation einer geschichtlichen Entwicklung
des sittlichen Lebens）"或者一种"社会历史立场（der sozial-geschichtli-
che Standpunkt）"出发，才可能真正解决伦理学的难题。③

　　狄尔泰归纳出的第三种传统伦理学方法是"道德群体现象、社会
团体、组织以及历史关联研究方法"或者说"社会伦理学方法"，指的
是一种通过研究人类"社会历史共同生命/共同生活（dem sozialge-
schichtlichen Zusammenleben der Menschen）"来确定道德规范的来源和
基础的方法，谋求"通过具有伦理生产特征的团体中的各个主体间的
关联（Zusammenhang der Einzelsubjekte in Verbänden von ethisch produk-
tivem Charakter）真正实现一种更高的道德生命"——一种由单个个体
在彼此关联中经历"共同体精神（Gemeingeist）"对它们的内在进行
构造后最终形成的产物。④ 狄尔泰将当时的社会伦理学分为两派——受

---

① DILTHEY W. Gesammelte Schriften. Band X. System der Ethik ［M］. hrsg. von NOHL
　 H. Göttingen：Vandenhoeck & Ruprecht Verlag，1958：22-23.
② DILTHEY W. Gesammelte Schriften. Band X. System der Ethik ［M］. hrsg. von NOHL
　 H. Göttingen：Vandenhoeck & Ruprecht Verlag，1958：23.
③ DILTHEY W. Gesammelte Schriften. Band X. System der Ethik ［M］. hrsg. von NOHL
　 H. Göttingen：Vandenhoeck & Ruprecht Verlag，1958：22.
④ DILTHEY W. Gesammelte Schriften. Band X. System der Ethik ［M］. hrsg. von NOHL
　 H. Göttingen：Vandenhoeck & Ruprecht Verlag，1958：23-24.

到历史学派影响、由历史研究出发观察理性关联在人类进化过程中发展变化的德国进化论学派，以及以生物学为出发点、持有功利主义伦理立场的英法进化论学派。前者通过对不同民族语言、神话以及古代诗学的研究，打破内在经验方法将个体视为道德唯一基础的旧观点，也使得"处于人类天性中的道德身份（sittliche Identität）得以在历史生命的各个层级中实现自我构造（bildet sich）"，却在"共同体精神"和个体生命的关系问题上错失科学促进人类"世界关联"意识日益清晰化的重要使命。而后者的三个代表人物边沁、密尔和斯宾塞（Herbert Spencer），或是单纯追求幸福/快乐"量"的最大化而陷入价值平均化的泥沼，或是加入对幸福/快乐情感"质"的考量却自我禁锢于对个体伦理的思考，或是仅将生物学的适应与遗传理论确立为伦理原则而陷入伦理相对主义的困境。①

综上可知，上述三种传统伦理学方法均未能达到狄尔泰对伦理学方法的期待——"阐明伦理世界事实并得出普遍有效的行为原则"②。但三者之间的关系却表明，人的内在经验在批判意识的作用下不仅可以为形而上学意识提供坚实基础，也可以与进化论学说达成某种一致。狄尔泰据此提出"自身思义"的伦理学方法，并将其视作平息传统伦理学方法纷争的唯一手段："只有从自身思义和批判意识出发，借助于对感官假象的扬弃（Aufhebung des Sinnesscheins）以及纯粹的理智观（Verstandesansicht），伦理学才能得以保存（aufrechterhalten）。"③ 但这显然与当时在德国乃至全欧洲居统治地位的功利主义伦理学立场产生巨大

① DILTHEY W. Gesammelte Schriften. Band X. System der Ethik [M]. hrsg. von NOHL H. Göttingen: Vandenhoeck & Ruprecht Verlag, 1958: 24-26.

② DILTHEY W. Gesammelte Schriften. Band X. System der Ethik [M]. hrsg. von NOHL H. Göttingen: Vandenhoeck & Ruprecht Verlag, 1958: 26.

③ DILTHEY W. Gesammelte Schriften. Band X. System der Ethik [M]. hrsg. von NOHL H. Göttingen: Vandenhoeck & Ruprecht Verlag, 1958: 28.

分歧。

（二）功利主义作为"感性理智观与伦理意识的折中"

狄尔泰认为，从哲学史角度来说，功利主义与自然神学和自然法权思想以及启蒙运动时期的诸思想派别一脉相承。启蒙运动时期的思想家都基本认同一种"寓居（einwohnen）"① 于人类诸文化系统中的理性的存在，并认为它可以在一种包含实践行为原则的理性关联中被阐明。这直接影响了欧洲政治发展进程，不仅助力法国推翻封建势力与天主教势力建立的旧社会秩序，还在德国引发了一场自上而下的社会改革运动。尽管狄尔泰对其后继者的英国功利主义并非持全盘否定态度，但作为《伦理学体系》的最主要批判对象，狄尔泰还是对其代表人物边沁和密尔的伦理学思想进行了细致的考察和批判。

边沁作为英国功利主义理论的创立者，提出了"最大幸福"原则并将其视作决定行为规准的唯一因素。由此出发，他对当时英国的法律状况提出严厉批评，希望能够彻底打破旧有的国家立法和伦理法则制定程序，并为解决立法和社会伦理学问题找到具体方法。狄尔泰之所以将其视为"现代社会伦理学的奠基人"②，也正是由于他将关注点由对个体"道德取向"的作用转向对国家实践行为影响的考量。从方法来说，边沁通过对快乐和不快情感进行强度、持久度、确定性和广延性等指标的测量，确定它们对于解决具体伦理任务的价值。其中，他提出的对"恶"的等级划分，被狄尔泰视为功利主义最具实践价值之处，因为并非只有引发谋杀之类的"大恶"（注：原文为"Übel der ersten Ordnung"，

① DILTHEY W. Gesammelte Schriften. Band X. System der Ethik ［M］. hrsg. von NOHL H. Göttingen：Vandenhoeck & Ruprecht Verlag, 1958：29.
② DILTHEY W. Gesammelte Schriften. Band X. System der Ethik ［M］. hrsg. von NOHL H. Göttingen：Vandenhoeck & Ruprecht Verlag, 1958：30.

此处有改动）行为才应受到指责，那些诸如偷盗之类从结果上看并非十恶不赦的行为也会使"小恶"（注：原文为"Übel der zweiten oder dritten Ordnung"，此处有改动）在人类共同体关联中不断蔓延。① 此外，他还清晰地认识到，个体幸福的增长幅度取决于财富分配的数量与个体已占有财富的比例关系，因此要使某一社会"平均地"实现"最大幸福"原则，必须将这一点纳入考量。尽管狄尔泰对边沁的部分观点表示认同，但总的来说他并不赞同后者将对情感的"测量（die Abmessung）"作为国家立法者获取社会生活组织规准的方法。归根到底，这种对快乐和不快情感"量"的统计方式，并未触及它们"质"的差别，因此也不过是一种"与人类生命感不一致的""脱离真正的本能和需求"的纯粹假说②，终究会被另一种以人类本能以及社会功能为出发点的社会伦理学方法所取代。另一方面，边沁试图通过物理、道德、政治和宗教等方面的多种"惩罚（Sanktion）"来固化功利主义原则或者强化道德动机的努力，但也只限于建立外在行为和善恶判断间的稳定关联，未曾真正触及人的良心。

密尔同样将"最大幸福"原则视作人类一切行为的终极目标以及唯一的伦理评价标准，但在具体方法上有别于边沁。最突出的一点就在于他除了对快乐和不快情感进行"量"的统计之外，还加入对其"质"的测量。狄尔泰对此表达明确的认同态度："没有一个产生纯粹精神和社会情感（rein geistige und soziale Gefühle）能力的人，还会不顾及伦理方面的考量，愿意用这种情感能力去换取最大数量的和不间断的纯粹感

---

① DILTHEY W. Gesammelte Schriften. Band X. System der Ethik ［M］. hrsg. von NOHL H. Göttingen：Vandenhoeck & Ruprecht Verlag, 1958：31.

② DILTHEY W. Gesammelte Schriften. Band X. System der Ethik ［M］. hrsg. von NOHL H. Göttingen：Vandenhoeck & Ruprecht Verlag, 1958：32.

官享受（rein sinnlicher Genüsse）。"① 换句话说，人对生命满意与否，并非主要取决于外在环境条件，而在很大程度上受到个体间精神发展水平差异的影响。而功利主义伦理学所高举的"趋乐避苦"的人生大旗，在狄尔泰看来也彰显出一种与悲观主义相对的积极的生命观，即不因人类社会组织以及人的知识水平和伦理意愿等各方面的不堪状况，去否定生命的实际价值以及变革这一状况的可能性。"功利主义所主张的一切，就是自我牺牲（Selbtverleugnung）行为也必须具有一种幸福主义的背景，如果它们想要拥有伦理有效性。"② 但在表示赞同之余，狄尔泰也提出自己的担心——想要在密尔的意义上实现"最大多数人的最大幸福"的目标恐怕会存在很大的历史性困难："伦理之物……只有作为一种发展的产物才能被理解。"③ 因为随着目标群体所在的共同体在历史发展进程中逐步扩大直至具有某种普遍意义，这一伦理学原则显然也将"不会那么同样适用（nicht ebensogut... sich eignet）"④。此外，从联想心理学的角度来看，意志也正是在这一过程中逐步独立于最初所依赖的偏好与本能，转而谋求那些与快乐和不快、幸福与不幸建立稳定关联的事物。尽管这种"反思和有意识的意愿相对于直觉的胜利（eines Sieges der Reflexion und bewußten Wollens über die Instinkte）"⑤ 为密尔所倡导的伦理教育提供必要的理论支撑，但另一方面他又企图通过教育和立法的手段解决功利主义解释利他行为动机时存在的困难，似乎

---

① DILTHEY W. Gesammelte Schriften. Band X. System der Ethik ［M］. hrsg. von NOHL H. Göttingen：Vandenhoeck & Ruprecht Verlag, 1958：35.
② DILTHEY W. Gesammelte Schriften. Band X. System der Ethik ［M］. hrsg. von NOHL H. Göttingen：Vandenhoeck & Ruprecht Verlag, 1958：38.
③ DILTHEY W. Gesammelte Schriften. Band X. System der Ethik ［M］. hrsg. von NOHL H. Göttingen：Vandenhoeck & Ruprecht Verlag, 1958：37.
④ DILTHEY W. Gesammelte Schriften. Band X. System der Ethik ［M］. hrsg. von NOHL H. Göttingen：Vandenhoeck & Ruprecht Verlag, 1958：36.
⑤ DILTHEY W. Gesammelte Schriften. Band X. System der Ethik ［M］. hrsg. von NOHL H. Göttingen：Vandenhoeck & Ruprecht Verlag, 1958：38.

主动走向自身伦理学原则的反面——"为了能够提升人类幸福的诸种情感而牺牲由他的原则得出的思考结论（die gedankenmäßigen Konsequenzen）"①。但在狄尔泰看来，无论教育能够多么完美地建立幸福与普惠行为之间的关联，也无论立法有多大的可能性实现个人利益与共同利益间的和谐，它们的作用范围都是十分有限的。密尔走向自身伦理学原则的反面，还突出表现在他试图在休谟的同情理论以及关于个体和他人同一性的宗教理论中寻求解决功利主义无法解释利他行为动机的答案，希望能够借助"一种天生的道德禀赋（eine moralische angeborene Anlage）和一种晦暗不明的形而上学前提为绝望的功利主义构建避难所"②。他甚至还明确提出了"个体发展/进化原则（das Prinzip der individuellen Entwicklung）"或者说"自我发展/进化义务（die Pflicht der Selbstentwicklung）"③。密尔上述明显与功利主义"最大幸福"原则相违背的理论"自答"行为，在克洛看来却成为启发狄尔泰提出伦理价值多元性理论的重要资源，并最终令后者与其达成某种一致。④

　　总的来说，狄尔泰深刻认识到，英国功利主义建立于"个人幸福与共同幸福之间天然和谐"⑤ 的虚幻前提之上，其通过教育和立法达到个体自愿接受社会领导原则的目的是根本无法达成的。"整个幸福主义就是纯粹的道德心理假象（der bloße psychische Schein der Moral）。"⑥

---

① DILTHEY W. Gesammelte Schriften. Band X. System der Ethik ［M］. hrsg. von NOHL H. Göttingen：Vandenhoeck & Ruprecht Verlag，1958：39.

② DILTHEY W. Gesammelte Schriften. Band X. System der Ethik ［M］. hrsg. von NOHL H. Göttingen：Vandenhoeck & Ruprecht Verlag，1958：39.

③ DILTHEY W. Gesammelte Schriften. Band X. System der Ethik ［M］. hrsg. von NOHL H. Göttingen：Vandenhoeck & Ruprecht Verlag，1958：38.

④ CROWE B. Dilthey's Ethical Theory ［C］//NELSON E S（ed.）. Interpreting Dilthey：Critical Essays. New York：Cambridge University Press，2019：160.

⑤ DILTHEY W. Gesammelte Schriften. Band X. System der Ethik ［M］. hrsg. von NOHL H. Göttingen：Vandenhoeck & Ruprecht Verlag，1958：40.

⑥ DILTHEY W. Gesammelte Schriften. Band X. System der Ethik ［M］. hrsg. von NOHL H. Göttingen：Vandenhoeck & Ruprecht Verlag，1958：41.

在这一点上，狄尔泰明显受到以马克思为代表的现代政治经济学对资本主义本质认识的影响。他清楚地认识到，法律秩序等社会组织系统在助力市民阶层清除完封建社会秩序残余后，已逐步演变成一种助力资本家追逐剩余价值最大化的"调控力量（regulierende Kraft）"①。从另一个角度来看，这同时也意味着，狄尔泰否定单纯依靠幸福主义去探究隐藏在人类复杂生命现象背后的真正伦理动机的可能性。

（三）一种面向"自由的生命活力"的道德认识方法

何以确保情感、记忆和本能等伦理经验事实的实在性或者客观有效性？在狄尔泰看来，传统心理二元论将低级和高级心灵实体分别视作低级和高级心理过程的从属对象，从而否定意识统一性；反之，康德为了确保意识统一性而否定高级心灵实体的存在，虽然为伦理学讨论留出空间，却仍不足以完成对伦理学的认识论奠基。面对这一理论困境，狄尔泰提出必须回归到快乐、痛苦和激情等"与意识存在相一致的"生命内在经验中，因为从认识论角度来看外在世界实在性的根源就在于意志统一体之间的关联——人类个体"发觉自身作为一种意志统一体受另一个与我不同的（意志统一体）的制约（bedingt finde als Willenseinheit von einem anderen，von mir verschieden）"②。这显然与当时盛行的生理心理学对感觉、情感和思维等方面的认识论立场存在明显差异。作为一种典型的机械认识论，生理心理学将一切意识活动视作生理学或者物理学现象以及一种被客观给定的"内外关系（ein Verhältnis von außen und in-

---

① DILTHEY W. Gesammelte Schriften. Band X. System der Ethik [M]. hrsg. von NOHL H. Göttingen：Vandenhoeck & Ruprecht Verlag，1958：40.

② DILTHEY W. Gesammelte Schriften. Band X. System der Ethik [M]. hrsg. von NOHL H. Göttingen：Vandenhoeck & Ruprecht Verlag，1958：42.

nen）"①。那么，思维究竟是冯特所说的作为其产物的客观因果性的根源，还是马赫所说的在思想舞台上展现实在世界的辅助工具呢？笛卡尔在偶因论中寻找否定心理经验实在、确保心灵和质料等实体概念间必然关联性的形而上学实在，又是否克服了生理过程和心理过程的矛盾呢？在狄尔泰看来，只有"最符合纯粹生命关联"的观点才能够真正消除这一矛盾，而概念思维虽然不适于认识这种关联，却能够在意识中随时认清这一矛盾的根源。因而，"高级道德过程（die höheren moralischen Vorgänge）"或者说"心理生命的高级层级（ein höheres Stockwerk des Seelenlebens）"也不过是"在由物理为条件并决定的动物性的生命活力（der physisch bedingte und determierte animalische Lebendigkeit）的基础上被给定的过程"②。它们不仅在个体心理与低级道德过程密不可分，还充分彰显出心理和生理过程必然性联结的"自由的生命活力（die freie Lebendigkeit）"③的内在性。

由此可见，狄尔泰明确反对生理心理学对道德的机械认识论立场，主张在人活生生的生命经验及其关联中去认识道德现象的根源——"自由的生命活力"。从这一认识论立场出发，狄尔泰再次对上文论及的传统伦理学方法进行整体分析和评价④：一方面，社会伦理学方法无疑最适于认识可由知觉完全把握的社会历史实在，但这一方法却无法解决与伦理经验对应的"目的论的、发展史/进化史的理解（teleologische，entwicklungsgeschichtliche Auffassung）"所包含的问题。因为在心理过

---

① DILTHEY W. Gesammelte Schriften. Band X. System der Ethik ［M］. hrsg. von NOHL H. Göttingen：Vandenhoeck & Ruprecht Verlag, 1958：42.

② DILTHEY W. Gesammelte Schriften. Band X. System der Ethik ［M］. hrsg. von NOHL H. Göttingen：Vandenhoeck & Ruprecht Verlag, 1958：43-44.

③ DILTHEY W. Gesammelte Schriften. Band X. System der Ethik ［M］. hrsg. von NOHL H. Göttingen：Vandenhoeck & Ruprecht Verlag, 1958：44.

④ DILTHEY W. Gesammelte Schriften. Band X. System der Ethik ［M］. hrsg. von NOHL H. Göttingen：Vandenhoeck & Ruprecht Verlag, 1958：44-45.

程与生理过程中日益增长的"目的论适宜性（teleoloische Angemessen-heit）"，只会令道德过程中"自由的生命活力"的独立性招致巨大质疑，甚至将道德过程视作大脑活动的"对应物"。另一方面，内在经验方法不仅无法由本能生命和环境条件推导出内在经验所包含的义务、自由意识和自我牺牲等伦理特征，还只会使内在的伦理经验事实与进化论观点处于不可消解的矛盾之中，昭示出正确认识社会伦理学方法和内在经验方法关系以及对道德进行认识论奠基的迫切性："那些没有进行这样一种（奠基）的著作，只能得出一种生物学定理和内在经验的混合物（Gemengen），此外也许还有只能通过抵消（Abstumpfung）和压平（Verflachung）来平衡矛盾的形而上学设想。"① 狄尔泰指出，要想完成对道德的认识论奠基，必须首先尊重世间"一切认识所服从的最普遍原理：整个世界及一切其他均为我的意识的显像、我的意识事实"②。只有在此基础上，人们才可以实现对内在心理状态的把握，能真正理解和利用外在世界的现象性——一种"不依赖于我们之物的符号系统（eines Systems von Zeichen für das von uns Unabhängige）"③。不可否认的是，人类认识在历史上就由于认识材料或者认识方法受限而始终存在局限性。但正是不断地对这种认识内在局限性进行省察，人们才有可能找到真正符合"自我意识的内在经验"或者"自由的生命活力"要求的认识。但需要注意的是，这种具有实在性的"自由的生命活力"虽然可以被个体自身直接体验，但人们却只能在其赋予的统一性基础上"将在多样的感觉中被给定之物统一成客体和个体（in der mannigfaltigen Empf-

---

① DILTHEY W. Gesammelte Schriften. Band X. System der Ethik ［M］. hrsg. von NOHL H. Göttingen：Vandenhoeck & Ruprecht Verlag, 1958：45.
② DILTHEY W. Gesammelte Schriften. Band X. System der Ethik ［M］. hrsg. von NOHL H. Göttingen：Vandenhoeck & Ruprecht Verlag, 1958：45.
③ DILTHEY W. Gesammelte Schriften. Band X. System der Ethik ［M］. hrsg. von NOHL H. Göttingen：Vandenhoeck & Ruprecht Verlag, 1958：45.

indung Gegebene zu Objekten und Personen）"①，此后才能进一步说明和理解它。"我们就这样首先在自身周围构造出有意之物（Willentliches）、实在之物（Wirkliches），拥有一种内在的活生生的外在（Lebendiges Außen，das ein Innen hat），一种充满力量的延伸（Erstreckung，die von Kraft erfüllt ist）。"②

　　但在狄尔泰看来，这并不意味着个体有能力对这种"自由的生命活力"或者说内在心理状态间活生生的关系作更深的原则性探讨，而是必须依靠心理学及其他相关精神科学对人内在认识局限性进行深刻揭示："我每刻都在体验着，一种本能式的追求（ein triebartiges Streben）……是如何在情感中诞生的。我体验，痛苦如何带来厌恶乃至憎恨的结果。我可以在一种状态向另一种状态转变的界定中确定转变的规律性（Regelmäßigkeit）。但是，我却不能回溯到身处它们背后的我自身的生命活力。例如，情感的被给定性，表象和意志的被给定性，都不能被回溯到表象和情感能力。通过这样做，我扬弃使表象、意志和情感始终相区别的内在经验自身，并将经由分类和共同作用现身于思维过程中的一点儿事物放到正确的位置。我同样不能在思维中设定各种具体情感的独立性，因为它们的统一性是我的理解条件。具有多样性之物在体验中如何不同（unterschieden）却合一（eins），这一点可被思维认可，却不可被扬弃。"③ 在这里，狄尔泰不仅表达了与将心理学或者确切地说描述性心理学视作精神科学体系基础的类似观点，也再次凸显出描述性心理学方法或者说"自身思义"在认识人的精神世界方面相对于说明性心

---

①　DILTHEY W. Gesammelte Schriften. Band X. System der Ethik ［M］. hrsg. von NOHL H. Göttingen：Vandenhoeck & Ruprecht Verlag, 1958：46.

②　DILTHEY W. Gesammelte Schriften. Band X. System der Ethik ［M］. hrsg. von NOHL H. Göttingen：Vandenhoeck & Ruprecht Verlag, 1958：46.

③　DILTHEY W. Gesammelte Schriften. Band X. System der Ethik ［M］. hrsg. von NOHL H. Göttingen：Vandenhoeck & Ruprecht Verlag, 1958：46.

理学的优越性。"我们对心灵实体（seelischen Substanz）一无所知。我们只认识过程（Prozess）以及它们的彼此交融（Ineinandergreifen）。最有可能达到之物并非一直被谋求的（内在心理）状态彼此间的因果还原（ursächliche Reduktion），而是对它们朝向制造一种情感生命暂时平衡（Herstellung eines vorübergehenden Gleichgewichtes im Gefühlsleben）的功能方面共同作用的理解。"①　事实上，说明性心理学无视自然科学与精神科学研究对象和研究方法的差异性，将自然科学针对外在经验的观察、归纳、提出假说和验证的一套方法和概念，生搬硬套到对精神科学内在经验的研究上，根本无法恰当认识人的内在世界。它提出的貌似能使一切心灵生命现象变得可理解的因果关联，也不过是从活生生的生命关联中抽象出的"在假说之上构建的假说"②。在完成对上述道德机械认识论立场的批判后，狄尔泰阐明了自身构造性伦理学由人的心理生命结构及其内在目的性关联构成的人类学-心理学基础。

第二节　人类伦理实践的规范性之源

在《伦理学体系》第二部分"意志与伦理禀赋"中，狄尔泰明确提出要以"人的心灵生命和意志过程的天性"作为把握生命中具有普遍有效性之物的根本出发点，并将"印象与为了再次制造平衡而对其做出的反应（Eindruck und Reaktion auf denselben，um das Gleichgewicht wieder herzustellen）"确立为"生命体基本计划（der Grundplan des

---

①　DILTHEY W. Gesammelte Schriften. Band X. System der Ethik［M］. hrsg. von NOHL H. Göttingen：Vandenhoeck & Ruprecht Verlag，1958：47.

②　DILTHEY W. Gesammelte Schriften. Band V. Die geistige Welt. Einleitung in die Philosophie des Lebens. Erste Hälfte：Abhandlungen zur Grundlegung der Geisteswissenschaften［M］. hrsg. von MISCH G. Göttingen：Vandenhoeck & Ruprecht Verlag，1924：139.

Lebewesen）"或者"生命体模式（das Schema eines Lebewesens）"。[①]克劳斯称之为狄尔泰的"人类意识构造的目的论（Teleogie der menschlichen Bewusstseinsbildung）"或者说"目的论说明模式（teologisches Erklärungsmodell）"，即一种对"由心理学方式确定的人类行为刺激-反应模式直至更高级的、具有理智独立性的产物的层级次序（Stufenfolge）"的描述。[②] 如他所说，这虽然类似于康德在《判断力批判》中将目的论作为一种调控性理性理念的提法，却又与后者有着根本上的不同。更准确地说，它是从对人的主体能力的探讨回归到对生命体原初伦理过程及其生命关联的探赜。

一、回到原初的生命伦理事实

（一）"生命体基本计划"及其"内在合目的性"

狄尔泰就"生命体基本计划"给出了更具体的说明："由动物性组织（animalischen Organisation）承载的诸种本能被外在刺激激发并发挥作用；它们借助于反射机制（Reflexmechanismus）给予外在世界合目的的作用（zweckmäßige Wirkungen），并如此制造出这（注：指'外在世界'）与个体间的适应（Anpassung）……这种心理表象链条的合目的性（die Zweckmäßigkeit）会随链条环节增加而增长。"[③] 这种具有明显生物学和进化论特征的表述方式，不但指明"诸种本能"与"动物性

① DILTHEY W. Gesammelte Schriften. Band X. System der Ethik ［M］. hrsg. von NOHL H. Göttingen：Vandenhoeck & Ruprecht Verlag，1958：48.

② KROß M. Kritik der ethischen Vernunft. Zu Wilhelm Diltheys Vorlesung „ System der Ethik " aus dem Jahre 1890 ［C］//RODI F（Hrsg.）. Dilthey-Jahrbuch für Philosophie und Geschichte der Geisteswissenschaften 9. Göttingen：Vandenhoerck & Ruprecht，1994/1995：257.

③ DILTHEY W. Gesammelte Schriften. Band X. System der Ethik ［M］. hrsg. von NOHL H. Göttingen：Vandenhoeck & Ruprecht Verlag，1958：48.

组织"功能系统的关联性，还凸显了这些心理过程的关联所承载的一种"合目的的作用"或者说"合目的性"。换句话说，正是这种"合目的性"确保外在刺激与本能反应活动与它们之间不断增加的"中间环节（Zwischenglieder）"① 的统一性。这里所说的"中间环节"，指的就是伴随着生命体反射机制以及各种动物性组织器官和功能系统进化过程而来的诸如记忆和想象力等内在心理状态的持续发展，以及本能生命（das Triebleben）通过相应地不断自我分化和提升最终"自我构造（bildet sich）成一个伴随、承载和支撑动物性功能的系统"② 的过程。与此相应的，包括本能、情感和意愿等在内的"心理构造物（die psychischen Gebilde）"③ 及其对外在世界刺激的反作用亦呈现出不断分化和多样化的特征。

　　从这层意义上来看，狄尔泰所说的"生命体基本计划"就是一种以适应外在世界为目的且具有自身"内在合目的性"的生命体反射机制。那么，对有害和有益食物的区分，究竟是理智还是生命体反射机制发挥作用的结果呢？前者固然可以被设想出作用机制，但与人类理智的作用机制相比，生命体反射机制借助于本能和与之形成稳定关联的快乐等情感真正促成了人类的生存、繁衍和发展，因此又被狄尔泰称作"心理产物的花招（der Kniff des psychischen Geschöpfes）"或者说"大自然的花招（Kniff der Natur）"④，有点类似于黑格尔将历史称作"理

---

① DILTHEY W. Gesammelte Schriften. Band X. System der Ethik ［M］. hrsg. von NOHL H. Göttingen：Vandenhoeck & Ruprecht Verlag，1958：48.

② DILTHEY W. Gesammelte Schriften. Band X. System der Ethik ［M］. hrsg. von NOHL H. Göttingen：Vandenhoeck & Ruprecht Verlag，1958：49.

③ DILTHEY W. Gesammelte Schriften. Band X. System der Ethik ［M］. hrsg. von NOHL H. Göttingen：Vandenhoeck & Ruprecht Verlag，1958：49.

④ DILTHEY W. Gesammelte Schriften. Band X. System der Ethik ［M］. hrsg. von NOHL H. Göttingen：Vandenhoeck & Ruprecht Verlag，1958：49.

性的狡计（List der Vernunft）"① 的意味。因此，"生命体基本计划"
才是狄尔泰眼中解答一切历史性存在之谜的关键。正是在它的作用下，
人对外在世界的把握才变得更为全面，价值判断才得以超越个别和暂时
性之物，不仅使得生命体对外在世界的适应变得"日益完满（immer
vollkommener）"，也使得生命体关联中蕴含的作为"历史性生命最高
构造物（den höchsten Gebilden des geschichtlichen Lebens）"中"一切
生命活力的基本结构（Grundstruktur aller Lebendigkeit）"的"内在合
目的性"得以不断自我提升。②

(二) 意志/心灵生命结构：本能、情感与意愿的内在关系

在明确人的心灵生命和意志过程的天性在把握生命中具有普遍有效
性之物方面的核心地位之后，狄尔泰列出主要的心灵生命形式（Formen
seelischen Lebens）、心灵过程（seelische Prozesse）或者说生物体反应方
式（Reaktionsweise）③：本能、情感和意愿（Volition/Wollen）。其中，
本能和情感同为生命体本能系统对外在刺激的不同反应方式，在生物
学视角下并未得到彻底区分。狄尔泰故此认为无须在本能和情感孰为
生命体第一反应方式的问题上再做过多纠结。事实上，每一种本能或
情感状态又都是多种简单反应方式的集合。例如，人们听歌剧时不仅会
被激发乐感、节奏感与和谐感，英雄情怀等情绪（Affekt）也会被调动
起来，那么该如何面对如此纷繁的生命体反应方式呢？狄尔泰提出，可

① KROß M. Kritik der ethischen Vernunft. Zu Wilhelm Diltheys Vorlesung „ System der Ethik " aus
dem Jahre 1890 ［C］//RODI F（Hrsg.）. Dilthey-Jahrbuch für Philosophie und Geschichte
der Geisteswissenschaften 9. Göttingen：Vandenhoerck & Ruprecht，1994-1995：257-258.
② DILTHEY W. Gesammelte Schriften. Band X. System der Ethik ［M］. hrsg. von NOHL
H. Göttingen：Vandenhoeck & Ruprecht Verlag，1958：49-50.
③ DILTHEY W. Gesammelte Schriften. Band X. System der Ethik ［M］. hrsg. von NOHL
H. Göttingen：Vandenhoeck & Ruprecht Verlag，1958：50-51.

以参照感觉区（Empfindungskreise）的分区方式划分"本能和情感区（Gefühls-und Triebkreise）"①。人们可以通过考察这些"本能和情感区"的共同作用，弄清那些"对外自我呈现为知觉、表象、想象图像（Phantsiebild）和运动过程等可由感官把握的作用的过程"② 转向对生命主体心灵"深度"探究的内在机理。

狄尔泰又具体区分出三种不同"不可互相归因"的意愿（Wollen）形式——兴趣与注意力、想象的构造性活动（gestaltbildende Tätigkeit der Phantasie 或 die bildende Tätigkeit der Phantasie）以及本能和意愿（Trieb und Volition）③。它们共同构造出人类生命的内在一面，但这并不意味着人们可以将"意愿"等同于"意志"，因为相较于后者，不同的意愿显然具有各自不同的心理定位和相互关系。此外，它们在自我意识统一体中彼此联结的方式，也显然不同于自然科学对构成生物体的基本要素间关系的假说。更确切地说，它们可以在特定条件下实现彼此交融，共同构造出关于"满足的过去和未来（Vergangenheit und Zukunft der Befriedigungen）"④ 的发展统一体。

上文所说的"本能和情感区"可分为多个层级，其中的第一层级就是"诸本能机制（die Triebmechanismen）以及由它产生的欲望、激情和情绪（affektiv）状态"⑤。狄尔泰认为，本能是"一种在我们意识中出现的、谋求实现某一运动的张力（Spanning）"，是生命体反射机

---

① DILTHEY W. Gesammelte Schriften. Band X. System der Ethik ［M］. hrsg. von NOHL H. Göttingen：Vandenhoeck & Ruprecht Verlag，1958：51.
② DILTHEY W. Gesammelte Schriften. Band X. System der Ethik ［M］. hrsg. von NOHL H. Göttingen：Vandenhoeck & Ruprecht Verlag，1958：51.
③ DILTHEY W. Gesammelte Schriften. Band X. System der Ethik ［M］. hrsg. von NOHL H. Göttingen：Vandenhoeck & Ruprecht Verlag，1958：51.
④ DILTHEY W. Gesammelte Schriften. Band X. System der Ethik ［M］. hrsg. von NOHL H. Göttingen：Vandenhoeck & Ruprecht Verlag，1958：52.
⑤ DILTHEY W. Gesammelte Schriften. Band X. System der Ethik ［M］. hrsg. von NOHL H. Göttingen：Vandenhoeck & Ruprecht Verlag，1958：52.

制作用过程中重要的"中间环节",而本能机制就是在本能过程中"被实现的心理学组织(ermöglichte psychologische Einrichtung)"。① 因此,与维持自然界个体和类整体的生命体反应机制的多样性相一致,本能与本能机制也呈现出多样性的特征。具体来说,狄尔泰提出以下几种在他看来最强有力也最基本的人类本能及其作用机制②:第一,"营养本能(die Nahrungstriebe)"。作为关系生命体肉体存亡的最强和最基本的本能,这种本能力求在"满足"中实现极度享受,时刻与饥饿、干渴等最强烈的不快感(Unlustgefühl)以及饱足感(Gefühl des Sattseins)紧密关联,掌控着低等动物、食草动物以及原始人类生命的绝大部分。第二,"性本能和父母对子女之爱(Geschlechtstrieb und Kinderliebe)"。作为另一种同样关系类整体存续的重要本能,该本能表明人类相较于其他哺乳动物,在育雏(Brutpflege)和求偶等方面存在的共通之处以外,多出诸如"完全的生命共同体(volle Lebensgemeinschaft)""忠诚的非博爱(Unverbrüderlichkeit der Treue)"和"历史性情感(historische Gefühle)"等更高级的情感联结。第三,"保护和防御本能(Schutz- und Abwehrtriebe)"。这是指躲避敌人外来攻击或对其开展有针对性的"防御运动(Abwehrbewegungen)"的本能,是愤怒、仇恨、恐惧等强烈情绪(Affekte)存在及得以平息之所,往往伴有"情绪的狡计(die List des Affektes)"——试图以提高音量、挥舞拳头和露齿等方式吓退敌人。第四,"运动本能和安宁需求(die Bewegungstriebe und das Ruhebedürfnis)"。"运动本能"作用于肌肉组织以及与其关联的神经组织,时刻决定着"身体的生命感(das körperliche Lebensgefühl)",

---

① DILTHEY W. Gesammelte Schriften. Band X. System der Ethik [M]. hrsg. von NOHL H. Göttingen: Vandenhoeck & Ruprecht Verlag, 1958: 52.

② DILTHEY W. Gesammelte Schriften. Band X. System der Ethik [M]. hrsg. von NOHL H. Göttingen: Vandenhoeck & Ruprecht Verlag, 1958: 53-57.

不仅在被禁锢的猛兽和囚犯的痛苦不安上得到充分体现，还在身体器官状态的改变上获得提升。"安宁需求"与运动本能具有同样的生理学基础，但却是通过明晰"本能和情感区"不同层级间的关系为安宁（Ruhe）、清闲（Muße）和惬意（Behagen）等精神情绪（geistige Affekte）奠定基础。

本能及其作用机制的影响并未止步于此，还继续体现在它们向本能欲望（Triebbegierden）和激情的转变过程中，凸显出由此产生的欲望、情绪（Affekte）和激情在生物学和社会结构关系中的重要地位。例如，人们通过分析不仅可以辨识出"金钱之爱（die Liebe zum Gelde）"转变为激情的发展趋势，还可以辨识出金钱所代表的"享受"中所蕴含的与"保护本能"以及"运动本能"的关联。① 狄尔泰根据心理学法则区分出在"基本的本能事实性"基础上发展出的四种不同高级本能形式②：感觉本能（Empfindungstrieb）、知觉本能（Wahrnehmungetrieb）、表象本能（Vorstellungstrieb）和思想本能（Gedankentrieb）。虽然相较于基本的本能形式，经过高级构造过程的本能形式显然更适于对"个体生命和社会经济结构（Ökonomie des Einzellebens und der Gesellschaft）"③的分析，但前者作为一切意志过程的坚实基础绝不可能彻底消失。事实上，各种形式的本能都不会脱离一种避免冲突、寻求协作的趋势——"以尽可能小的摩擦（Reibung）……实现对本能的满足（die Triebe zu befriedigen）"④ 或者说在"实现一种运动的合目的性协作（einer zwe-

① DILTHEY W. Gesammelte Schriften. Band X. System der Ethik ［M］. hrsg. von NOHL H. Göttingen：Vandenhoeck & Ruprecht Verlag, 1958：57.
② DILTHEY W. Gesammelte Schriften. Band X. System der Ethik ［M］. hrsg. von NOHL H. Göttingen：Vandenhoeck & Ruprecht Verlag, 1958：57.
③ DILTHEY W. Gesammelte Schriften. Band X. System der Ethik ［M］. hrsg. von NOHL H. Göttingen：Vandenhoeck & Ruprecht Verlag, 1958：57.
④ DILTHEY W. Gesammelte Schriften. Band X. System der Ethik ［M］. hrsg. von NOHL H. Göttingen：Vandenhoeck & Ruprecht Verlag, 1958：57.

ckmäßigen Koordination der Bewegungen）的过程中构造出（Ausbildung）合目的性"①。在狄尔泰看来，这种可以通过遗传不断赓续的协作趋势或者说生命体不断自我"深化构造（Fortbildung）"②的趋势，也是社会不断自我"深化构造"趋势的重要组成部分。从结果上看，这不仅意味着个体意识负担的降低，也通过个体间的通力协作为社会带来礼俗伦常、法律和国家机构设置等成果。

　　只有在某种特定外在刺激的作用下，才会产生相对于第一层级更高的文化层级；反过来，这种更高的文化层级也凸显出外在世界或者说环境（Milieu）相较于生命体的强大力量。它不仅使得本能、情感与"表象生命（Vorstellungsleben）"③融为一体，甚至还会令生命体认为自身仅由外在决定。在这种情况下，尽管本能及其作用机制并未停止运转，但面对更为强大的直觉和更为自由的意志，它们还是在恐惧和希望等情感面前丧失掉绝对优势地位。狄尔泰将这称作"外在世界情感客观原因系统（das System der objektiven Ursachen von Gefühlen in der Außen-welt）"④，并将它以及情感与其之间的规律关系视作与生命体本能系统并列的另一个更为高级的作用系统。这同时也表明一个"意志生命事实（Tatsache des Willenslebens）"⑤，即一切生命现象都时刻接受着本能系统对它的反作用。在狄尔泰看来，这种反作用事实上是"一种更

---

① DILTHEY W. Gesammelte Schriften. Band X. System der Ethik ［M］. hrsg. von NOHL H. Göttingen：Vandenhoeck & Ruprecht Verlag, 1958：58.
② DILTHEY W. Gesammelte Schriften. Band X. System der Ethik ［M］. hrsg. von NOHL H. Göttingen：Vandenhoeck & Ruprecht Verlag, 1958：58.
③ DILTHEY W. Gesammelte Schriften. Band X. System der Ethik ［M］. hrsg. von NOHL H. Göttingen：Vandenhoeck & Ruprecht Verlag, 1958：58.
④ DILTHEY W. Gesammelte Schriften. Band X. System der Ethik ［M］. hrsg. von NOHL H. Göttingen：Vandenhoeck & Ruprecht Verlag, 1958：58.
⑤ DILTHEY W. Gesammelte Schriften. Band X. System der Ethik ［M］. hrsg. von NOHL H. Göttingen：Vandenhoeck & Ruprecht Verlag, 1958：58.

强烈的意识激发（eine gesteigerte Bewusstseinserregung）"①，不仅等价于与本能系统并存的表象系统的基本过程，反过来也更加彰显了本能系统的重要作用。

　　狄尔泰对"消极伦理学""限制性伦理学"和"构造性伦理学"的区分，也明显受到上述观点影响。其中，"消极伦理学"以新柏拉图学派、基督教、佛教和叔本华为典型代表，"限制性伦理学"则以斯多葛学派和康德为突出代表。二者均凸显意志对本能系统进行压制和抗争的一面，展现出"意志的双重性（ein Dualismus des Willens）"②。至于二者的区别，前者对生命体基本本能或者说"心理动物性（die psychische Animalität）"的扬弃显然十分彻底，而后者的压制和抗争则仍为其存在和发展留有余地。与上述二者相比，施莱尔马赫"构造性伦理学"思想的最大功绩就在于表达"本能生命的构造原则（das Prinzip der Bildung des Trieblebens）"③，但却因缺少对生理关系的认识和利用而止步于抽象表达，并没能就这一原则给出具体论证，而这也正是狄尔泰想通过自己的伦理学说做到的——"以心理学方式找寻德性原初内容的内核"④。

（三）意志特性："德性原初内容的内核"

　　事实上，狄尔泰格外推崇古希腊人在鼎盛期所崇尚的有节制的生活方式和礼俗伦常，并因此把"最广义理解上的节食（Diät）"——饮食

---

①　DILTHEY　W. Gesammelte　Schriften. Band　X. System　der　Ethik ［M］. hrsg. von　NOHL H. Göttingen：Vandenhoeck & Ruprecht Verlag，1958：58.

②　DILTHEY　W. Gesammelte　Schriften. Band　X. System　der　Ethik ［M］. hrsg. von　NOHL H. Göttingen：Vandenhoeck & Ruprecht Verlag，1958：59.

③　DILTHEY　W. Gesammelte　Schriften. Band　X. System　der　Ethik ［M］. hrsg. von　NOHL H. Göttingen：Vandenhoeck & Ruprecht Verlag，1958：59.

④　DILTHEY　W. Gesammelte　Schriften. Band　X. System　der　Ethik ［M］. hrsg. von　NOHL H. Göttingen：Vandenhoeck & Ruprecht Verlag，1958：60.

适度、强身健体视为"在健康的身体里保有乐世态度（Lebensfreudigkeit）和令性本能保持自然适度形式"以及将"心理动物性构造成一种与更高的生命共同决定的、欢乐的生命形式（einer mit dem höheren Leben zusammenstimmenden und freudigen Lebensform）"的关键手段。① 而诸如勇气、毅力和忠诚等"被感受到的意愿特性（gefühlte Eigenschaften der Volitionen）"，不仅表达了"意志自身的欢乐（die Freude des Willens an sich selbst）"——"一种源自纯粹特性的、伴随着意愿的欢乐情感（ein die Volitionen begleitendes Gefühl）"，也为被视作"英雄意志"的表达以及各民族鼎盛期伦理理想重要组成部分的"英雄的生命感（das heroische Lebensgefühl）"的产生和自我构造提供必要基础。② 不仅如此，这些不受外在世界环境和条件影响的强大的意愿特性，还具有"将过剩的力量运用于积极的、友善的作用"③ 的倾向性，从而使得不同个体欢乐的生命感在彼此关联中实现互相交融。

具体来说，狄尔泰希望通过全面的心理学分析找到的"德性原初内容的内核"或者说意志特性共有五项。第一项也是最为基础的部分，是"对力量的欢乐意识（das freudige Bewusstsein der Kraft）以及与其相关联的生命感的提升"，主要反映为"在他人身上可被察觉的每一种力量表达（Kraftäußerung）所带来的欢乐"，因此人们可以在一定范围内实现对"被消耗的意志劳动（aufgewandte Arbeit des Willens）"的测量。④ 毫无疑问，这充分凸显出行为者的伦理实践和"旁观者的判断"

---

① DILTHEY W. Gesammelte Schriften. Band X. System der Ethik ［M］. hrsg. von NOHL H. Göttingen：Vandenhoeck & Ruprecht Verlag, 1958：59.

② DILTHEY W. Gesammelte Schriften. Band X. System der Ethik ［M］. hrsg. von NOHL H. Göttingen：Vandenhoeck & Ruprecht Verlag, 1958：60.

③ DILTHEY W. Gesammelte Schriften. Band X. System der Ethik ［M］. hrsg. von NOHL H. Göttingen：Vandenhoeck & Ruprecht Verlag, 1958：60.

④ DILTHEY W. Gesammelte Schriften. Band X. System der Ethik ［M］. hrsg. von NOHL H. Göttingen：Vandenhoeck & Ruprecht Verlag, 1958：60.

对彼此的显著影响。事实上，即便没有旁观者在场，行为者对"看不见的旁观者（unsichtbare Zuschauer）"①的判断的想象也同样会发挥作用，这也从另一方面表明"对力量的欢乐意识"与审美情感二者间的关涉。此外，狄尔泰还明确指出，这种"指向精神目标的意志的力量感（Kraftgefühl）属于一种更高的文化层级"②。换句话说，要说明诸如狡诈或者痛苦等意志力量，绝不可再聚焦于对行为者的身体力量或者行为者和旁观者的欢乐程度，而是要回归到对看不见、听不到的内在性的考察。

"勇气及其在勇敢（Kühnheit）中的提升"③ 是除"对力量的欢乐意识"以外的另一项意志特性，彰显了足以克服危险、达成目标的"过剩的意志力量"④。狄尔泰一方面并不否认"勇气"会在一定程度上受到身体条件制约，但另一方面也清晰地意识到，拥有强壮的身体并不意味着面对危险时也一定会充满"勇气"。它以"直面危险的乐世态度以及高涨、稳定的情绪"⑤ 为特征，虽预见到危险、痛苦和灾祸的到来却仍能以乐世态度积极应对，是一种无法得到进一步说明的意志特性。而"勇敢"则是对勇气的进一步提升——人不再只是淡定地应对到来的危险，而是主动"找寻（sucht...auf）"⑥ 危险之所在。

---

① DILTHEY W. Gesammelte Schriften. Band X. System der Ethik ［M］. hrsg. von NOHL H. Göttingen：Vandenhoeck & Ruprecht Verlag, 1958：61.

② DILTHEY W. Gesammelte Schriften. Band X. System der Ethik ［M］. hrsg. von NOHL H. Göttingen：Vandenhoeck & Ruprecht Verlag, 1958：61.

③ DILTHEY W. Gesammelte Schriften. Band X. System der Ethik ［M］. hrsg. von NOHL H. Göttingen：Vandenhoeck & Ruprecht Verlag, 1958：61.

④ 原文为"Überschuss von Willenskraft"或"Kraftüberschuss"，此处有改动。DILTHEY W. Gesammelte Schriften. Band X. System der Ethik ［M］. hrsg. von NOHL H. Göttingen：Vandenhoeck & Ruprecht Verlag, 1958：61.

⑤ DILTHEY W. Gesammelte Schriften. Band X. System der Ethik ［M］. hrsg. von NOHL H. Göttingen：Vandenhoeck & Ruprecht Verlag, 1958：62.

⑥ DILTHEY W. Gesammelte Schriften. Band X. System der Ethik ［M］. hrsg. von NOHL H. Göttingen：Vandenhoeck & Ruprecht Verlag, 1958：62.

"能量（Energie）、勤奋（Fleiß）或者说劳动（Arbeit）——一种持久作用于劳动的行为力量（Tatkraft）"① 作为狄尔泰总结出的第三项意志特性或者说意志形式，指明了持续"朝向某一结果的力量消耗（Aufwand von Kraft）"②。它与"勇气"同样聚焦于某一目标，同样是伴随着"生命感的强化（Verstärkung des Lebensgefühls）"的意志"力量消耗"。它们的主要区别在于，前者是"一种稳定的、持续不断的意志使用（Willensaufwand）"，后者则是"一种伟大的英雄的意志使用"。③ 狄尔泰将此处所说的"生命感的强化"理解为在身体肌肉张力或者无意识的心理张力的作用下，由"意志使用"所带来的伴随着相应的身体过程的各种心理力量的增强。这无疑十分符合费希纳泛心论（Panpsychismus）或者说泛灵论（Pantheismus）对世界的说明立场，但狄尔泰却显然更强调这体现的人类天性的进化或者说"进化原则深入心理学内部"④ 方面的意义。

狄尔泰总结出的第四项意志特性是"诸种意愿的一致性（Konsequenz）、恒定性（Beharrlichkeit）或者说合计划的统一性（planmäßige Einheit）"⑤，彰显了意愿和情感的力量及其后续作用的持久性。作为意志提升的基本特征，这种意志特性与具有多样性的本能生命的力量强弱息息相关："它（注：指本能生命）越有活力（kraftvoller），所需要的意志使用就越大，但这种诸意志行为的获得性关联总体（dieser er-

---

① DILTHEY W. Gesammelte Schriften. Band X. System der Ethik ［M］. hrsg. von NOHL H. Göttingen：Vandenhoeck & Ruprecht Verlag, 1958：62.

② DILTHEY W. Gesammelte Schriften. Band X. System der Ethik ［M］. hrsg. von NOHL H. Göttingen：Vandenhoeck & Ruprecht Verlag, 1958：62.

③ DILTHEY W. Gesammelte Schriften. Band X. System der Ethik ［M］. hrsg. von NOHL H. Göttingen：Vandenhoeck & Ruprecht Verlag, 1958：62.

④ DILTHEY W. Gesammelte Schriften. Band X. System der Ethik ［M］. hrsg. von NOHL H. Göttingen：Vandenhoeck & Ruprecht Verlag, 1958：63.

⑤ DILTHEY W. Gesammelte Schriften. Band X. System der Ethik ［M］. hrsg. von NOHL H. Göttingen：Vandenhoeck & Ruprecht Verlag, 1958：63.

worbene Zusammenhang der Willenshandlungen) 也会越丰富。"① 这里的
"诸意志行为的获得性关联总体"指的就是上文所说的"诸种意愿的一
致性、恒定性或者说合计划的统一性",是构造自我意识的前提条件,
也是"意志使用"下探"人类意愿最深层的形而上学本性"② 的过程
所带来的结果。狄尔泰显然十分强调诸种意愿的统一性与意志自身的形
而上学本性之间的密切关联,甚至明确指出后者不仅是体验个体意志
"欢乐的提升(freudige Steigerung)"之所,也是它"被他人同样视为
(genossen wird)有价值之物"的关键。③ 这显然也与狄尔泰对生命主体
伦理经验拓展的理解存在明显的共通之处。④

狄尔泰将最后一项意志特性称作"意志为了超出自身生命规模的、
由其(注:指意志)产生的目的的献身(Hingabe des Willens an die ihm
aufgehenden Zwecke in dem Maße in welchem sie über das Eigenleben an
Größe hinausreichen)"⑤,认为它使"心灵生命在它所接收的图像和它
所献身的概念、价值和目的的规模(Größe)和强度关系中感觉自身得
到拓展(erweitert)和提升(gesteigert)"⑥。这也就是说,只有当意志
自我献身于诸如生命目的、文化系统以及团体等超出个体生命范围的对
象时,心灵生命才能获得自我拓展感和提升感。也正因为如此,狄尔泰

---

① DILTHEY W. Gesammelte Schriften. Band X. System der Ethik [M]. hrsg. von NOHL
H. Göttingen:Vandenhoeck & Ruprecht Verlag, 1958:63.
② DILTHEY W. Gesammelte Schriften. Band X. System der Ethik [M]. hrsg. von NOHL
H. Göttingen:Vandenhoeck & Ruprecht Verlag, 1958:63.
③ DILTHEY W. Gesammelte Schriften. Band X. System der Ethik [M]. hrsg. von NOHL
H. Göttingen:Vandenhoeck & Ruprecht Verlag, 1958:63.
④ 详见本书第四章第三节论述"道德意识在社会团体中的发展与社会伦理系统的'进
化'"的部分。
⑤ DILTHEY W. Gesammelte Schriften. Band X. System der Ethik [M]. hrsg. von NOHL
H. Göttingen:Vandenhoeck & Ruprecht Verlag, 1958:63.
⑥ DILTHEY W. Gesammelte Schriften. Band X. System der Ethik [M]. hrsg. von NOHL
H. Göttingen:Vandenhoeck & Ruprecht Verlag, 1958:63.

才会将这样一种意志特性视作影响"精神世界规模（Größe）与卓越性（Erhabenheit）"① 的决定性因素。

　　事实上，心灵生命"感觉自身获得拓展和提升"本身也是一种心灵生命的基本现象。总的来说，各种心灵生命的基本现象或者说"道德生命的原始现象（Urphänomenen des moralischen Lebens）"②，不但包括个体对自身上述诸种意志特性以及行为的道德意识，也包含对他人行为的情感判断和判断原则。前者主要指以本能、由外在世界决定的情感和它在外在世界的客观原因基础上形成的"需求系统（das System der Bedürfnisse）"，突出表现为情感、激情、情绪（Affekt）和意愿。它们引发的不同形式的"意志使用"，又会反作用于与外在客观原因相关联的人类本性的本能、冲动和需求系统，最终带来"多样的满足、满意、享受或者说清闲的形式"③。狄尔泰还指出，各种形式的"意志使用"都是"与自由意识相关联的社会构造活动（sozial gestaltende Tätigkeit）"，因此往往都伴随着一种"情感状态的提升（Hebung der Gefühlslage）"或者说体现出"一种形而上学关联"。④

　　而后者，即上文所说包含在"道德意识的原始现象"中的对他人行为的情感判断，指的是"将意志特性自身价值的经验与他人的意志特性的情感判断相关联的过程"⑤。如前文所述，狄尔泰从心理学角度明确反对功利主义伦理学从结果来判断行为伦理价值的做法。因为在他

---

① DILTHEY W. Gesammelte Schriften. Band X. System der Ethik［M］. hrsg. von NOHL H. Göttingen：Vandenhoeck & Ruprecht Verlag，1958：63.

② DILTHEY W. Gesammelte Schriften. Band X. System der Ethik［M］. hrsg. von NOHL H. Göttingen：Vandenhoeck & Ruprecht Verlag，1958：64.

③ DILTHEY W. Gesammelte Schriften. Band X. System der Ethik［M］. hrsg. von NOHL H. Göttingen：Vandenhoeck & Ruprecht Verlag，1958：64.

④ DILTHEY W. Gesammelte Schriften. Band X. System der Ethik［M］. hrsg. von NOHL H. Göttingen：Vandenhoeck & Ruprecht Verlag，1958：64.

⑤ DILTHEY W. Gesammelte Schriften. Band X. System der Ethik［M］. hrsg. von NOHL H. Göttingen：Vandenhoeck & Ruprecht Verlag，1958：64.

看来，任何将"英雄的生命感"归结为利益权衡的理论，都无疑违背了人类心灵生命的基本事实，即各种形式的"意志使用"都伴随着一种自我拓展感和提升感。那么究竟是应该将对他人行为的伦理判断视为一种源自个体对意志特性的自身价值的经验的"反射"，还是一种与他对自身意志特性价值感同样原初的心理生命过程呢？遗憾的是，狄尔泰并未就此给出明确回答。事实上，他并不认为当时的心理学足以提供完成上述进一步区分所必需的分析手段，心理学分析至多只能得出对他人行为和意志特性做出伦理判断的真正基础——"一个包含共同决定和关系并将对自身价值的经验与对他人意志特性的情感判断相关联的意识组成部分"或者说"一切人类存在者的团结（Die Solidarität aller menschlichen Wesen）"①。在这一点上，狄尔泰言明自身受到了德国哲学家霍尔维茨（Adolf Horwics，1831—1894）《质性情感分析》（*Analyse der qualitativen Gefühle*）中观点的影响②：他亦将"团结"视为面临巨大的生命威胁时仍能激发"未参与的旁观者（unbeteiligte Zuschauer）"做出"英雄行为（heroischen Taten）"或者说"对自身生命的忘我牺牲（selbstverleugnender Aufopferung des eignen Lebens）"的关键所在，并认为它是一种可以跨越人类与其他物种边界的情感。狄尔泰甚至明确指出，"团结"情感是悲悯、共感、同情、友善和荣誉感等情感的共同基础，进而从另一个角度瓦解了叔本华和休谟等近代伦理学家的伦理学根基。

综上可知，意志特性不仅伴随着一种具有自我拓展感和提升感的欢乐意识，还能在他人身上收获赞同等正向反馈，因此被狄尔泰视为"德

---

① DILTHEY W. Gesammelte Schriften. Band X. System der Ethik［M］. hrsg. von NOHL H. Göttingen：Vandenhoeck & Ruprecht Verlag，1958：65.

② DILTHEY W. Gesammelte Schriften. Band X. System der Ethik［M］. hrsg. von NOHL H. Göttingen：Vandenhoeck & Ruprecht Verlag，1958：65.

性原初内容的内核"。"……唯独它们可供用于在本能生命基础上达成共同幸福，用于引领它（注：指上一句的'本能生命'）、克服它，用于达成一种诸本能与个体指向幸福的一致（einer auf das Wohlsein gerichtete Einstimmung der Triebe und des Individuums）。"① 因此，无论"团结"、共同幸福还是前文提到的功利主义伦理学的"心理学假象"，都可以被视作意志特性的作用结果。此外，狄尔泰还指出，意志特性可以在一定程度上免受外来情绪影响，进而实现对本能和激情某种程度的掌控，并因而获得"在自身之中达成满意的可能性"②。但这也就意味着，能否在最大程度上减少外来情绪的"摩擦"，就成为关乎这一可能性实现与否的重要因素。

二、"团结"与"对他人的情感"：生命主体伦理经验的拓展

狄尔泰认为，"对他人的情感（die Fremdgefühle）"与减少外来情绪"摩擦"密切相关，直接影响着意志特性"在自身之中达成满意的可能性"。所谓"对他人的情感"指的是个体在接触他人时被激发的情感的复合体，是不同因素和各种具体心理过程共同作用的结果。③ 因此，绝不可错乱各种心理事实之间关系，例如，误将悲悯、同情和友善等复杂情感理解成一种最具基础性的"普遍情感层级（allgemeine Gefühlsklasse）"④，又错误地将各种具体的情感视作对它们的调控力量。

---

① DILTHEY W. Gesammelte Schriften. Band X. System der Ethik ［M］. hrsg. von NOHL H. Göttingen：Vandenhoeck & Ruprecht Verlag，1958：66.
② DILTHEY W. Gesammelte Schriften. Band X. System der Ethik ［M］. hrsg. von NOHL H. Göttingen：Vandenhoeck & Ruprecht Verlag，1958：67.
③ DILTHEY W. Gesammelte Schriften. Band X. System der Ethik ［M］. hrsg. von NOHL H. Göttingen：Vandenhoeck & Ruprecht Verlag，1958：67.
④ DILTHEY W. Gesammelte Schriften. Band X. System der Ethik ［M］. hrsg. von NOHL H. Göttingen：Vandenhoeck & Ruprecht Verlag，1958：67.

　　事实上，这些复杂情感都基于同一种基本心理事实关系："每一种对他人的情感都只有通过一种对他人之中过程的重新构造（Nach-bildung）才得以产生……这种重新构造并非一种理智过程，而是借助于另一个人相同的（derselben）情感和冲动……才得以实现的过程。它不仅仅涉及他人的快乐或痛苦；最狭义理解上的悲悯或共悦只是源自这一真实过程的部分情感（Teilgefühle）"。① 这种明显具有解释学特征的言说方式，再一次表明狄尔泰对功利主义伦理学原则片面性和肤浅性的批判态度。如前文所述，后者既不能从根本上揭示对他人的理解或者说"重新构造"过程中如影随形的共性意识或"团结"意识，更无法理解人类心灵生命正是通过强化这一意识和消除情绪"摩擦"，才最终实现对自身的拓展和提升并获得相应的快乐情感。

　　正如狄尔泰所说，"团结"在人类生命世界中具有与思维中的"普遍有效性"相当的地位，二者都表现为一种"形而上学关联"，体现出理智与伦理世界的密切关联性。此外，尽管"团结"或者说"纽带意识（das Bewusstsein des Bandes）"只是一种情感或意识状态，但却是"共感"中真正促使个体发出对他人生命"积极参与（tätiger Teil-nahme）"行为的动力之源，在诸如家庭、社会和政治团体等人类各种稳定的共同生命形式或者说"一切高级情感的学校（die Schule aller höheren Gefühle）"中得以展现和发展，并最终产生兴趣、爱和友谊等自由的"社交情感（die gesellige Gefühle）"。② 因此，"团结"又被狄尔泰视作人类一切伦理情感的"共同伦理实质（gemeinsame sittliche

---

① DILTHEY W. Gesammelte Schriften. Band X. System der Ethik ［M］. hrsg. von NOHL H. Göttingen: Vandenhoeck & Ruprecht Verlag, 1958: 68.
② DILTHEY W. Gesammelte Schriften. Band X. System der Ethik ［M］. hrsg. von NOHL H. Göttingen: Vandenhoeck & Ruprecht Verlag, 1958: 69-70.

Substanz）"① 和 "友善" 的基础。此处所说的 "友善" 指的是一种可以使个体摆脱狭隘的自我价值意识的 "心绪态度（Gemütsverhalten）"②，它伴随着个体视野的扩展持续地进行着自我拓展和自我提升。在这一过程中，它是以类似于自我价值经验的方式完成对他人自身无条件价值的 "重新构造"，凸显个体 "友善的意志"③ 经由他人的价值与价值世界相联结的独特性，并最终实现对个体的自我超越。这也与他在《试析道德意识》中对作为道德综合要素的 "友善" 的观点④保持一致。

另一方面，狄尔泰也指出，"团结" 的缺少甚至完全空缺会带来一系列伦理后果。事实上，现实生活中对他人的悲欢 "漠不关心（Gleichgültgkeit）"⑤ 的例子比比皆是，究其原因，大多在于对所涉及的他人的内在缺乏了解。此外，不同程度的 "漠不关心" 与 "厌恶" 或者说 "无名怨愤（Aversion）"⑥ 之间也会悄然彼此转化，由于放弃 "团结" 而产生的对他人的仇恨甚至成为狄尔泰眼中众多谋杀案的真正根源。这种对 "纽带意识" 的切断是一种违反心灵本性的 "病态" 情感，只会带来对心灵内在和谐的破坏并导致人的内在分裂。事实上，由 "团结" 出发也可以很好地理解，为何李尔王和哈姆雷特等著名悲剧人物可以在世界舞台上赢得极大共鸣。其根本原因显然不在于什么 "悲悯" 或者痛苦的情感，而是一种建立在 "纽带意识" 基础之上的 "人

---

① DILTHEY W. Gesammelte Schriften. Band X. System der Ethik ［M］. hrsg. von NOHL H. Göttingen：Vandenhoeck & Ruprecht Verlag, 1958：70.
② DILTHEY W. Gesammelte Schriften. Band X. System der Ethik ［M］. hrsg. von NOHL H. Göttingen：Vandenhoeck & Ruprecht Verlag, 1958：70.
③ DILTHEY W. Gesammelte Schriften. Band X. System der Ethik ［M］. hrsg. von NOHL H. Göttingen：Vandenhoeck & Ruprecht Verlag, 1958：70.
④ 详见本书第四章第三节 " '伦理进化'：朝向 '持久的满意' 的人类伦理实践"。
⑤ DILTHEY W. Gesammelte Schriften. Band X. System der Ethik ［M］. hrsg. von NOHL H. Göttingen：Vandenhoeck & Ruprecht Verlag, 1958：69.
⑥ DILTHEY W. Gesammelte Schriften. Band X. System der Ethik ［M］. hrsg. von NOHL H. Göttingen：Vandenhoeck & Ruprecht Verlag, 1958：71.

类命运的团结意识"①。而悲剧相对于其他文学创作形式，又最擅长于在"视死如归（den Tod kommen sehen und nicht fürchten）"这一"生命极致之物（das Höchste im Leben）"中展现这一点。②

此外，"团结"还直接关系到对于同样作为独立个体的他人的感受。就像外在世界只有进入经验才能被个体意志知觉和把握，他人意志力量的表达也是如此，不过这一经验过程总是伴随着一种由于他人意志力量的不透明性和不可理解性而导致的不安和恐惧。随着个体越来越多地体验到与他人在"一切其他人类本性上的同质性（Homogenität）"③，个体对这一点的理解也会日益加深，直至明确意识到"他与我自身相同，我可以在思维中将自身置于他的位置"④。于是，相同的意志在共同作用中体验着彼此目的上的共性：它们都伴随着明确的自我意识，都以"情感生命的满足（Befriedigung im Gefühlsleben）"或者说"令人满意的心绪状态（befriedigenden Gemütslage）"为绝对重心，并在此基础上确立自我目的，而一切关于义务和法权关系的基本设想都不过是在此基础上推导出的结果。⑤ 由此也就不难理解狄尔泰对康德在《道德形而上学奠基》中给出的关于"义务是出自对法则的敬重"的道德命题的批判立场，毕竟无论个体对自我目的的坚守抑或"对他人自我目的的敬重"都绝非出自什么与生命事实无涉的理性抽象法则。

换句话说，狄尔泰要凸显的是比本能作用机制更为高级的"情感

---

① DILTHEY W. Gesammelte Schriften. Band X. System der Ethik [M]. hrsg. von NOHL H. Göttingen：Vandenhoeck & Ruprecht Verlag, 1958：77.

② DILTHEY W. Gesammelte Schriften. Band X. System der Ethik [M]. hrsg. von NOHL H. Göttingen：Vandenhoeck & Ruprecht Verlag, 1958：78.

③ DILTHEY W. Gesammelte Schriften. Band X. System der Ethik [M]. hrsg. von NOHL H. Göttingen：Vandenhoeck & Ruprecht Verlag, 1958：78.

④ DILTHEY W. Gesammelte Schriften. Band X. System der Ethik [M]. hrsg. von NOHL H. Göttingen：Vandenhoeck & Ruprecht Verlag, 1958：78.

⑤ DILTHEY W. Gesammelte Schriften. Band X. System der Ethik [M]. hrsg. von NOHL H. Göttingen：Vandenhoeck & Ruprecht Verlag, 1958：78.

与意志生命的组成部分和过程的独特性"①。而想要做到这一点就只有将"人类学-历史分析与心理学-伦理分析相结合",即在"情感和意志生命"的基本过程中把握它们"随着环境变化在各种不同而又彼此关联的表达(Äußerungen)中得以自我展现(sich kundtun)"的特性,而"团结"作为"随着环境变化在各种不同而又彼此关联的表达"或者说"道德生命的原始现象"的基础,也可以通过对伦理发展的人类学-历史研究得到揭示和证明。② 不仅如此,这也是狄尔泰眼中义务和法权得以理解的真正基础:"与 B 等价之 A 的意愿和结果无法被感受到,若不能使 B 负责(verpflichten),每当发生这种情况时都做出相应之事(das Entsprechende)。"③ 这也就是说,只有在"团结"的基础之上,才能确保个体对约束性的表达与负责的行为之间的统一性,也才能达成对个体间的语言、表情和行为等各种自我表达的真正理解。狄尔泰甚至进一步将这种"团结"基础上展现的个体间意愿力量的透明性或者"真实性(Wahrhaftigkeit)"视作爱和友谊等"最亲密的生命关系"的基础,并认为它不仅排除谎言和秘密,还通过确立"内在与语言间的等价关系(Kongruenz zwischen Inerem und Wort)"或者说"在外在中揭示内在(Aufschließen des Inneren im Äußeren)"④ 建立人类个体间的关联,进而为一切人类交往提供必要条件。也正是在这层意义上,"真实性"才会被狄尔泰视为地位仅次于"共感"的"最为原初的德性"以及"社会-道德生命的真正基础"。

---

① DILTHEY W. Gesammelte Schriften. Band X. System der Ethik [M]. hrsg. von NOHL H. Göttingen:Vandenhoeck & Ruprecht Verlag, 1958:79.

② DILTHEY W. Gesammelte Schriften. Band X. System der Ethik [M]. hrsg. von NOHL H. Göttingen:Vandenhoeck & Ruprecht Verlag, 1958:79-80.

③ DILTHEY W. Gesammelte Schriften. Band X. System der Ethik [M]. hrsg. von NOHL H. Göttingen:Vandenhoeck & Ruprecht Verlag, 1958:80.

④ DILTHEY W. Gesammelte Schriften. Band X. System der Ethik [M]. hrsg. von NOHL H. Göttingen:Vandenhoeck & Ruprecht Verlag, 1958:80.

如上文所说，意志伴随着明确的自我意识，都以"情感生命的满足"为绝对重心。这也就意味着它时刻承受着这一需求的约束和限制，而为确保这样一种前后一致性提供条件的，正是意志自身所具有的同一性特性。也正是在这种意志自身同一性的基础之上，自我意识持续进行着自我构造，并通过"沉默的或者明言的意志行为"① 表达对未来行为的约束性。但尽管意志自身的行为和所处关系作为"一点儿被它（注：指意志）自身明言或者沉默地肯定之物"② 以一种"相互作用"的生命关系为基础，以至于貌似可以将意志过去和未来行为的一致性也视为一种意志对自身的"负责"，但这并不是狄尔泰眼中真正意义上的"负责"——意志们的"彼此负责"。这种意志们对彼此的约束甚至作为"一种合法的和彼此沉默的前提"③ 被包含在一切义务和法权关系中，体现为一种"被意志沉默地肯定之物"。另外需要注意的是，狄尔泰在《伦理学体系》第二部分第十八小节"约束（Bindung）与义务"中关于"相互作用"以及意志们"彼此负责"的术语使用以及相关论述，都显然与他青年时期在《试析道德意识》中提出的观点保持高度一致。他甚至还在此基础上重申作为道德综合的"正直"相对于"友善"的进步意义④："正直"凸显意志"被约束"的一面，自身包含着"义务感和有序的相互作用感"；随着"正直"自身在历史进程中涉及范围的

① DILTHEY W. Gesammelte Schriften. Band X. System der Ethik ［M］. hrsg. von NOHL H. Göttingen：Vandenhoeck & Ruprecht Verlag, 1958：81.
② DILTHEY W. Gesammelte Schriften. Band X. System der Ethik ［M］. hrsg. von NOHL H. Göttingen：Vandenhoeck & Ruprecht Verlag, 1958：81.
③ DILTHEY W. Gesammelte Schriften. Band X. System der Ethik ［M］. hrsg. von NOHL H. Göttingen：Vandenhoeck & Ruprecht Verlag, 1958：81.
④ 详见本书第三章第二节第二部分论述"三种道德综合与赫尔巴特的完满五要素的比较"的部分。DILTHEY W. Gesammelte Schriften. Band X. System der Ethik ［M］. hrsg. von NOHL H. Göttingen：Vandenhoeck & Ruprecht Verlag, 1958：81－82；DILTHEY W. Gesammelte Schriften. Band VI. Die geistige Welt. Einleitung in die Philosophie des Lebens. Zweite Hälfte：Abhandlungen zur Poetik, Ethik und Pädagogik ［M］. hrsg. von MISCH G. Göttingen：Vandenhoeck & Ruprecht Verlag, 1924：47-48.

不断扩大，意志们的"彼此负责"也会在日益增多的生命表达中得到愈加明晰的理解；这也就意味着它可以基于自身所具有的普遍性和约束性特征为社会提供更为全面和充分的利益保障，实现一种"价值秩序中道德世界的自我客观达成"。从这层意义上说，法律和义务都绝非"友善"自我实现的作用机制，更确切地说，它们是"人类意志对于价值世界的行为方式"①，具有自身独立的伦理价值。

综上可知，"团结"或者说"纽带意识"作为被包含在"对他人的情感""对他人之中过程的重新构造""重新理解"过程中的一种情感或意识状态，是人类一切伦理情感的"共同伦理实质"和"友善"的基础。它不仅排除不透明性和不可理解性等个体意志间彼此理解的障碍，还是"共感"中真正促使个体发出对他人生命"积极参与"行为的动力之源。因此，如果不能对其基础性地位加以充分认识，便无法真正理解人类心灵生命正是通过强化这一意识和消除情绪"摩擦"，才最终实现对自身的拓展和提升并获得相应的快乐情感。狄尔泰还尤其强调，这种意识能够在人类交往以及各种团体中得以不断发展。事实上，无论是最开始的人类原始部落，还是之后出现的国家，抑或最终的整个人类共同体，各种人类团体作为共同兴趣或利益条件下基于个体间的彼此理解以及其中所包含的"团结"或者"纽带意识"建立的人类组织，都为"友善"的自我构造、自我拓展以及自我提升提供了必要条件，最终实现全人类的共同幸福或者说"普遍福利（die allgemeine Wohlfahrt）"②。因此，人们自然也可以从这一角度出发批驳功利主义颠倒心灵生命普遍事实与人类"普遍福利"间的推导关系。

---

① DILTHEY W. Gesammelte Schriften. Band X. System der Ethik ［M］. hrsg. von NOHL H. Göttingen: Vandenhoeck & Ruprecht Verlag, 1958: 82.
② DILTHEY W. Gesammelte Schriften. Band X. System der Ethik ［M］. hrsg. von NOHL H. Göttingen: Vandenhoeck & Ruprecht Verlag, 1958: 83.

　　另一方面，狄尔泰还明确将这种"对他人之中过程的重新构造"或者说"重新理解"过程基础上实现的生命提升视作一种朝向"可理解性"，更确切地说，"观念性"的发展过程，认为一切想象图像都致力于"构造一种带来提升的心灵生命关联"①。此处所说的"关联"显然就是他在《诗意的想象力与癫狂》（*Dichterische Einbildungskraft und Wahnsinn*，1886）② 中首次提出并在《诗人的想象力：诗学的组成部分》（*Die Einbildungskraft des Dichters. Bausteine für eine Poetik*，1887）③ 中详尽阐发的"获得性心灵关联（erworbener seelischer Zusammenhang）"，指一种"意识中在场之物（das im Bewusstsein Befindliche）指向的，同时又被它所限制、决定和奠基"④ 的活生生的生命关联。作为"一个高度集合的整体"（注：原文为"so höchst zusammengesetzt… als ein Ganzes"，此处有改动）⑤，它不仅达成"不可互相归因"的表象、情感和意愿行为间的彼此联结，还作为一种根本上的价值评价结构凸显情感使人类心灵生命在应对外在世界复杂、多变境况时仍能保持自身"连续性（Kontinuität）"⑥ 的重要作用。正如马克瑞尔所说，这种"连续性"可

① DILTHEY W. Gesammelte Schriften. Band X. System der Ethik［M］. hrsg. von NOHL H. Göttingen：Vandenhoeck & Ruprecht Verlag，1958：83.
② DILTHEY W. Gesammelte Schriften. Band VI. Die geistige Welt. Einleitung in die Philosophie des Lebens. Zweite Hälfte：Abhandlungen zur Poetik，Ethik und Pädagogik［M］. hrsg. von MISCH G. Göttingen：Vandenhoeck & Ruprecht Verlag，1924：90-102.
③ DILTHEY W. Gesammelte Schriften. Band VI. Die geistige Welt. Einleitung in die Philosophie des Lebens. Zweite Hälfte：Abhandlungen zur Poetik，Ethik und Pädagogik［M］. hrsg. von MISCH G. Göttingen：Vandenhoeck & Ruprecht Verlag，1924：142-241.
④ DILTHEY W. Gesammelte Schriften. Band VI. Die geistige Welt. Einleitung in die Philosophie des Lebens. Zweite Hälfte：Abhandlungen zur Poetik，Ethik und Pädagogik［M］. hrsg. von MISCH G. Göttingen：Vandenhoeck & Ruprecht Verlag，1924：143.
⑤ DILTHEY W. Gesammelte Schriften. Band VI. Die geistige Welt. Einleitung in die Philosophie des Lebens. Zweite Hälfte：Abhandlungen zur Poetik，Ethik und Pädagogik［M］. hrsg. von MISCH G. Göttingen：Vandenhoeck & Ruprecht Verlag，1924：143.
⑥ DILTHEY W. Gesammelte Schriften. Band VI. Die geistige Welt. Einleitung in die Philosophie des Lebens. Zweite Hälfte：Abhandlungen zur Poetik，Ethik und Pädagogik［M］. hrsg. von MISCH G. Göttingen：Vandenhoeck & Ruprecht Verlag，1924：147.

以被视作情感在"获得性心灵关联"中经由价值实现的自身"客观化（objectified）"或者说在其心理学和社会-历史维度之上添加的"文化-规范（cultural-normative）维度"，具体表现为它除了"更为个人化的个体价值"外还包含"公共文化理想（public cultural ideas）"。① 这样一种心理学观点显然已经超出狄尔泰所处时代对心理学的一般界定，但却无疑契合他对精神科学奠基的要求。

狄尔泰还特别指出，在这些"对他人之中过程的重新构造"或者说"重新理解"过程基础上实现的心灵生命提升，同时也是在各层次人类交往中完成的"对更高的人类本性的重新构造（die höhere menschliche Natur nachzubilden）"②，尤其凸显了父亲、教师以及当下或者文学和历史作品中杰出人物等"榜样（Vorbilder）"③ 在个体教育或者"伦理进化"方面具有的巨大构造性力量。这绝非是单纯依靠追求理性的自然科学所能完成的任务，而是在很大程度上依靠"人文教育"——通过对荷马（Homer）、柏拉图和亚里士多德等创作的人文经典著作的阅读来实现对杰出人物"卓越之处的重新构造"④。事实上，在同时期发表的论文《关于一种普遍有效的教育科学的可能性》（*Über die Möglichkeit einer allgemeingültigen pädagogischen Wissenschaft*，1888）⑤ 中，狄尔泰也曾就教育作为一种推动"伦理进化"直至实现个体心灵生命"完

① MAKREEL R A. Dilthey. Philosopher of the Human Studies ［M］. Princeton：Princeton University Press，1992：101.

② DILTHEY W. Gesammelte Schriften. Band X. System der Ethik ［M］. hrsg. von NOHL H. Göttingen：Vandenhoeck & Ruprecht Verlag，1958：83.

③ DILTHEY W. Gesammelte Schriften. Band X. System der Ethik ［M］. hrsg. von NOHL H. Göttingen：Vandenhoeck & Ruprecht Verlag，1958：84.

④ DILTHEY W. Gesammelte Schriften. Band X. System der Ethik ［M］. hrsg. von NOHL H. Göttingen：Vandenhoeck & Ruprecht Verlag，1958：84.

⑤ DILTHEY W. Gesammelte Schriften. Band VI. Die geistige Welt. Einleitung in die Philosophie des Lebens. Zweite Hälfte：Abhandlungen zur Poetik，Ethik und Pädagogik ［M］. hrsg. von MISCH G. Göttingen：Vandenhoeck & Ruprecht Verlag，1924：56-89.

满"的构造性力量的主题展开过深入思考，但强调的重点明显放在为其奠定基础的心灵生命的目的性关联结构以及本能和情感在这一关联中的重要意义上，并未提到"人文教育"这一契合他的精神科学奠基设想的实现路径。

但正是由于对心灵生命的自身特性有着清晰认识，狄尔泰才会踟蹰于心灵生命"与伦理之物相关的禀赋（die Anlagen zum Sittlichen）"①以及"伦理禀赋（sittliche Anlagen）"②之间。因为人们不但很难就"伦理禀赋"的数量给出明确答案，而且所处境况和条件的不断变化也使它不断发生变形甚至变异，这一切无疑都为就心灵生命展开的科学研究制造巨大障碍。例如，人们甚至很难将"勇气"等"伦理禀赋"和"胆怯"等意志的其他特征严格区分开来，因为二者都是心灵生命"谋求自我重复（sich wiederholen streben）的特定意愿或其规律的特性"③，前者相较于后者的最大区别或许只在于建立与一种"愉快的情感状态"或者说"生命感的提升"的稳定关联、倾向性。此外，"习惯"乃至"让某些意愿服从于规定的偏好"④ 也都属于这一范围。但若不执着于此，而是满足于对这种"我们只在活生生的经验中自我占有的，但却不能被抽象表达的形而上学关联"⑤ 施予一种形而上学解释，也未尝不是一种很好的理解方式。

---

① DILTHEY W. Gesammelte Schriften. Band X. System der Ethik ［M］. hrsg. von NOHL H. Göttingen：Vandenhoeck & Ruprecht Verlag, 1958：85.
② DILTHEY W. Gesammelte Schriften. Band X. System der Ethik ［M］. hrsg. von NOHL H. Göttingen：Vandenhoeck & Ruprecht Verlag, 1958：84.
③ DILTHEY W. Gesammelte Schriften. Band X. System der Ethik ［M］. hrsg. von NOHL H. Göttingen：Vandenhoeck & Ruprecht Verlag, 1958：84.
④ DILTHEY W. Gesammelte Schriften. Band X. System der Ethik ［M］. hrsg. von NOHL H. Göttingen：Vandenhoeck & Ruprecht Verlag, 1958：84.
⑤ DILTHEY W. Gesammelte Schriften. Band X. System der Ethik ［M］. hrsg. von NOHL H. Göttingen：Vandenhoeck & Ruprecht Verlag, 1958：11.

第三节 "伦理进化"：朝向"持久的满意"的人类伦理实践

在阐明心灵生命基本结构以及个体的"伦理禀赋"之后，狄尔泰继续沿着他独特的"根植于人类学-历史分析的心理-伦理"研究进路，将目光投向它们在社会中历经的变化和发展过程——"伦理进化"，并就其内在逻辑展开论述。在狄尔泰看来，诸如个体发展、劳动、财产和婚姻等重要社会力量，并非是依靠彼此的简单组合构成社会这部大机器的"机械部件"，而是产生于身处于社会团体中的个体的本能以及"伦理禀赋"基础之上，因此它们在共同作用下展现出的朝向"普遍福利"的发展趋向，事实上也都是社会中各种相互关联的个体意志相互作用的结果。①

一、由"伦理禀赋"到"社会伦理力量"

"对本能的满足给予一种暂时的满意（eine vorübergehende Zufriedenheit），但受伦理禀赋约束的状态却包含着持久的满足（dauernde Befriedigung）。于是在个体和社会中，一种持久的满意（eine dauernde Zufriedenheit）仅仅与后者的优先性相关。当社会日益在某些边界内减轻（erleichtert）满足本能的负担并使之成为不言而喻的前提条件时，它也就具有在伦理禀赋的发展中获取持久的满意的可能性。"② 相较于这里

---

① DILTHEY W. Gesammelte Schriften. Band X. System der Ethik ［M］. hrsg. von NOHL H. Göttingen：Vandenhoeck & Ruprecht Verlag, 1958：86.

② DILTHEY W. Gesammelte Schriften. Band X. System der Ethik ［M］. hrsg. von NOHL H. Göttingen：Vandenhoeck & Ruprecht Verlag, 1958：87.

所说的"暂时的满意",狄尔泰更为强调与"伦理禀赋"的发展密切相关的"持久的满意"或"持久的满足",即上文所说的身处于社会团体中的个体的本能以及"伦理禀赋"的共同作用下展现出的朝向"普遍福利"的发展趋向。而为实现这一点提供必要前提条件的,正是社会在"减轻对本能的满足的负担"方面所做的贡献。从这层意义上看,"伦理禀赋"的发展就是社会发展进程的一部分,"伦理进化"也就是社会进化基础上实现的结果。因为在这一过程中,由"伦理禀赋"发展出各种社会生命力量或形式。因此,研究社会中的"伦理进化"绝不可能依靠什么先验方法或是对伦理现象的观察,而是要谨慎、冷静地观察它在各个历史时期的不同表现,尤其要对作为"持久的满意"的动因的"社会伦理力量"加以清晰认识。

如上文所述,狄尔泰将"伦理禀赋"视作各种"社会伦理力量"的源头。换句话说,"持久的满意"也就可以被视作各种意志特性在与他人"利益团结(Stabilität der Interessen)"① 的基础上发展出的、始终伴随着强烈的快乐情感的结果。但狄尔泰强调,由"伦理禀赋"发展出的"社会伦理力量"都体现出与本能系统的联结:"社会的进化在某一环境(Milieu)下的个体力量的相互作用(Wechselwirkung)下实现。既然它们存在于本能、情感和伦理禀赋中,那么也就可以从它们的相互作用中推导出这种进化。"② 这里所说的"个体力量"又被称作"社会历史生命的实在力量或形式",不仅包括营养本能、性本能和习惯等构成的社会力量"第一层级",还包括由它们多方协作构造出的"更高级的整体",即由劳动、个体发展、财产、"同志团体(Genossenschaft)"和家庭等

---

① DILTHEY W. Gesammelte Schriften. Band X. System der Ethik [M]. hrsg. von NOHL H. Göttingen: Vandenhoeck & Ruprecht Verlag, 1958: 87.

② DILTHEY W. Gesammelte Schriften. Band X. System der Ethik [M]. hrsg. von NOHL H. Göttingen: Vandenhoeck & Ruprecht Verlag, 1958: 88.

构成的社会力量"第二层级"①：首先，劳动作为一种能够带来持续满足的持续"意志使用"，是一切社会产物的基础并与达成"持久的满意"以及对激情的掌控密切相关，这就要求社会尊重一切人类个体的平等价值并通过强制手段确保每位劳动者享受的劳动成果与其所承担的责任间的合比例关系；其次，个体发展是其实现"对本能的满足"、确立"持久的满意"重心以及个体自主性的必要形式，这就要求社会秩序确保每位劳动者的独立地位并尊重他们的个人劳动；再次，财产作为"意志的直接生命表达（Lebensäußerung）"，彰显了意志在劳动中作用的连续性，涵盖一切劳动报酬的产生、积累乃至死后继承，这就意味着"意志在对已获取的劳动成果的掌控中获得满足"，而这种满足一切需求的趋向也会使得意志在社会中不断提高对人类本性的控制力，并最终实现"自由意志实践（freie Willensbetätigung）"对个体需求的超越或者说实现对它的"拓展"；此外，"同志团体"包括对共同体和亲属关系的需求，以部落和部族的血缘关系为基本形式；最后，在作为"不断自我发展并不可超越的劳动共同体形式"的婚姻和家庭中，前者作为"彻底消除陌生性（Fremdheit）的真正理念"是只有在"性共同体（Geschlechtsgemeinschaft）"以及共同后代基础上才能实现的"世界的最大秘密"。

正如狄尔泰一贯主张的那样，他并不认为存在什么放之四海皆准的良心诫命或者道德规范，如非洲原始部落还会出现人吃人、杀婴和跨物种乱伦等缺少人性的现象，而这些现象在欧洲文明社会也并未绝迹。因此，他所说的"伦理进化"更多指的是在对个体和社会发展进

① DILTHEY W. Gesammelte Schriften. Band X. System der Ethik ［M］. hrsg. von NOHL H. Göttingen: Vandenhoeck & Ruprecht Verlag, 1958: 88-89.

程的观察中明确发现了人类意志特性包含的"发展原则"（Prinzip der Entwicklung）① 或者说进化原则。在它的作用下，"不那么显眼却又持久的作用"② 反复出现并最终带来人类整体道德状况的"进化"。与此同时，人们不会任由本能掌控自身伦理发展，而是会借助于理智的力量"逐渐为意志在社会中对本能的满足方面减负（Entlastung）"③："我们称文明的进步为这样一个过程，一方面这种满足（注：指对本能的满足）变得越来越完整，对愉快情感稳定来源的利用变得越来越全面，但另一方面这却对劳动消耗（Arbeitsaufwand）提出越来越小的要求。"④ 在这一过程中，习惯和行为规定也在相同意愿的反复作用下在人类个体和社会中逐渐形成，又反过来进一步作用于意志"减负"。至此，作为意志实践活动的"伦理禀赋"便实现了自身的自由发展，爱、友善和奉献等面向他人、团体和共同体的更高的伦理追求也会实现对奢靡、纵欲等本能的自由掌控。

在狄尔泰看来，社会"伦理进化"的历史过程除受本能、情感和意志等个体内在因素影响外，也受到气候、地形、动植物资源等外在环境因素的影响，后者直接关系人类族群的规模和发展态势。从人类学角度看，原始人正是由于低下的营养状况和神经系统发育状况而无法从事长时间的体力劳动，无法在满足自身需求的同时实现对情绪长期的、合计划性的调控；但另外，他们又因此获得了对不利影响更强的忍受力以及对不愉快甚至痛苦情感更强的承受力，"完全享有生命表达和情绪活动的

---

① DILTHEY W. Gesammelte Schriften. Band X. System der Ethik ［M］. hrsg. von NOHL H. Göttingen：Vandenhoeck & Ruprecht Verlag，1958：91.

② DILTHEY W. Gesammelte Schriften. Band X. System der Ethik ［M］. hrsg. von NOHL H. Göttingen：Vandenhoeck & Ruprecht Verlag，1958：91.

③ DILTHEY W. Gesammelte Schriften. Band X. System der Ethik ［M］. hrsg. von NOHL H. Göttingen：Vandenhoeck & Ruprecht Verlag，1958：91.

④ DILTHEY W. Gesammelte Schriften. Band X. System der Ethik ［M］. hrsg. von NOHL H. Göttingen：Vandenhoeck & Ruprecht Verlag，1958：91.

自由"，表现出"一种孩子般的乐天（eine kindliche Fröhlichkeit）"。①
此外，尽管狄尔泰认为原始人缺乏对自身本能的合目的性调控能力，却
并不否认他们具备"基本的善良（elementare Gutmütigkeit）"②。

二、道德意识在社会团体中的发展与社会伦理系统的"进化"

原始人个体具有的"基本的善良"只是处于道德意识发展的初始
阶段。在人类社会进化的历史过程中，原始部落、部族以及后来出现的
家庭等社会团体在人类道德意识的发展过程中都起到重要作用。尤其是
随着基于财产关系建立的父权社会取代建立在血缘关系基础上的母权社
会，不仅男性对女性以及后代的支配权被确立下来，家庭也日益成为对
个体"伦理进化"最具影响力的社会团体。事实上，礼俗伦常就是诸
个体的"伦理禀赋"在上述社会团体中发展出的结果。在这一过程中，
个体某些特定的意志特性逐渐成为社会团体中诸个体稳定不变的行为方
式或者说代代相传的习惯（Gewohnheit），不仅具有对个体行为的控制
力，也成为对整个共同体起作用的共同义务（gemeinsame Pflichten）。
换句话说，礼俗伦常自身包含着活生生的道德动机。但这并不意味着它
们在世代相传的过程中仍会"保持初心"，如祝酒最初原本是一种祭酒
仪式，虽然外在形式不变，但内在目的早已发生实质变化。礼俗伦常得
以世代延续除了受到上文提到的习惯的作用外，还在很大程度上受制于
处于同一社会团体的"同志们对它的偏离作出的判断（das Urteil der
Genossen über Abweichungen von derselben）"③ 或者说受到他们对偏离

---

① DILTHEY W. Gesammelte Schriften. Band X. System der Ethik ［M］. hrsg. von NOHL
H. Göttingen：Vandenhoeck & Ruprecht Verlag，1958：92-93.

② DILTHEY W. Gesammelte Schriften. Band X. System der Ethik ［M］. hrsg. von NOHL
H. Göttingen：Vandenhoeck & Ruprecht Verlag，1958：93.

③ DILTHEY W. Gesammelte Schriften. Band X. System der Ethik ［M］. hrsg. von NOHL
H. Göttingen：Vandenhoeck & Ruprecht Verlag，1958：94.

所在社会团体所集体认同的"礼俗伦常"的惩罚威慑——一种像作为
"外在强制手段"的法律一样对人类伦理发展发挥重要作用的"内在强
制手段（die inneren Zwangsmittel）"①。

　　此外，原始宗教中的祖先崇拜和献祭也与人类"伦理禀赋"发展
存在着密切关联。所谓"死者为大（De mortuis nihil nisi bene）"②，原
始人对祖先的记忆往往会滤掉死者生前的弱点和缺陷，放大他的优点和
德性。此外，这种对死者的崇敬也会通过对他死后生活的想象而对生者
的心绪产生影响。换句话说，只要生者对死者的记忆不灭，无论死者的
灵魂是被设想仍存在于人世间还是已经进入阴曹地府，它都会一直保持
与生者悲喜情感的交流，甚至被人类视作决定生者幸福与不幸的超自然
存在。狄尔泰指出，这种对祖先记忆的理想化包含着人类的伦理本能，
它通过将死者灵魂设想成影响人类命运的超自然存在而激发出相应的恐
惧或是期盼的情感，进而对生者产生一种"更为持久的作用"③。这种
"更为持久的作用"事实上就是在对祖先的崇敬记忆中被归于死者的德性
施加的一种伦理作用，它或是令死者成为生者效仿的伦理榜样或者说现
实生活中永远不可能达到的、包含"一种趋向自身完满的禀赋以及一种
无限发展可能性"的"一个绝对完满之物（ein absolut Vollkommenes）"
的伦理理想，又或是激发出生者对在世的父母、英雄以及德高望重者的
崇敬之情。④至此，在人的"伦理禀赋"的基础上构造出的英雄和神祇
等伦理理想，使原始宗教实现自身的"伦理化（ver-sittlicht）"，之后

---

① DILTHEY W. Gesammelte Schriften. Band X. System der Ethik［M］. hrsg. von NOHL
　　H. Göttingen：Vandenhoeck & Ruprecht Verlag，1958：95.

② DILTHEY W. Gesammelte Schriften. Band X. System der Ethik［M］. hrsg. von NOHL
　　H. Göttingen：Vandenhoeck & Ruprecht Verlag，1958：95.

③ DILTHEY W. Gesammelte Schriften. Band X. System der Ethik［M］. hrsg. von NOHL
　　H. Göttingen：Vandenhoeck & Ruprecht Verlag，1958：96.

④ DILTHEY W. Gesammelte Schriften. Band X. System der Ethik［M］. hrsg. von NOHL
　　H. Göttingen：Vandenhoeck & Ruprecht Verlag，1958：96-97.

又成为从原始宗教中分离出来的诗学的理想，并最终成为"伦理世界最强大的力量之一"，而原始宗教的祭神仪式就成为一种用祭品向神祇换取好处的"义务"。① 事实上，在人类"伦理进化"过程中，继原始宗教之后出现的佛教、基督教和伊斯兰教等人类文明的重要代表也无一不以伦理理想作为自身发展的重心。所谓理想（Ideal），指的就是"一种意志的张力（eine Spannung des Willens），它不由责任决定，而是具有对一种更高完成的显明图像的自由实现（freier Verwirklichung eines vorschwebenden Bildes von höheren Vollendung）的特征"②。狄尔泰将这种意志的理想化特征等同于人的美学能力或者说想象力，将其视作一种被掩饰的人类意志的强化。如上文所说，它产生于亲子关系、祖先崇拜和英雄崇拜等最原始的社会团体意志关系，并在人类对理想秩序的构想中保持自身的一致性。

从这层意义上来说，那些在人的"伦理禀赋"的基础上构造出的英雄和神祇等伦理理想，就是实现活生生的人类生命任务所必要的意志特性或者说德性。它们不仅体现出与人类生命内容和目的的关联，同时又由于能够持久地在社会中发挥相同的作用而赋予意志表达形式"一种无条件的、不依赖于紧密相关的各种后果的价值"③。更确切地说，狄尔泰是通过善、恶、好、坏和德性等伦理概念赋予不同意志表达形式以不同价值，但又在彰显价值多元性立场的同时强调文化统一性。既然不存在放之四海皆准的善恶标准，那么价值判断的准绳究竟何在？"不考虑它们所服务的需求的话，一把好刀或一双坏靴子都既无功也无过。

---

① DILTHEY W. Gesammelte Schriften. Band X. System der Ethik ［M］. hrsg. von NOHL H. Göttingen：Vandenhoeck & Ruprecht Verlag，1958：97.
② DILTHEY W. Gesammelte Schriften. Band X. System der Ethik ［M］. hrsg. von NOHL H. Göttingen：Vandenhoeck & Ruprecht Verlag，1958：98.
③ DILTHEY W. Gesammelte Schriften. Band X. System der Ethik ［M］. hrsg. von NOHL H. Göttingen：Vandenhoeck & Ruprecht Verlag，1958：98.

因此，我们也会首先将一个好人理解为这样一个人，他拥有实现他的任务所必要的特性（die zur Erfüllung seiner Aufgaben erforderlichen Eigenschaften）；我们将真实性、正直等这些对于解决每项人类任务必需的特性称作德性。"① 此处，狄尔泰将意志特性是否适于完成人类生命任务视作价值判断的标准，克劳斯甚至将之称作狄尔泰对上述伦理概念的"一种功能主义阐释（eine funktionalistische Interpretation）"②。但不可否认的是，这种解读方式确实很好地揭示了这些伦理概念在价值判断中对于人类行为方式日益增强的"间接的、扩散至社会其他范围的影响"③，同时也使得对各种行为方式以及意志特性的价值判断日益脱离各种紧密相关的后果。例如，"真实性"这一意志特性或许会对某些个体带来不利的影响，但却为整个人类社会更高的发展形势奠定信任基础；又如，偷盗或许是出于为他人谋福利的目的并且确实造福于某些弱势群体，却同时损害相关强势群体的利益，因而是有悖于保护全人类私有财产的行为和思维方式。

这样一种对社会道德功能的阐释，也与社会伦理学方法的认识结果达成一致。事实上，正是由于这些"适于维护社会团结（die Gesellschaft zusammenhalten）的行为方式与特性"④ 不仅能够满足个体和社会的需求，还不断推动构成社会整体的诸个体间"统一、和谐与紧密关联"的关系的发展，它们才会被给予如此高的伦理评价，才会在能否完成人

---

① DILTHEY W. Gesammelte Schriften. Band X. System der Ethik ［M］. hrsg. von NOHL H. Göttingen：Vandenhoeck & Ruprecht Verlag，1958：98.

② KROß M. Kritik der ethischen Vernunft. Zu Wilhelm Diltheys Vorlesung „ System der Ethik " aus dem Jahre 1890 ［C］//RODI F（Hrsg.）. Dilthey-Jahrbuch für Philosophie und Geschichte der Geisteswissenschaften 9. Göttingen：Vandenhoerck & Ruprecht，1994-1995：263-264.

③ DILTHEY W. Gesammelte Schriften. Band X. System der Ethik ［M］. hrsg. von NOHL H. Göttingen：Vandenhoeck & Ruprecht Verlag，1958：99.

④ DILTHEY W. Gesammelte Schriften. Band X. System der Ethik ［M］. hrsg. von NOHL H. Göttingen：Vandenhoeck & Ruprecht Verlag，1958：99.

类生命的实际任务方面得到检验。既然社会中的一切活生生的人类生命任务完成与否都会受到人类道德意识的决定性影响，那么这自然也就成为狄尔泰为自身伦理学体系奠基的必要前提，即对社会中"普遍而持久起作用的伦理生命动机（die allgemeinen und beständig wirkenden Triebfedern des sittlichen Lebens）"① 进行科学阐释。

　　狄尔泰共总结出五类主要的社会伦理动机，分别是"任何对个人卓越（persönliche Tüchtigkeit）以及与此相关的满足和外在认可（äußeren Anerkennung）的追求""同情、友善和爱的动机""义务感和正义感，义务和正义中的约束意识（Bewusstsein von Bindung in Pflicht und Recht）""个人的劳动以及向人类已生产或将被生产出的产品献身（die von der Menschheit hervorgebrachten oder hervorzubringenden Güter）的动机"以及"个体与家庭、部落、国家等团体单元（Verbandeinheiten）以及由此决定的依赖感、掌控感、同志感和献身感等情感的交织（Verwebung）"。② "宁做一个不满足的人，不做一头满足的猪。"③ 第一类社会伦理动机主要凸显人类生命活动对于"自我持存"、自我提升以及生命力量的要求，而不耽于"趋乐避苦"的狭隘要求。正如狄尔泰在《试析道德意识》中明确指出的那样，"快乐"只是健康的生命活动成功的标志，并不具有无条件约束性，更谈不上像"友善"一般可以引发对他人善意的行为。第二类社会伦理动机主要着眼于在人的社交本能（der Trieb der Geselligkeit；Geselligkeitstriebe）基础上对人类个体存在的拓展。"一个他人的生命状态提升了我，一种社会循环的生命状态提升

---

① DILTHEY W. Gesammelte Schriften. Band X. System der Ethik ［M］. hrsg. von NOHL H. Göttingen：Vandenhoeck & Ruprecht Verlag，1958：100.
② DILTHEY W. Gesammelte Schriften. Band X. System der Ethik ［M］. hrsg. von NOHL H. Göttingen：Vandenhoeck & Ruprecht Verlag，1958：100-104.
③ DILTHEY W. Gesammelte Schriften. Band X. System der Ethik ［M］. hrsg. von NOHL H. Göttingen：Vandenhoeck & Ruprecht Verlag，1958：101.

了我的整个存在，在其他情况下则由此产生对我的压力。"① 但在狄尔泰看来，无论这样一种作为"原初的、被直接给定之物"② 的情感事实具有多么重大的伦理意义，都不意味着它能够从根本上胜任构造社会生命的任务，因为它并不具备对诸社会个体的意志进行约束和限制的能力。能够做到这一点的，只有第三类社会伦理动机。产生于"个体对自我的忠诚以及对他人自我价值的尊重"基础之上的约束意识，在为各种外在世界的政治法律形式提供内在约束力的同时，也赋予各种外在行为一种更高的合法性。第四类社会伦理动机与上述三类构造人类社会生命的主要动机紧密相关，主要彰显了历史发展过程中产生的各种具有独立价值的精神产物或者说"文化系统"及其在实现社会行为价值方面的具体作用。它在人类道德意识中发挥作用，具有不依赖于其他社会伦理动机的自身价值。正如马克瑞尔所说，狄尔泰对社会伦理动机历史性的强调明显受到黑格尔对社会伦理理性思考的影响，但却因被置于"一种更广阔的对生命的人类学反思框架"③ 之中而最终通往对道德文化理想的探究。最后，第五类社会伦理动机尽管凸显出社会外在组织以及与其相关的情感对于个体伦理发展的重要作用，却显然不是狄尔泰眼中足以为伦理学奠基的根本动力之源。

狄尔泰又将上述各种社会伦理动机在特定社会状态下的共同作用称作"伦理文化（die sittliche Kultur）"或者"一个时代的道德风气（das Ethos einer Zeit）"，并将其视作社会生命活生生的文化重心。这一观点

---

① DILTHEY W. Gesammelte Schriften. Band X. System der Ethik ［M］. hrsg. von NOHL H. Göttingen：Vandenhoeck & Ruprecht Verlag, 1958：101.

② DILTHEY W. Gesammelte Schriften. Band X. System der Ethik ［M］. hrsg. von NOHL H. Göttingen：Vandenhoeck & Ruprecht Verlag, 1958：102.

③ MAKREEL R A. Dilthey as a Philosopher of Life ［C］//CAMPBELL S M, BRUNO P W （ed.）. The Science, Politics, and Ontology of Life-Philosophy. London：Bloomsbury Publishing, 2013：12.

无异于将由诸个体构成的社会整体的结构视作人类个体生命共同作用的框架，也与他关于描述性心理学或者说结构心理学的观点达成一致。如果说各种心理学事实、价值和生命意义在道德意识的基本逻辑运作中形成一种目的关联总体，那么个体生命就是在这种关联总体的序列中基于自身与社会整体的关系明确自身存在的价值。换句话说，这种关系自身就包含着"寓居于直接的伦理动机中的价值给定（Wertgebung）"①。事实上，狄尔泰在《精神科学导论》（第一卷）中就曾明确指出，只有"借助于一门真正的描述性心理学"才能解决伦理学研究中哲学探究与实证研究相分离的问题，才能充分说明诸如意志、责任等概念，才能真正确立相关基本原理并最终解决学者们在伦理学研究立场上的根本冲突。② 因为这些问题的根源都在于他们"对人类典型本性的观点差异"③，而心理学的优势恰恰在于借助抽象对构成社会历史实在活生生的关联的个体，或者说"作为内在经验中的给定事实（in der inneren Erfahrung als Tatsachen gegebenen）"存在的"心理生理生命单元（psycho-physische Lebenseinheiten）"加以分析，从而确定各种心理个体在社会历史关联中所发展出的各种普遍特征。④ 于是，包含着各种"心理生理生命单元"或者说个体生命的社会整体的结构，就成为一切人类生命个体共同作用的总体框架。

---

① DILTHEY W. Gesammelte Schriften. Band X. System der Ethik ［M］. hrsg. von NOHL H. Göttingen：Vandenhoeck & Ruprecht Verlag, 1958：104.

② DILTHEY W. Gesammelte Schriften. Band I. Einleitung in die Geisteswissenschaften. Versuch einer Grundlegung für das Studium der Gesellschaft und der Geschichte. Erster Band ［M］. hrsg. von GROETHUYSEN B. Göttingen：Vandenhoeck & Ruprecht Verlag, 1914：58-59.

③ DILTHEY W. Gesammelte Schriften. Band I. Einleitung in die Geisteswissenschaften. Versuch einer Grundlegung für das Studium der Gesellschaft und der Geschichte. Erster Band ［M］. hrsg. von GROETHUYSEN B. Göttingen：Vandenhoeck & Ruprecht Verlag, 1914：59.

④ DILTHEY W. Gesammelte Schriften. Band I. Einleitung in die Geisteswissenschaften. Versuch einer Grundlegung für das Studium der Gesellschaft und der Geschichte. Erster Band ［M］. hrsg. von GROETHUYSEN B. Göttingen：Vandenhoeck & Ruprecht Verlag, 1914：29-30.

除了强调心理学作为最基础的精神科学门类的地位，狄尔泰还不忘指出人类普遍的生物学结构对于个体心理学研究的重要支持作用。正如前文所说，狄尔泰曾就"生命体基本计划"给出过十分具体的说明："由动物性组织承载的诸种本能被外在刺激激发并发挥作用；它们借助于反射机制（Reflexmechanismus）给予外在世界合目的的作用（zweckmäßige Wirkungen），并制造出这（注：指'外在世界'）与个体间的适应（Anpassung）……这种心理表象链条的合目的性（die Zweckmäßigkeit）会随着链条环节的增加而增长。"①。这种具有明显生物学和进化论特征的表述方式，不但指明"诸种本能"与"动物性组织"功能系统的关联性，还凸显这些心理过程的关联所承载的一种"合目的的作用"或者说"合目的性"。换句话说，正是这种"合目的性"确保了外在刺激和本能反应活动与它们之间不断增加的"中间环节"② 的统一性。这里所说的"中间环节"，指的就是伴随着生命体反射机制以及各种动物性组织器官和功能系统进化过程而来的诸如记忆和想象力等内在心理状态的持续发展，以及本能生命通过不断自我分化和提升最终"自我构造出一个伴随、承载和支撑动物性功能的系统"③ 的过程。与此相应的是，包括本能、情感和意愿等在内的"心理构造物"④ 及其对外在世界刺激的反作用亦呈现出不断分化和多样化的特征。

由此可见，狄尔泰明确从心理生命的结构关联出发，将思维与认识

① DILTHEY W. Gesammelte Schriften. Band X. System der Ethik [M]. hrsg. von NOHL H. Göttingen: Vandenhoeck & Ruprecht Verlag, 1958: 48.
② DILTHEY W. Gesammelte Schriften. Band X. System der Ethik [M]. hrsg. von NOHL H. Göttingen: Vandenhoeck & Ruprecht Verlag, 1958: 48.
③ DILTHEY W. Gesammelte Schriften. Band X. System der Ethik [M]. hrsg. von NOHL H. Göttingen: Vandenhoeck & Ruprecht Verlag, 1958: 49.
④ DILTHEY W. Gesammelte Schriften. Band X. System der Ethik [M]. hrsg. von NOHL H. Göttingen: Vandenhoeck & Ruprecht Verlag, 1958: 49.

的关系理解为一种类似于生物学刺激–反应机制的目的性结构关联，并进而将思维视作必须在行为中"被践行"的、连通印象与内在反应的关键。① 个体生命通过不断适应自身所处环境，不仅使自身生命变得愈加丰富、饱满，也实现了对本能和情感生命的持续满足。但这种结构关联也并不局限于个体生命之中，它同时也是所处时代更为广阔的社会生命关联的重要组成部分，因而具有一种双重身份。狄尔泰也因此将个体与其所处时代思维、生活和行为方式的内在结构关联称作一种"具体的统一性（konkrete Einheit）"或者说"活生生的统一性（lebendige Einheit）"，并将其视为文化的真意。② 这同时还意味着，这种内在结构关联也成为社会中伦理、宗教和艺术等文化系统共同构造某一道德文化时代"具体的整体（konkreten Ganzen）"③ 的重心。

三、"持久的满意"：狄尔泰构造性伦理学的发展趋向

如前文所述，狄尔泰构造性伦理学的最高目标绝非给予本能一种"暂时的满意"，而是在社会切实"减轻对本能的满足的负担"的前提下在个体构成的社会中达成一种与"伦理禀赋"的发展密切相关的"持久的满意"或"持久的满足"，或者说在身处于社会团体中的个体的本能以及"伦理禀赋"的共同作用下展现出的朝向"普遍福利"的发展趋向。为了对这一"伦理进化"过程进行全面、准确的研究，狄尔泰主张借助人类学研究方法谨慎、冷静地观察"伦理进化"在历史上各个道德文化时代的不同表现，尤其是获得对作为"持久的满意"

① DILTHEY W. Gesammelte Schriften. Band X. System der Ethik [M]. hrsg. von NOHL H. Göttingen：Vandenhoeck & Ruprecht Verlag，1958：49.
② DILTHEY W. Gesammelte Schriften. Band X. System der Ethik [M]. hrsg. von NOHL H. Göttingen：Vandenhoeck & Ruprecht Verlag，1958：105.
③ DILTHEY W. Gesammelte Schriften. Band X. System der Ethik [M]. hrsg. von NOHL H. Göttingen：Vandenhoeck & Ruprecht Verlag，1958：105.

的动因的"社会伦理力量"或者说社会伦理动机更为清晰的认识。

　　基于此，他在《伦理学体系》的最后一节"伦理学的伦理原则"①
中更明确地提出三种主要的伦理动机："正直""友善"和"完满"。
事实上，这一小节的内容几乎完全摘录自他的任教资格论文《试析道
德意识》（1864）关于上述三种先验综合的论述。② 但是，由人类学研
究获得的"后验"的伦理动机何以最终抵达"先验"的道德原则呢？
马克瑞尔显然也意识到这一问题，他将上文论及的狄尔泰在《伦理学
体系》第三部分第九小节中对第三类主要社会伦理动机的表述视为解
答这一问题的关键，即"将外在之物转换成有内在价值之物，却并不
将其归因于我自身的内在经验"③。用狄尔泰的话说，就是"伦理之物，
不可以先验方式回答"④。这种产生于"个体对自我的忠诚以及对他人
自我价值的尊重"基础之上的约束意识，因为具备对诸社会个体的意
志进行约束和限制的能力，从而能够从根本上胜任构造社会生命的任
务。它在为各种外在世界的政治法律形式提供内在约束力的同时，也赋
予各种外在行为一种更高的合法性。如果说"正直"使得道德得以通
过自我价值感统一人的内在经验并向自身负责，那么"友善"则表达
人的社会属性，在认可个体间的差异以及伦理价值多样性的同时要求对
他人持"友善"态度，"完满"则表明人类的历史属性以及追求普遍有
效性的要求。

---

① DILTHEY W. Gesammelte Schriften. Band .X. System der Ethik ［M］. hrsg. von NOHL
H. Göttingen：Vandenhoeck & Ruprecht Verlag，1958：107-112.

② 除全文最后四个自然段以外，分别对应《狄尔泰全集》（第六卷）第24-28页和第43-44
页。

③ MAKREEL R A. Dilthey as a Philosopher of Life ［C］//CAMPBELL S M，BRUNO P W
（ed.）. The Science，Politics，and Ontology of Life-Philosophy. London：Bloomsbury Publish-
ing，2013：10.

④ DILTHEY W. Gesammelte Schriften. Band X. System der Ethik ［M］. hrsg. von NOHL
H. Göttingen：Vandenhoeck & Ruprecht Verlag，1958：88.

　　尽管狄尔泰选择在《伦理学体系》的最后摘录早年在《试析道德意识》中表达的伦理学观点，但这却并非一种简单的重复。在《试析道德意识》中，为了确保伦理学对伦理实践的指导意义以及对生命的变革意义，狄尔泰以"正直""友善"和"完满"三种"先天实践-综合判断"或者说三种出自"行为的心灵的道德天性"的"道德意志得以与价值世界交往的实践行为方式"作为道德意识的统一性说明基础，促使他从"道德取向"以及人类道德组织的视角，重新思考如何克服道德法则的无条件性和变易性之间的矛盾。这些"不可互相归因"的"实践范畴"或者说道德综合要素"在生命中彼此支持，在道德中彼此抗争"，在相互交织和彼此互补中共同为一切道德判断奠定基础，并构造出"我们的道德组织的整体图景"①。但正如马克瑞尔指出的那样，在对狄尔泰构造性伦理学思想产生和发展历程进行全面、深入的考察后，人们不仅能够清晰认识到他早期和中晚期伦理学思想的发展变化及其统一性，还能够明确意识到中晚期狄尔泰对于以先验方式回答伦理学问题的早期立场进行的深刻反思，即《伦理学体系》尽管仍然为道德意识的先验判断留有空间，但其关注点与《试析道德意识》已完全不同。他不再试图将道德的无条件要求置入与伦理学的社会和历史问题的关系之中，而是发展出一种与道德文化时代紧密相关的"实践伦理学"。

　　另外需要指出的是，狄尔泰此后也并未停止对多元的"实践范畴"

---

① DILTHEY W. Gesammelte Schriften. Band X. System der Ethik ［M］. hrsg. von NOHL H. Göttingen：Vandenhoeck & Ruprecht Verlag，1958：27，110.

"生命范畴（Lebenskategorien 或 die Kategorien des Lebens）"① 或者说
"实在范畴（Realkategorien）"② 等思维范畴的思考，但他始终坚持将
生命或者说伦理生命视作一种具有"内在合目的性"的作用关联总体，
并拒绝对其构造过程进行一元论解释。正如伽达默尔所说，狄尔泰晚年
明显转向黑格尔，原本讲"生命"之处多被"精神"所替代。③ 他借用
"客观精神"这一概念，以类似于黑格尔利用绝对精神的自我演进、自

---

① 在《精神科学导论》（第二卷）的遗稿论文《生命与认知》（1905）中，狄尔泰曾断言一
切思维范畴都终将成为"生命范畴"："它（注：指生命）是不可被分析的。它之所以是，
不能在任何公式或者说明中被表达出来。因为思维不能退到生命之后，它在后者中现身
并在与后者的关联中存在。思维存在于生命之中，因此目光无法投向它的背后。生命对
于思维而言始终深不可测（unergründlich）……我们借以把握世界的最重要概念都是生命
范畴……思维告诉我们的不会多于我们所知（wissen）……它只是更清晰易懂地、在区别
和关联中更明确地进行了表达。"DILTHEY W. Gesammelte Schriften. Band XIX. Grundlegung
der Wissenschaften vom Menschen, der Gesellschaft und der Geschichte. Ausarbeitungen und
Entwürfe zum Zweiten Band der Einleitung in die Geisteswissenschaften（ca. 1870–1895）［M］.
hrsg. von JOHACH H und RODI F. Göttingen：Vandenhoeck & Ruprecht Verlag, 1982：347；
DILTHEY W. Gesammelte Schriften. Band VII. Der Aufbau der geschichtlichen Welt in den
Geisteswissenschaften［M］. hrsg. von GROETHUYSEN B. Göttingen：Vandenhoeck & Ruprecht
Verlag, 1927：359.
② 在《历史理性批判草稿》（*Entwürfe zur Kritik der historischen Vernunft*, 1910）中，狄尔泰论
及共同构造出实践生命可理解性的价值、目的、意义等"实在范畴"："我们以理解的方
式（verstehend）去对待生命，自我的生命以及他人的生命。这在与自然认识不同的自身
的范畴中实现。当对有机世界（die organische Welt）人类生命预备阶段的自然的认识中
需要目的的概念时，它就采用了这些人类生命范畴。这些形式范畴都是……并非以先验
方式构建的逻辑行为方式的抽象表达。它们已经出现在我们的初级思维中，并作为相同
之物在我们推理、受符号约束的高级阶段起作用。它们也是理解、认识、精神科学和自
然科学的形式条件。但这些实在范畴在精神科学和自然科学中并不相同。历史世界中并
不存在自然科学因果性……历史只知晓能动与受动（des Wirkens und des Leidens）、作用
与反作用（der Aktion und Reaktion）的关系。""在作为生命省思（Besinnung über das
Leben）的最直接表达的自传（Selbstbiographien）中……我更深入地探究了存在于作为理
解生命工具（Werkzeugen von Lebenserfassung）的范畴之间的关系；由此，诸生命时刻的
意义以一种自我方式完成自我确定；它同时也是这一时刻被体验的自我价值（erlebter
Eigenwert）及其起作用的力量。"DILTHEY W. Gesammelte Schriften. Band VII. Der Aufbau
der geschichtlichen Welt in den Geisteswissenschaften［M］. hrsg. von GROETHUYSEN
B. Göttingen：Vandenhoeck & Ruprecht Verlag, 1927：196–199.
③ 伽达默尔. 诠释学 I：真理与方法——哲学诠释学的基本特征［M］. 洪汉鼎，译. 北京：
商务印书馆，2016：326.

我实现和向自我复归的过程作为历史世界发展演变的先验依据的做法，彰显人类精神生命对社会历史发展的重要意义。但需要注意的是，狄尔泰对这一概念进行了改造："……必须从生命的实在出发……理解生命的实在，并以正确的概念来表现这种实在。以这种方式，客观精神不被我们看作片面建立在那种表现世界精神本质的普遍理性之上……它现在包括语言、习俗、所有各种生命的形式和方式，同样也包括家庭、市民社会、国家和法律……甚至黑格尔现在作为绝对精神而与客观东西相区别的东西，如艺术、宗教和哲学……"① 可以说，晚年狄尔泰将历史视为一种目的性作用关联总体，并进而将精神科学的研究对象从"意识事实"拓展为关联总体的"精神世界"，这表明其也受到黑格尔精神哲学的深刻影响。②

那么，狄尔泰提出的这种与道德文化时代紧密相关的"实践伦理学"的最高目标或者说"伦理进化"的终点又在哪里呢？"只有当历史发展出一种文化自我意识（cultural self-consciousness）时，道德意识才会成熟（flower）。"③ 按照马克瑞尔的理解，狄尔泰"根植于人类学-历史分析的心理-伦理"研究进路赋予每个道德文化时代类似于人类个体生命的自我发展特征。道德文化的历史发展进程，同时也是各种伦理学说和伦理原则产生和分化的过程，以及各种个体和社会的伦理力量此消彼长的过程。从原始部族具有统一性的礼俗伦常到古希腊罗马时代幸福主义和怀疑主义伦理学的对峙，再到 17、18 世纪道德、法律和宗教的三足鼎立，再到狄尔泰所处时代功利主义、现代科学对自然和进化论的

---

① 伽达默尔. 诠释学 I：真理与方法——哲学诠释学的基本特征 [M]. 洪汉鼎，译. 北京：商务印书馆，2016：327.
② DILTHEY W. Gesammelte Schriften. Band VII. Der Aufbau der geschichtlichen Welt in den Geisteswissenschaften [M]. hrsg. von GROETHUYSEN B. Göttingen：Vandenhoeck & Ruprecht Verlag, 1927：146-160.
③ MAKREEL R A. Dilthey, Wilhelm [Z] //LaFollette H (ed.). The International Encyclopedia of Ethics. Oxford：Blackwell Publishing Ltd., 2013：1358.

机械认识以及他所提出的"由意志、社会中生命的诸种功能以及对道德生命的历史观察出发"① 的、不断经历着自我构造过程的伦理学说的彼此对峙，狄尔泰并未止步于对历史长河中各个道德文化时代的介绍和展示，而是希望能够通过这种方式彰显文化的真意，或者说凸显作为社会中伦理、宗教和艺术等文化系统共同构造某一道德文化时代"具体的整体"② 之重心的个体与其所处时代思维、生活和行为方式的内在结构关联，从而确保伦理学对人类伦理实践的指导意义以及对生命的变革性意义。狄尔泰始终强调伦理学任务与所处时代具体伦理实践的紧密关联，并因此否定了任何可以统一上述三个"不可互相归因"的先验道德规范的终极体系的存在。从这一点来说，狄尔泰提出的与道德文化时代紧密相关的"实践伦理学"或者说"伦理进化"永远不会达到发展的终点，因为他也只是指明了其明确的发展趋向。

---

① DILTHEY W. Gesammelte Schriften. Band X. System der Ethik ［M］. hrsg. von NOHL H. Göttingen：Vandenhoeck & Ruprecht Verlag, 1958：106.
② DILTHEY W. Gesammelte Schriften. Band X. System der Ethik ［M］. hrsg. von NOHL H. Göttingen：Vandenhoeck & Ruprecht Verlag, 1958：106.

第五章　对狄尔泰构造性伦理学的整体评价

"旧的实践哲学已死。"① 面对 19 世纪末自然科学进步、资本主义的发展以及社会主义运动等带来的欧洲传统社会道德基础的瓦解，狄尔泰在对各种时代思潮兼收并蓄的基础上，不但指明了建立一门具有明确实践指向性的哲学伦理学的迫切性和可能性，还明确要求这样一门"社会伦理学"必须能够给出对个体和社会的实践活动起到变革性作用的伦理原则并能为之提供必要证明。尽管他的伦理学研究只是散见于"历史理性批判"总工程之中，但是却处处彰显自身与他精神科学整体研究的统一性和融贯性。正如克洛所说，狄尔泰大部分著作都充分表明，他的整体哲学思想包含着一种极为核心的伦理学维度，而这又与他在早期伦理学探索中就已经确立的"自我构造设想（conception of self-formation）"息息相关。② 这也是就狄尔泰构造性伦理学的积极意义、影响和限度作出整体评价时，首先要明确的一点。

---

① DILTHEY W. Gesammelte Schriften. Band X. System der Ethik ［M］. hrsg. von NOHL H. Göttingen：Vandenhoeck & Ruprecht Verlag, 1958：117.
② CROWE B. Dilthey's Ethical Theory ［C］//NELSON E S（ed.）. Interpreting Dilthey：Critical Essays. New York：Cambridge University Press, 2019：159.

第一节　狄尔泰构造性伦理学的积极意义

作为传统哲学向现代哲学转变过程中的重要节点人物，狄尔泰在坚持哲学传统的同时，也不断推进着思想方法论革新。用"殚精竭虑""筚路蓝缕"来形容他一生艰难曲折的哲学探索历程，确实并不为过。他的思想充满多样性、复杂性和创造性，对同时代和后世哲学家产生了广泛而积极的影响，但这也为准确、全面评价他的哲学思想带来很大困难，对其构造性伦理学的评价也遭遇同样的难题。因此，笔者也将放弃"面面俱到"，仅从与本研究关联最为紧密的几个方面评价狄尔泰构造性伦理学的积极意义。

一、凸显心理学研究的基础性地位

狄尔泰构造性伦理学的积极意义，首先体现在它阐明了心理学之于伦理学乃至整个精神科学体系研究的基础性地位，凸显了伦理学在整个"历史理性批判"工程中的奠基作用。如前文所述[1]，在构建精神科学体系的过程中，心理学始终是狄尔泰重点关注的研究对象。即便在晚期所谓"解释学转向"之后，狄尔泰也未曾改变将心理学视为精神科学基础学科的基本观点。这集中体现在他为《精神科学导论》（第二卷）撰写的写作计划"布列斯劳草稿"以及"柏林计划"中。在具体精神科学——伦理学的研究中，心理学的基础性地位同样不可撼动。它既是诸门具体精神科学中的第一门也是最基本的一门，它的真理也构成了精神科学体系进一步发展的基础。但狄尔泰也指出，这里所说的心理学的

---

① 详见本书第一章第二节论述"心理学基础与描述性心理学方法"的部分。

真理只包含社会历史现实的部分内容，因此必须借助一种认识论奠基才能说明心理学与其他精神科学以及它们作为部分内容的社会历史实在间的关联性。于是，狄尔泰由心理学与其他具体精神科学的关联得出结论：精神科学研究需要的必须是一门"描述性科学"，它必须区别于基于假设对"精神生命事实"进行阐释的"说明性科学"。这种基于体验去把握人类心灵生命整体的"描述性与分析性心理学"或者说结构心理学也是狄尔泰构造性伦理学的重要基础，因为只有从人类心灵的活生生的关联出发才能理解人类各种文化系统和社会外在组织，只有基于这种"广泛的、具有共性的心灵关联"的特殊的精神科学才能形成一个关联总体并使得人类各种文化系统和社会外在组织间的联系具有被理解的可能性，才能在"活生生的意识以及对心灵关联的普遍有效的描述"所包含的认识论基础上直面"心灵关联作为被体验的现实直接、活生生地被给定"的状况。狄尔泰又进一步提出"自身思义"的方法，旨在通过对完整的心灵生命和意识事实进行描述性分析，最终给出"针对心灵生命的完整的、未经歪曲的结论"。凭借这一方法，狄尔泰不仅愈加凸显了对心灵关联的体验之于完整理解社会历史实在的基础性地位，也为包括描述性心理学在内的诸门具体精神科学奠定更为坚实的基础。

谢地坤教授也曾明确表示，心理学是狄尔泰与胡塞尔哲学思考的共同出发点①：一方面，描述性心理学方法使得前者得以通过体验（Erlebnis）中被直接给定的意识事实统一性去认识生命，即"在生命直接显现的地方描述生命和考察生命"，进而为精神科学提供"自然科学中那种通过方法论的构造而获得"的系统关联；另一方面，后者的《逻

---

① 谢地坤. 狄尔泰与胡塞尔 [J]. 哲学研究，2000（10）：45-50；谢地坤. 走向精神科学之路——狄尔泰哲学思想研究 [M]. 南京：江苏人民出版社，2008：137-149.

辑研究》（1900）第五章和第六章则是因为"对体验、意识、现象、意识关联等狄尔泰认为具有自明性的概念进行清晰而精密的分析"启发了狄尔泰，重视心理学逻辑分析的清晰性和准确性。这也令他可以重启因艾宾浩斯（Hermann Ebbinghaus）提出的心理学批判而陷于停滞的精神科学体系建构工作。但谢地坤教授也指出，不能将二者对心理学的理解简单画等号，因为胡塞尔早年并不关注心理生命结构及其关联是否具有统一性和"内在合目的性"，而是努力使意识挣脱一切外在世界现象的"杂多性"。更准确地说，他关注的是存在与意识的根本关系，是一种对"意识"或者说"意向性意识"的纯粹现象学研究。而当胡塞尔由先验现象学转向发生现象学后，尽管他对于主体间性的历史性问题的讨论与狄尔泰对心理生命及其关联的论述已经非常接近，但二者的观点却仍然有着本质上的区别：前者始终坚持在先验条件下理解主体间性的历史性，后者则从未放弃从个体和社会生命经验出发理解生命的历史意义。

此外，正如郭本禹教授等国内学者总结的那样，狄尔泰的描述性心理学也对后世精神科学研究方法产生了十分深远的影响①：第一，继布伦塔诺（F. C. Brentano）最早开展描述性心理学研究实践后，狄尔泰首次从严格科学传统角度提出描述性心理学的概念，有力推动了现代心理学的发展，尤其对斯普朗格和斯特恩等后世哲学家的人格心理学研究具有突出影响；第二，他于1894年最早提出"心理生命格式塔（Gestalt des Seelenlebens）"②的概念，他对心理生命结构的总体性认识及其所运用

---

① 王申连，郭本禹. 狄尔泰的描述心理学及其历史效应［J］. 华东师范大学学报（教育科学版），2013，31（03）：53-54.

② DILTHEY W. Gesammelte Schriften. Band V. Die geistige Welt. Einleitung in die Philosophie des Lebens. Erste Hälfte：Abhandlungen zur Grundlegung der Geisteswissenschaften［M］. hrsg. von MISCH G. Göttingen：Vandenhoeck & Ruprecht Verlag，1924：220.

的具体现象学研究方法，直接影响到以韦特海默（Max Wertheimer）、考夫卡（Kurt Koffka）和柯勒（Wolfgang Kohler）为代表的格式塔心理学家；第三，他在正确认识人类心理生命的生物学基础的前提下，将本能和内驱力确立为心理生命的真正内核及根本发展动力，重视对意识深层结构以及心理生命个体性的研究，对以弗洛伊德为代表的精神分析心理学产生重要影响；第四，他反对照搬自然科学的说明性心理学方法开展心理生命分析，强调使用描述性心理学方法"如其所是地"去研究人在社会、历史和文化世界中的存在，对后世现象学心理学、存在论心理学以及人本主义心理学等流派产生深远影响；第五，他指明心理学质性研究方法相对于量化研究方法的优越性，因此可以被视作当代质性伦理学的先声。

二、彰显历史性生命框架的重要价值

此外，狄尔泰构造性伦理学还凸显历史性生命框架对伦理学研究的重要性，强调人类个体和社会生命的统一性和历史性。如前文所述①，伦理学以伦理为研究对象，是一门兼具客观性和描述性的科学，因而也可被视为一种对个体生命具有规范功能的命令体系。伦理学研究必须将心理学方法和历史方法相结合，具体来说就是在运用心理学上的"自身思义"的同时，细致考察伦理/伦理体系在历史上不同国家和民族中的变化状况。但这并不意味着人类行为成为伦理研究的首要对象，因为伦理并非存在于人类行为之中，而是存在于"一组特定的意识事实及由其带来的人类行为的相应部分"之中。因此，伦理学研究的第一步就是要基于"前反思的觉识""从整体上领会意识事实"。狄尔泰所说的"意识事实"，既不是经验主义意义上的提法，也不是德国观念论意

---

① 详见本书第一章第二节论述"精神科学体系中的伦理学"的部分。

义上的概念，而是建立在一种"不可分割的原初的完满经验"之上。被狄尔泰视作社会历史生命自然基础的，乃是我们"晦暗不清的本能"。因此，从生物进化论角度分析和解读本能和内驱力等核心概念，有助于更好地理解狄尔泰构造性伦理学中对人类道德发展路径的设想。此外，狄尔泰从考察原始人的生活和精神状态入手研究道德起源问题，关注"良心"这种道德现象的产生和发展以及环境对人道德发展的影响，重视人的社会性本能与道德感之间的关系等做法，也表明了生物进化论对其伦理学观点的深刻影响。

狄尔泰始终强调人的生命的历史性，并坚持在活生生的生命经验的基础上把握这种历史性。在《精神科学中的历史世界建构》的续篇计划《历史理性批判草稿》（1910）中，他也曾明确指出生命是一种历史性的存在："历史何以可能？历史的概念是这个问题的前提。我们看到，这一概念取决于生命的概念。历史性生命（Geschichtliches Leben）……就是在体验和理解中被给定的。因此，生命在这种意义上延伸到客观精神的整个范围，只要它是由体验可通达的。于是，生命就成为必须构成哲学出发点的基本事实（Grundtatsache）……生命是历史性的，只要它在时间中的推进（Fortrücken）以及由此产生的作用关联（Wirkungszusammenhang）中被领会。"① 在《精神科学中的历史世界建构》（1910）中，他将生命包含的"时间性（die Zeitlichkeit）"视作生命的"第一范畴规定（erste kategoriale Bestimmung）"："它（注：指'生命'）在'生命历程（Lebensverlauf）'的表达中就已经显露出来。凭借我们意识的关联统一体，时间为我们在此（Zeit ist für uns

---

① DILTHEY W. Gesammelte Schriften. Band Ⅶ. Der Aufbau der geschichtlichen Welt in den Geisteswissenschaften［M］. hrsg. von GROETHUYSEN B. Göttingen：Vandenhoeck & Ruprecht Verlag，1927：261.

da）。对生命以及其中出现的外在事物而言，同时性（Gleichzeitigkeit）、前后相继（Aufeinanderfolge）、时间间隔（Zeitabstand）、持续时间（Dauer）和变化（Verändeurng）都是些共同关系……这些关系构成的框架包括却不能穷尽对时间的体验（das Erlebnis der Zeit），这也是它（注：指'时间'）的概念得以最终实现之所。在这里，时间作为一种对现在无休止的向前推进（das rastlose Vorrücken der Gegenwart）被经验。在这一过程中，现在之物（das Gegenwärtige）不断成为过去（Vergangenheit），未来之物（das Zukünftige）不断成为现在。"①

这种对永不停歇的生命洪流的历史性和时间性的揭示，对海德格尔哲学思想的影响是不言而喻的。事实上，海德格尔本人就曾在《存在与时间》（1927）中指明这对于此在历史性阐释工作的直接影响："上面对历史问题所作的分析是从消化了狄尔泰的工作后生长出来的……狄尔泰的研究工作……目标在于把'生命'带向哲学的领会，以及从'生命哲学'出发为这种领会保障诠释学基础。"② 国内学者李彬尝试通过分析海德格尔早期思想中的"生命"概念及其演变来考察狄尔泰对其产生的影响③：在《存在与时间》出版之前的"生命哲学阶段（Lebensphilosophische Phase）"，海德格尔在很大程度上将源自狄尔泰的具有时间性和历史性的"生命（Leben）"概念与"此在（Dasein）"和"事实性生命（Faktisches Leben）"视作同义词；而他在《存在与时间》中最终用"此在"替代"生命"，既克服了后者"在表

---

① DILTHEY W. Gesammelte Schriften. Band VII. Der Aufbau der geschichtlichen Welt in den Geisteswissenschaften［M］. hrsg. von GROETHUYSEN B. Göttingen：Vandenhoeck & Ruprecht Verlag，1927：192-193.

② 马丁·海德格尔. 存在与时间［M］. 陈嘉映，王庆节，译. 上海：上海三联书店，2014：449.

③ 李彬. 海德格尔的"生命"概念及其演变——兼论狄尔泰对早期海德格尔的影响［J］. 理论界，2021（12）：31-37.

达上的模糊性",也能"更好、更直观地展现一种特殊的存在者即'此在'与'存在'之间的关系"——"此在(Dasein)是存在(Sein)意义上的显现之'所'(Da)"。但这并非简单的术语替换,而是"把狄尔泰生命哲学中含有的激进倾向更激进地推向他的事实性释义学(Hermeneutik der Faktizität)",并在此达成生命哲学、现象学和释义学的统一。

在《当今德国哲学中的历史问题》(1943)中,伽达默尔也曾高度评价狄尔泰对人的此在的历史性和时间性的深刻揭示。① 如谢地坤教授所说,伽达默尔之所以十分重视狄尔泰的体验(Erlebnis)概念,也是因为注意到"体验的时间性还凸显了生命的现实意义和历史意义"②。伽达默尔曾在《真理与方法》(1960)中专门就体验与生命的关系展开论述:"生命就是在体验中被表现的东西,这将只是说,生命就是我们所要返归的本源……体验具有一种摆脱其意义的一切意向的显著的直接性。所有被经历的东西都是自我经历物,而且一同组成该经历物的意义,即所有被经历的东西都属于这个自我的统一体,因而包含了一种不可调换、不可替代的与这个生命整体的关联。"③ 更准确地说,"生命和体验的关系不是某个一般的东西与某个特殊的东西的关系。由其意向性内容所规定的体验统一体更多地存在于某种与生命的整体或总体的直接关系中"④。上述对体验和生命整体关联性的揭示,也表明体验对于伽

---

① 伽达默尔. 诠释学 II:真理与方法——补充与索引 [M]. 洪汉鼎,译. 北京:商务印书馆,2016:41.

② 谢地坤. 走向精神科学之路——狄尔泰哲学思想研究 [M]. 南京:江苏人民出版社,2008:157.

③ 伽达默尔. 诠释学 I:真理与方法——哲学诠释学的基本特征 [M]. 洪汉鼎,译. 北京:商务印书馆,2016:100-101.

④ 伽达默尔. 诠释学 I:真理与方法——哲学诠释学的基本特征 [M]. 洪汉鼎,译. 北京:商务印书馆,2016:104.

达默尔解释学建构具有重要意义。

三、拓展生命主体的伦理经验及自我理解

最后，狄尔泰构造性伦理学还实现了对生命主体伦理经验及自我理解的拓展。如前文所述①，"团结"在人类生命世界中具有与思维中的"普遍有效性"相当的地位，二者都表现为一种"形而上学关联"，体现理智与伦理世界的密切关联性。"团结"或者"纽带意识"作为被包含在"对他人的情感"或者说"对他人之中过程的重新构造"或者说"重新理解"过程中的一种情感或意识状态，是人类一切伦理情感的"共同伦理实质"和"友善"的基础。它不仅排除不透明性和不可理解性等个体意志间彼此理解的障碍，还是"共感"中真正促使个体发出对他人生命"积极参与"行为的动力之源。狄尔泰还明确将这种"对他人之中过程的重新构造"或者说"重新理解"过程基础上实现的生命提升视作一种朝向"可理解性"或者更确切地说"观念性"的发展过程，认为一切想象图像都致力于"构造一种带来被提升的心灵生命关联"——一种"获得性心理关联总体"。它不仅达成"不可互相归因"的表象、情感和意愿行为间的彼此联结，还作为一种根本上的价值评价结构凸显情感使人类心灵生命应对外在世界复杂多变境况时仍能保持自身"连续性"的重要作用。正如马克瑞尔所说，这种"连续性"可以被视作情感在"获得性心灵关联"中经由价值实现的自身"客观化"或者说在其心理学和社会-历史维度之上添加的"文化-规范维度"，具体表现为它除了"更为个人化的个体价值"外还包含"公共文化理想"。在这些"对他人之中过程的重新构造"或者说"重新理解"

---

① 详见本书第四章第二节论述"'团结'与'对他人的情感'：生命主体伦理经验的拓展"的部分。

过程的基础上实现的心灵生命提升，同时也是在各种层次的人类交往中完成的"对更高的人类本性的重新构造"，尤其彰显了"榜样"在个体教育或者说"伦理进化"方面具有的巨大构造性力量。

由此可见，狄尔泰的构造性伦理学也表现出一定的解释学特征。这突出体现在，他借助"团结"或者说"纽带意识"排除个体意志间彼此理解的障碍，在"对他人之中过程的重新构造"或者说"重新理解"过程基础上实现对生命的提升。在生前最后一份遗稿《精神科学中历史世界的建构》（1910）中，狄尔泰提出将生命表达、体验和理解的结构性关联总体作为精神科学的基础。这是否为人们从生命解释学视角重构狄尔泰的伦理学体系提供新的可能性呢？由于本研究主要聚焦于狄尔泰构造性伦理学的核心研究文本，这个问题只能留待今后再仔细研究。但毋庸置疑的是，理解（Verstehen）是狄尔泰晚年最为强调的解释学核心概念，它在与另外两个核心概念体验（Erlebnis）和表达（Ausdruck）构成的精神科学基本关联中处于中心位置。在《解释学的诞生》（*Die Entstehung der Hermeneutik*，1900）中，狄尔泰就曾指出："他人的存在（Fremdes Dasein）对我们而言首先仅在感官事实（Sinnestatsachen）中，在表情、声音和行为中从外在被给定。只有通过一种对各种具体符号中如此进入感官之物的重新构造过程（Vorgang der Nachbildung），我们才能补充内在之物（dies Innere）……那么，一个以个体性方式构造出的意识如何才能通过这样一种重新构造使一种他人的并且十分不同的个体性成为客观认识呢？……我们将这种从外在以感官方式给定的符号认识出一种内在之物的过程称作：理解。"[①] 与促成日常交往的理解相比，

---

① DILTHEY W. Gesammelte Schriften. Band VII. Der Aufbau der geschichtlichen Welt in den Geisteswissenschaften［M］. hrsg. von GROETHUYSEN B. Göttingen：Vandenhoeck & Ruprecht Verlag，1927：318.

狄尔泰更重视对文学和艺术作品中"被长久固定下来的生命表达的艺术式理解（kunstmäßiges Verständnis）"①，他也因此将解释学称作"理解的艺术（die Kunst des Verstehens）"②。

狄尔泰也曾在《历史理性批判草稿》中明确指出："理解是一种对你中之我的重新发现（ein Wiederfinden des Ich im Du）；精神在越来越高的关联层级上重新发现自我；这种存在于我、你、任一共同体的每个主体、每个文化系统直至精神和普遍历史的总体性之中的自一性（Selbigkeit），使得精神科学中各种成果的共同作用（das Zusammenwirken）成为可能。"正如田方林所说，这清晰地表明，"理解"在根本上关涉到主体间性（Intersubjektivität）问题。③ 狄尔泰的解释学思考与其说是谋求从先验层面回答"我"是否具有认识其他主体的能力的问题，不如说是在肯定作为主体的"我"具有上述能力的前提下，进一步追问主体间的共性和彼此交流的可能性。一方面，他承认人是一种有限性的存在，只能对经验世界进行有效认知；另一方面，他又对深藏于人类内心的形而上学冲动有着深刻认识，期待能够由对个体生命的理解达至对整个人类精神世界的把握。这无疑契合了他对1890年伦理学讲座的基本构思④，即从个体冲动和心理生命结构出发，进而阐述社会外部组织以及文化系统的构造，同时考察在不同个体构成的社会中伦理过程是如

---

① DILTHEY W. Gesammelte Schriften. Band VII. Der Aufbau der geschichtlichen Welt in den Geisteswissenschaften [M]. hrsg. von GROETHUYSEN B. Göttingen：Vandenhoeck & Ruprecht Verlag, 1927：319.
② DILTHEY W. Gesammelte Schriften. Band VII. Der Aufbau der geschichtlichen Welt in den Geisteswissenschaften [M]. hrsg. von GROETHUYSEN B. Göttingen：Vandenhoeck & Ruprecht Verlag, 1927：319.
③ 田方林. 狄尔泰生命解释学与西方解释学本体论转向 [M]. 成都：西南交通大学出版社, 2009：50-51.
④ DILTHEY W. Gesammelte Schriften. Band X. System der Ethik [M]. hrsg. von NOHL H. Göttingen：Vandenhoeck & Ruprecht Verlag, 1958：9-11.

何使得人的道德持续发展的，此外还要描述和阐释历史上以及当时各种伦理体系和伦理时代的形成、发展，最后基于个体具有内在目的性的生命体验、文化系统的自我价值以及理想等方面的阐述，来探讨如何使人确信形而上学关联的问题。

伽达默尔认为，狄尔泰对作为"被长久固定下来的生命表达"的文学和艺术作品的理解和解释，已经阐明了存在和理解之间的根本关联——理解就是此在本身的存在方式。但他并不认为理解具有无限的自由："我们处于狭隘生活经历中的自我并不像狄尔泰所认为的那样会在自主的理解中得到某种真正的扩展，而是在和不理解的东西相遇时才得到这种拓展。也许只有当我们感受到一个完全陌生的历史世界的气息时我们才会认识到自己固有的历史存在。历史存在者的基本特性就是要显明，但这是一种积极的说法；而趋向历史的存在则是使自己有所显明。在我和你之间因此只产生出真正的联结，而在我们和历史之间则只产生出历史命运的联结。"[①] 诚如洪汉鼎先生所言，伽达默尔之所以试图通过对话达成"我"与"你"的视域融合，就是因为他已经建立起明确的解释学观点："每个人都是有限的，要讲团结、友爱……我们最终还是要靠对话、谦虚、团结、友爱等才能解决问题"[②]。伽达默尔已经深刻地意识到，理解和相互理解（Verständnis）在亚里士多德伦理学视野下绝不仅仅是中性意义上的用词，而是彰显了"某种精神德行（Arete）"，指向"一种实践合理性（实践智慧）的变形"或者说"一种对他人实际考虑的明智判断"。[③] 因此，这种它所包含的使对话双方

---

① 伽达默尔. 诠释学 II：真理与方法——补充与索引［M］. 洪汉鼎，译. 北京：商务印书馆，2016：43.
② 洪汉鼎，黄小洲. 西方诠释学的源流与精神特质——洪汉鼎先生访谈［J］. 河北学刊，2012，32（02）：13.
③ 伽达默尔. 诠释学 II：真理与方法——补充与索引［M］. 洪汉鼎，译. 北京：商务印书馆，2016：395-396.

进行"彼此商讨建议（Miteinander-zu-Rate-Gehen）"① 的共同性，也就触及了实践哲学观念的核心问题。它密切关联着亚里士多德称作"伦理（Ethos）"之物——"最可理解、最为共同的、被我们所有人一起分享的信念、价值、习惯的事实性"② 的总概念，凸显实践智慧的真正价值："人在与其同伴交换意见中、在与社会和国家的共同生活中信奉共同的信念和决定……这恰好构成了人的自我存在和自我理解的尊严。"③ 伽达默尔也正是从这层意义上肯定狄尔泰对实践哲学传统的传承。可以说，伽达默尔从狄尔泰构造性伦理学乃至整体哲学思想那里获得的启示和共鸣是广泛的、多层次的。二者都是在解释学洞见的基础上进行开放的哲学伦理学思考，尤其是在与他人结成"理解上的团结的共同体"方面重返亚里士多德实践哲学传统。这也为今后对二者思想关系的研究提供了新的视角。

第二节　狄尔泰构造性伦理学的限度与反思

如上文所述，狄尔泰构造性伦理学思想在诸多方面具有显著的积极意义。但由于受到所处时代社会、历史和文化背景的限制以及自身思想发展特征的影响，狄尔泰构造性伦理学也表现出一定的局限性。

---

① 伽达默尔. 诠释学 II：真理与方法——补充与索引 [M]. 洪汉鼎，译. 北京：商务印书馆，2016：396.
② 伽达默尔. 诠释学 II：真理与方法——补充与索引 [M]. 洪汉鼎，译. 北京：商务印书馆，2016：409.
③ 伽达默尔. 诠释学 II：真理与方法——补充与索引 [M]. 洪汉鼎，译. 北京：商务印书馆，2016：409.

一、"伦理相对主义"和"伦理自然主义"的诟病

"决定意志之物本质上以不同形式彼此区分。一种原则，它以类似的方式推导出正直的规定、友善的法则以及理想的要求——这样的伦理学是一种闻所未闻的、单纯的虚构。在现实中，只存在一种自下而上构造的（eine von unten aufbauende），而非自上而下发展/进化的伦理学（eine von oben entwickelnde Ethik）。"① 这段狄尔泰在《伦理学体系》的最后对构造性伦理学作出的总结，再次彰显了他的伦理价值多元性立场以及他"根植于人类学–历史分析的心理–伦理"研究进路下对"伦理进化"内在逻辑的思考。而他的构造性伦理学思想也因此常常被诟病为一种"伦理相对主义"或是"伦理自然主义"。②

事实上，他不但明确反对为"正直""亲善"和"完满"这三种"不可互相归因"的社会伦理学原则寻找一个更高的超越性原则，也拒绝在面对作为"具体的整体"的各个道德文化时代及其包含的各种不同的文化系统和社会外在组织时，仅仅依靠上述"相对历史事实"的累加来实现哲学伦理学对普遍真理的追求。策勒指出，只要将狄尔泰的伦理学说置于整个"历史理性批判"工程的总体框架下，就能消除这种"伦理相对主义"的印象。③ 这一观点不无道理。生命本身就是一个"无法进一步分析的完满的整体（a perfect whole）"④。在最具基础性的历史性生命框架下，"思维持续不断地在生命中，也就是说在价值确定

---

① DILTHEY W. Gesammelte Schriften. Band X. System der Ethik ［M］. hrsg. von NOHL H. Göttingen：Vandenhoeck & Ruprecht Verlag，1958：112.

② 约斯·德·穆尔. 有限性的悲剧——狄尔泰的生命释义学 ［M］. 吕和应，译. 上海：上海三联出版社，2016：190.

③ ZOLLER D J. Moral Theory and Moral Motivation in Dilthey's Critique of Historical Reason ［J］. Idealistic Studies，2017，46（01）：114.

④ ZOLLER D J. Moral Theory and Moral Motivation in Dilthey's Critique of Historical Reason ［J］. Idealistic Studies，2017，46（01）：114.

以及对诸善追求的形成过程中起作用"①，并最终在各种道德综合要素的共同作用下构造出作为"一种可理解总体性（an intelligible totality）"②的伦理生命，而对"伦理相对主义"的诟病自然也会随之消散。至于"伦理自然主义"的批评之声，则直接关系狄尔泰构造性伦理学的人类学-心理学基础，更确切地说是关涉心灵生命结构及其关联所蕴含的"内在合目的性"。而这同时也是他确保心灵生命以及建立在它基础上的各种文化系统普遍有效性的关键所在。③可以说，狄尔泰既未陷入彻底的"伦理相对主义"，也未将自身禁锢于"伦理自然主义"。"通过对人类学和历史学以及道德的边界某一特定部位的觉察和研究，对人类天性和历史的研究以及对伦理理想构造的研究间的联结点变得清晰可见。这是真的，即对人类的行为、他们习惯的改变以及不变的研究，对伦理学的奠基是毫无价值的。对人类品性及其混乱行为的直观与应在、理念之间，没有关联。"④这种对道德规范无条件有效性的否定或者说对道德规范根本有限性的洞悉，都无损道德规范和多元的伦理价值在个体以及社会"伦理进化"过程中的发展，也使得狄尔泰不致陷入李凯尔特（Rickert）所批判的道德规范相对主义和道德虚无主义的泥沼。⑤

---

① DILTHEY W. Gesammelte Schriften. Band XXIV. Logik und Wert. Späte Vorlesungen, Entwürfe und Fragmente zur Strukturpsychologie, Logik und Wertlehre（ca. 1904–1911）［M］. hrsg. von KÜHNE-BERTRAM G. Göttingen：Vandenhoeck & Ruprecht Verlag, 2004：20.

② CROWE B. Dilthey's Ethical Theory［C］//NELSON E S（ed.）. Interpreting Dilthey：Critical Essays. New York：Cambridge University Press, 2019：174.

③ INEICHEN H. Erkenntnistheorie und geschichtlich-gesellschaftliche Welt. Diltheys Logik der Geisteswissenschaften［M］. Frankfurt am Main：V. Klostermann, 1975：180–181.

④ DILTHEY W. Gesammelte Schriften. Band V. Die geistige Welt. Einleitung in die Philosophie des Lebens. Erste Hälfte：Abhandlungen zur Grundlegung der Geisteswissenschaften［M］. hrsg. von MISCH G. Göttingen：Vandenhoeck & Ruprecht Verlag, 1924：67.

⑤ 约斯·德·穆尔. 有限性的悲剧——狄尔泰的生命释义学［M］. 吕和应，译. 上海：上海三联出版社，2016：309–317.

二、狄尔泰整体哲学思想的内在张力

倪梁康教授曾在《海德格尔思想中的黑格尔-狄尔泰动机》中指出："整个近现代欧洲哲学是在两个核心思想动机中展开的：笛卡尔-康德的思想动机和黑格尔-狄尔泰的思想动机。前者代表了哲学对稳定的知识结构之认识的诉求，后者代表了哲学对变化的历史发生之理解的诉求。"① 伽达默尔则认为，狄尔泰思想矛盾性的根源就在于"他自身潜在的笛卡尔主义"②。用狄尔泰自己的话说，就是"在各个地方，生命导致对置于其中之物的反思，反思导致怀疑，并且生命应当坚持与之（注：指怀疑）相对，这样思维才能以有效的知识为终点"③。这种矛盾性也使得狄尔泰的整体哲学思想总是呈现出一种难以克服的张力："一方面反对形而上学的体系，另一方面，自己却又制造新的唯心主义体系；一方面反对经验主义，另一方面，却又主张在经验的立场上开展哲学研究；一方面反对历史决定论，另一方面，却又承认历史发展中的'客观精神'；一方面承认外在世界的客观性，另一方面，却又提出这种客观性的根源是在生命的意志活动之中；一方面高喊'从生命自身认识生命'，另一方面却又哀叹'生命深不可测'。"④

事实上，狄尔泰的伦理学研究与"深不可测"的人类生命如出一辙，同样充满有限性、矛盾性和偶然性。如前文所述，狄尔泰的伦理学研究肇始于经由施莱尔马赫伦理学原则批判实现的与康德形式主义伦理学的对垒，而"历史理性批判"工程最初也是意于借鉴康德对自然科

---

① 倪梁康. 海德格尔思想中的黑格尔-狄尔泰动机 [J]. 学术月刊，2014，46（1）：45.

② H. -G. 伽达默尔，王鑫鑫. 历史意识问题（上）[J]. 世界哲学，2016（4）：5-18.

③ DILTHEY W. Gesammelte Schriften. Band VII. Der Aufbau der geschichtlichen Welt in den Geisteswissenschaften [M]. hrsg. von GROETHUYSEN B. Göttingen：Vandenhoeck & Ruprecht Verlag，1927：6.

④ 谢地坤. 走向精神科学之路——狄尔泰哲学思想研究 [M]. 南京：江苏人民出版社，2008：149.

学奠基的"纯粹理性批判"，以便实现对以社会历史世界为研究对象的精神科学的奠基。康德探究的根本问题，可以归结为先天综合判断何以可能的问题。二人思想上最主要的共识在于，人类精神结构而非对现实的认识成为经验可理解性的基础。① 但对狄尔泰而言，康德对这一结构的设想过于狭隘："在洛克、休谟和康德所构想的认识主体的血管中没有真正流动的血液，不如说只有作为思想唯一活动的理性经过稀释的汁液。"② 认知、情感和意志是真实生命进程的不同方面，人们无法通过严格的先验认识论的预设去把握人类存在的总体性和历史发展过程，而是应当回到人类经验的最基础层面——本能、欲望与冲动。此外，康德对现象界的"实在（das Sein）"和本体界的"应在（das Sollen）"的划分，也引得狄尔泰思考如何弥合和跨越二者之间的鸿沟。因为只要"实在"与"应在"之间存在无法逾越的二元对立，伦理学对生命的变革性意义就无从谈起。在对施莱尔马赫伦理学的研究过程中，狄尔泰觅得"构造性伦理学"并以此作为克服康德形式主义伦理学的武器："从伦理内容来看，道德并非作为外在的不可理解的形式法则与人类相对，它就是人类内在目的的实现。"③ 这不禁令人想起康德在《道德形而上学的奠基》中使用的方法——从道德的普遍理性知识过渡到纯粹实践理性。可以说，无论是在早期伦理学论文《施莱尔马赫伦理原则批判》和《试析道德意识》中，还是在中晚期著作《伦理学体系》中，狄尔泰都未能彻底摆脱康德的先验思路以及论证方式的影响，而是在批判性

---

① CROWE B. Dilthey's Ethical Theory［C］//NELSON E S（ed.）. Interpreting Dilthey：Critical Essays. New York：Cambridge University Press，2019：174.

② DILTHEY W. Gesammelte Schriften. Band I. Einleitung in die Geisteswissenschaften. Versuch einer Grundlegung für das Studium der Gesellschaft und der Geschichte. Erster Band［M］. hrsg. von GROETHUYSEN B. Göttingen：Vandenhoeck & Ruprecht Verlag，1914：Ⅷ.

③ DILTHEY W. Gesammelte Schriften. Band XIV. Leben Schleiermachers. Zweiter Band：Schleiermachers System als Philosophie und Theologie. Aus dem Nachlaß von Wilhelm Dilthey［M］. hrsg. von REDEKER M. Göttingen：Vandenhoeck & Ruprecht Verlag，1966：341.

接受康德的某些观点的基础上，试图沿着康德的批判路径为一门人类精神的经验科学奠基，努力去认识支配人类社会、理智和道德现象的法则。如果脱离康德伦理学的学术语境，狄尔泰的主要伦理学著述，尤其是早期伦理学著述中的术语和思想根本难以理解。

结　语

　　伦理学研究在狄尔泰一生孜孜以求的"历史理性批判"总工程中始终处于基础性地位。在整个工程的实施和展开过程中，伦理学与源于生活实践的诸门具体精神科学之间存在着紧密的天然联系。诸门具体精神科学都是在社会和生活的实践需求中建立起来的，因此都必然包含价值判断与道德规范方面的内容。狄尔泰显然并不赞成对生命事实和道德规范作绝对区分，而是试图在更广泛的统一的生命框架下，由内在经验出发去理解和表达诸门具体精神科学与它们所探究的社会历史实在之间的关系。于是，对道德规范和伦理实践关系的追问，逐步转变为基于结构心理学对个体乃至社会历史世界"内在合目的性"的探索，即一种在"根植于人类学-历史分析的心理-伦理"进路下对作为基本生命事实的个体和社会伦理实践的研究。

　　在早期伦理学探索中，他主张在人类鲜活而完整的生命框架下思考个体与他人、社会以及国家的关联，努力理解人的社会性和历史性，以"正直""友善"和"完满"三种"先天实践-综合判断"或者说三种出自"行为的心灵的道德天性"的"道德意志得以与价值世界交往的实践行为方式"作为道德意识的统一性说明基础，借以克服康德形式主义伦理学中"实在"与"应在"的二元对立。这也促使他从"道德

234

取向"以及人类道德组织的视角,重新思考如何克服道德法则的无条件性和变易性之间的矛盾。

与早期仍然有强烈康德印记的道德意识二分法形成强烈反差的,是他在《伦理学体系》中明确提出要从心理生命的结构关联出发,将思维与认识的关系理解为一种类似于生物学刺激-反应机制的目的性结构关联,并进而将思维视作必须在行为中"被践行"的、连通印象与内在反应的关键。他所谋求的不仅是一门与那些"不令人满意的"传统哲学相对的"充满生命力的实践哲学",也是一门以"确定生命中何物具有意义和价值"为任务、以"为实践行为确定路径和目标的最高原则"为研究对象的理论科学,因此也在一定意义上实现了向柏拉图和亚里士多德时代实践哲学任务的复归。

狄尔泰中晚期的构造性伦理学思想也体现出了与所处时代社会历史发展更紧密的关联性。他主张在人活生生的生命经验及其关联中去认识道德现象的根源,详尽阐明了自身构造性伦理学由人的心理生命结构及其内在目的性关联构成的人类学-心理学基础,从人的主体能力的探讨回归到了对生命体原初伦理过程及其生命关联的探究。个体生命通过不断适应自身所处环境,不仅使自身生命变得愈加丰富、饱满,也实现了对本能和情感生命的持续满足。各种社会伦理力量都产生于身处于社会团体中的个体的本能以及"伦理禀赋"基础之上,因此它们在共同作用下展现出的朝向"持久的满意"的发展趋向,事实上也都是社会中各种相互关联的个体意志相互作用的结果。另一方面,这种结构关联也并不局限于个体生命之中,它同时也是所处时代更为广阔的社会生命关联的重要组成部分,因而具有一种双重身份。狄尔泰也因此将个体与其所处时代思维、生活和行为方式的内在结构关联称作一种"具体的统一性"或者说"活生生的统一性",并将其视为文化的真意。这同时还意味着,这种内在结构关联也成了社会中伦理、宗教和艺术等文化系统共同构造某一道德文化时代"具体的整体"的重心。

狄尔泰始终强调伦理学对伦理实践的指导作用以及对生命的变革性影响，即便面对 19 世纪末自然科学进步、资本主义发展以及社会主义运动等带来的欧洲传统社会道德基础的瓦解，他仍然将"阐明不仅能够指导个体生活，还能够给出面对社会生活主要问题的抉择原则"确立为哲学的任务。换句话说，他所期待的真正的伦理学，必须是一门能够明确提出对当下个体和社会的实践活动起到变革性作用的伦理原则，并能为之提供必要证明的"社会伦理学"。

狄尔泰的思想充满了多样性、复杂性和创造性，对同时代和后世哲学家产生了广泛影响。但这也为准确、全面地评价他的构造性伦理学思想制造了很大困难。尽管狄尔泰构造性伦理学受到所处时代社会、历史和文化背景的限制以及自身思想发展特征的影响而表现出一定的局限性，但人们却不能因此否定它对现象学和解释学等现代西方哲学流派的积极意义和学术影响，更不能将狄尔泰简单定义为一位没有独立意义的过渡型哲学家。

参考文献

一、中文文献

（一）狄尔泰原著中译本

［1］威廉·狄尔泰．精神科学中的历史世界建构［M］．安延明，李河，译．北京：中国人民大学出版社，2010.

［2］威廉·狄尔泰．精神科学引论（第一卷）［M］．艾彦，译．南京：译林出版社，2012.

［3］威廉·狄尔泰．历史理性批判手稿［M］．陈锋，译．上海：上海译文出版社，2012.

［4］威廉·狄尔泰．历史中的意义［M］．艾彦，译．南京：译林出版社，2014.

（二）相关研究专著、译著

［1］阿拉斯代尔·麦金太尔．伦理学简史［M］．龚群，译．北京：商务印书馆，2003.

［2］阿利森．康德的自由理论［M］．陈虎平，译．沈阳：辽宁教

育出版社，2001.

[3] 芭芭拉·赫尔曼. 道德判断的实践 [M]. 陈虎平，译. 北京：东方出版社，2006.

[4] 边沁. 道德与立法原则导论 [M]. 时弘殷，译. 北京：商务印书馆，2011.

[5] 陈锋. 生命洪流的奔涌——对狄尔泰哲学的叙述、分析和批评 [M]. 哈尔滨：黑龙江人民出版社，2010.

[6] 邓安庆. 启蒙伦理与现代社会的公序良俗：德国古典哲学的道德事业之重审 [M]. 北京：人民出版社，2014.

[7] F. W. 卡岑巴赫. 施莱尔马赫 [M]. 任立，译. 北京：中国社会科学出版社，1990.

[8] 田方林. 狄尔泰生命解释学与西方解释学本体论转向 [M]. 成都：西南交通大学出版社，2009.

[9] 高桦. 狄尔泰的生命释义学 [M]. 上海：上海人民出版社，2018.

[10] 龚群. 当代西方道义论与功利主义研究 [M]. 北京：中国人民大学出版社，2002.

[11] H. P. 里克曼. 狄尔泰 [M]. 殷晓蓉，吴晓明，译. 北京：中国社会科学出版社，1989.

[12] 韩潮. 海德格尔与伦理学问题 [M]. 上海：同济大学出版社，2007.

[13] 汉斯-赫尔穆特·甘德. 海德格尔与其思想的开端 [M]. 靳西平，等译. 北京：商务印书馆，2009.

[14] 赫尔巴特. 普通教育学 [M]. 李其龙，译. 北京：人民教育出版社，2015.

[15] J. B. 施尼温德. 自律的发明：近代道德哲学史 [M]. 张志

平，译．上海：上海三联书店，2012．

　　［16］伽达默尔．诠释学I：真理与方法——哲学诠释学的基本特征［M］．洪汉鼎，译．北京：商务印书馆，2016．

　　［17］伽达默尔．诠释学II：真理与方法——补充与索引［M］．洪汉鼎，译．北京：商务印书馆，2016．

　　［18］靳西平，吴增定．十九世纪德国非主流哲学——现象学史前史札记［M］．北京：北京大学出版社，2004．

　　［19］康德．康德著作全集（第3卷）［M］．李秋零，译．北京：中国人民大学出版社，2004．

　　［20］康德．康德著作全集（第4卷）［M］．李秋零，译．北京：中国人民大学出版社，2005．

　　［21］康德．康德著作全集（第5卷）［M］．李秋零，译．北京：中国人民大学出版社，2007．

　　［22］李超杰．理解生命——狄尔泰哲学引论［M］．北京：中央编译出版社，1994．

　　［23］鲁道夫·马克瑞尔．狄尔泰传——精神科学的哲学家［M］．李超杰，译．北京：商务印书馆，2003．

　　［24］马丁·海德格尔．存在与时间［M］．陈嘉映，王庆节，译．上海：上海三联书店，2014．

　　［25］叔本华．伦理学的两个基本问题［M］．任立，孟庆时，译．北京：商务印书馆，1996．

　　［26］叔本华．作为意志和表象的世界［M］．石冲白译．北京：商务印书馆，1982．

　　［27］宋希仁．西方伦理学思想史［M］．长沙：湖南教育出版社，2006．

　　［28］唐凯麟．西方伦理学流派概论［M］．长沙：湖南师范大学出

版社，2006.

[29] 万俊人．现代西方伦理学史［M］．北京：中国人民大学出版社，2010.

[30] 王润生．西方功利主义伦理学［M］．北京：中国社会科学出版社，1986.

[31] 威廉·文德尔班．哲学史教程［M］．北京：商务印书馆，1987.

[32] 谢地坤．走向精神科学之路——狄尔泰哲学思想研究［M］．南京：江苏人民出版社，2008.

[33] 徐向东．美德伦理与道德要求［M］．南京：江苏人民出版社，2007.

[34] 亚里士多德．政治学［M］．颜一，秦典华，译．北京：中国人民大学出版社，2003.

[35] 约翰·罗尔斯．道德哲学史讲义［M］．北京：中国社会科学出版社，2012.

[36] 约翰·穆勒．功利主义［M］．徐大建，译．北京：商务印书馆，2014.

[37] 约斯·德·穆尔．有限性的悲剧——狄尔泰的生命释义学［M］．吕和应，译．上海：上海三联书店，2016.

[38] 张汝伦．德国哲学十论［M］．上海：复旦大学出版社，2004.

[39] 张汝伦．二十世纪德国哲学［M］．北京：人民出版社，2008.

[40] 张志伟．西方哲学问题研究［M］．北京：中国人民大学出版社，1999.

[41] 周敏凯．十九世纪英国功利主义思想比较研究［M］．上海：华东师范大学出版社，1991.

（三）相关研究论文

［1］陈定家．狄尔泰生命阐释学的当代阐释［J］．社会科学辑刊，2017（4）．

［2］陈铨．DILTHEY UND DIE DEUTSCHE PHILOSOPHIE DER GE-GENWART［J］．清华大学学报（自然科学版），1937（1）．

［3］付德军．理解生命——狄尔泰生命解释学探微［D］．上海：复旦大学，2010.

［4］高国希．康德的德性理论［J］．道德与文明，2009（3）．

［5］高桦．狄尔泰的意义概念［J］．社会科学，2018（2）．

［6］高桦．狄尔泰生命释义学的起源［J］．浙江学刊，2014（6）．

［7］高桦．"内知觉"，"意识事实"与现象性原理——论理解狄尔泰"体验"概念的基本前提［J］．现代哲学，2018（2）．

［8］高桦．欧美世界狄尔泰研究追溯［M］//余治平．中西哲学论衡．第五辑．上海：中西书局，2017：5.

［9］H. G. 伽达默尔，王鑫鑫译，鲁旭东校．历史意识问题（上）［J］．世界哲学，2016，（4）．

［10］汉斯乌李希·莱辛，王宏健．生活、表达与理解之关联——晚期狄尔泰对精神科学的诠释学奠基［J］．哲学分析，2018（4）．

［11］何卫平．解释学与伦理学——关于伽达默尔实践哲学的核心［J］．哲学研究，2000（12）．

［12］何卫平．西方解释学转折点上的经典之作——狄尔泰《精神科学中的历史世界的建构》评述［J］．山东大学学报（哲学社会科学版），2015（3）．

［13］洪汉鼎，黄小洲．西方诠释学的源流与精神特质——洪汉鼎先生访谈［J］．河北学刊，2012，32（2）．

[14] 黄小洲. 狄尔泰的历史解释学及其困境 [J]. 武汉大学学报（哲学社会科学版），2021，74（4）.

[15] 黄小洲. 狄尔泰与西方精神科学的奠基 [J]. 广西大学学报（哲学社会科学），2021，43（4）.

[16] 李彬. 海德格尔的"生命"概念及其演变——兼论狄尔泰对早期海德格尔的影响 [J]. 理论界，2021（12）.

[17] 莫伟民. 狄尔泰的历史理性批判 [J]. 河北学刊，2004，24（2）.

[18] 莫伟民. 论狄尔泰的生命认识论 [J]. 学术月刊，1991（1）.

[19] 倪梁康. 海德格尔思想中的黑格尔-狄尔泰动机 [J]. 学术月刊，2014，46（1）.

[20] 倪梁康. 胡塞尔的伦理学讲座与实践哲学和精神科学的观念 [J]. 江海学刊，2014（1）.

[21] 潘德荣. 精神科学何以成为科学——狄尔泰的精神科学理论与哲学诠释学 [J]. 社会观察，2003（1）.

[22] R. A. 麦克瑞尔，F. 罗迪. 狄尔泰《精神科学导论》概述——《狄尔泰选集》第一卷导言 [J]. 安延明，译. 世界哲学，2007（2）.

[23] R. A. 麦克瑞尔，F. 罗迪. 狄尔泰《人文科学中历史世界的形成》概述——《狄尔泰选集》第三卷英译者导言 [J]. 安延明，译. 世界哲学，2008（2）.

[24] 王申连，郭本禹. 狄尔泰的描述心理学及其历史效应 [J]. 华东师范大学学报（教育科学版），2013，31（3）.

[25] 王申连，郭本禹. 狄尔泰生命伦理学思想解析 [J]. 伦理学研究，2014（2）.

[26] 王申连，郭本禹. 描述心理学的出场与展开：人文科学心理

学的历史发展逻辑 [J]. 西南民族大学学报（人文社会科学版），2022，43（1）.

［27］王申连，郭本禹. 描述心理学的理论形态 [J]. 华东师范大学学报（教育科学版），2015，33（1）.

［28］王申连，郭本禹. 描述心理学的历史演变 [J]. 教育研究与实验，2014（2）.

［29］谢地坤. 狄尔泰与胡塞尔 [J]. 哲学研究，2000（10）.

［30］谢地坤. 狄尔泰与现代解释学 [J]. 哲学动态，2006（3）.

［31］谢地坤. 狄尔泰：在形而上学与非形而上学之间 [J]. 哲学研究，2002（12）.

［32］张能为. 实践就是伦理学实践——伽达默尔哲学伦理学的理论构想与意义理解 [J]. 道德与文明，2019（6）.

［33］张庆熊. 狄尔泰的问题意识和新哲学途径的开拓——论精神科学的自主性及作为其方法的诠释学 [J]. 复旦学报（社会科学版），2007（3）.

［34］张庆熊. 描述心理学对先验现象学——兼谈狄尔泰和胡塞尔在哲学思想上的联姻与争论 [J]. 陕西师范大学学报（哲学社会科学版），2006，35（2）.

［35］张汝伦. 从心理学到释义学——狄尔泰描述心理学的启示 [J]. 西南民族大学学报（人文社科版），2008，29（2）.

［36］张世英.“本质”的双重含义：自然科学与人文科学——黑格尔、狄尔泰、胡塞尔之间的一点链接 [J]. 北京大学学报（哲学社会科学版），2007（6）.

［37］张云涛. 论施莱尔马赫《独白》中的教化伦理学 [J]. 求是学刊，2013，40（6）.

［38］张云涛. 青年施莱尔马赫的康德伦理学研究 [J]. 武汉大学

学报 (人文科学版)，2012，65 (2).

[39] 张云涛. 施莱尔马赫哲学伦理学简析 [J]. 云南大学学报 (社会科学版)，2014 (2).

[40] 胡传顺. 伽达默尔伦理学的释义学意义探究 [D]. 上海：复旦大学，2011.

[41] 孙玉良. 历史、理解与真理——狄尔泰"历史解释学"探微 [D]. 上海：复旦大学，2008.

[42] 王申连. 科学心理学早期的另一种声音 [D]. 南京：南京师范大学，2014.

二、外文文献

(一) 狄尔泰德文原著

[1] DILTHEY W. Die Philosophie des Lebens. Eine Auswahl aus seinen Schriften 1867 – 1910 [C]. hrsg. von NOHL H. Frankfurt am Main：V. Klostermann Verlag，1946.

[2] DILTHEY W. Gesammelte Schriften. Band I. Einleitung in die Geisteswissenschaften. Versuch einer Grundlegung für das Studium der Gesellschaft und der Geschichte. Erster Band [M]. hrsg. von GROETHUYSEN B. Göttingen：Vandenhoeck & Ruprecht Verlag，1914.

[3] DILTHEY W. Gesammelte Schriften. Band V. Die geistige Welt. Einleitung in die Philosophie des Lebens. Erste Hälfte：Abhandlungen zur Grundlegung der Geisteswissenschaften [M]. hrsg. von MISCH G. Göttingen：Vandenhoeck & Ruprecht Verlag，1924.

[4] DILTHEY W. Gesammelte Schriften. Band VI. Die geistige Welt. Einleitung in die Philosophie des Lebens. Zweite Hälfte：Abhandlungen

zur Poetik, Ethik und Pädagogik [M]. hrsg. von MISCH G. Göttingen: Vandenhoeck & Ruprecht Verlag, 1924.

[5] DILTHEY W. Gesammelte Schriften. Band VII. Der Aufbau der geschichtlichen Welt in den Geisteswissenschaften [M]. hrsg. von GROETHUYSEN B. Göttingen: Vandenhoeck & Ruprecht Verlag, 1927.

[6] DILTHEY W. Gesammelte Schriften. Band VIII. Weltanschauungs-lehre. Abhandlungen zur Philosophie der Philosophiehrsg. von GROETH UYSEN B [M]. Göttingen: Vandenhoeck & Ruprecht Verlag, 1931.

[7] DILTHEY W. Gesammelte Schriften. Band IX. Pädagogik. Geschichte und Grundlinien des Systems [M]. hrsg. von BOLLBOW O F. Göttingen: Vandenhoeck & Ruprecht Verlag, 1934.

[8] DILTHEY W. Gesammelte Schriften. Band X. System der Ethik [M]. hrsg. von NOHL H. Göttingen: Vandenhoeck & Ruprecht Verlag, 1958.

[9] DILTHEY W. Gesammelte Schriften. Band XIV. Leben Schleiermachers. Zweiter Band: Schleiermachers System als Philosophie und Theologie. Aus dem Nachlaß von Wilhelm Dilthey [M]. hrsg. von REDEKER M. Göttingen: Vandenhoeck & Ruprecht Verlag, 1966.

[10] DILTHEY W. Gesammelte Schriften. Band XVIII. Die Wissenschaften vom Menschen, der Gesellschaft und der Geschichte. Vorarbeiten zur Einleitung in die Geisteswissenschaften (1865-1880) [M]. hrsg. von JOHACH H und RODI F. Göttingen: Vandenhoeck & Ruprecht Verlag, 1977.

[11] DILTHEY W. Gesammelte Schriften. Band XIX. Grundlegung der Wissenschaften vom Menschen, der Gesellschaft und der Geschichte. Ausarbeitungen und Entwürfe zum Zweiten Band der Einleitung in die Geisteswissenschaften (ca. 1870-1895) [M]. hrsg. von JOHACH H und RODI

F. Göttingen：Vandenhoeck & Ruprecht Verlag，1982.

[12] DILTHEY W. Gesammelte Schriften. Band XX. Logik und System der philosophischen Wissenschaften. Vorlesungen yur Erkenntnistheoretischen Logik und Methodologie（1864-1903）[M]. hrsg. von LESSING H-U und RODI F. Göttingen：Vandenhoeck & Ruprecht Verlag，1990.

[13] DILTHEY W. Gesammelte Schriften. Band XXI. Psychologie als Erfahrungswissenschaft. Erster Teil：Vorlesungen zur Psychologie und Anthropologie（ca. 1875-1894）[M]. hrsg. von VAN KERCKHOVEN G und LESSING H-U. Göttingen：Vandenhoeck & Ruprecht Verlag，1997.

[14] DILTHEY W. Gesammelte Schriften. Band XXII. Psychologie als Erfahrungswissenschaft. Zweiter Teil：Manuskripte zur Genese der deskriptiven Psychologie（ca. 1880-1896）[M]. hrsg. von VAN KERCK-HOVEN G und LESSING H - U. Göttingen：Vandenhoeck & Ruprecht Verlag，2005.

[15] DILTHEY W. Gesammelte Schriften. Band XXIII. Allgemeine Geschichte der Philosophie. Vorlesungen 1900 - 1905 [M]. hrsg. von GEBHARDT G und LESSING H - U. Göttingen：Vandenhoeck & Ruprecht Verlag，2000.

[16] DILTHEY W. Gesammelte Schriften. Band XXIV. Logik und Wert. Späte Vorlesungen，Entwürfe und Fragmente zur Strukturpsychologie，Logik und Wertlehre（ca. 1904 - 1911）[M]. hrsg. von KÜHNE - BER - TRAM G. Göttingen：Vandenhoeck & Ruprecht Verlag，2004.

（二）狄尔泰日记与书信集

[1] DILTHEY W. Briefwechsel. Band I. 1852 - 1882 [C]. hrsg. von KÜHNE - BERTRAM G und LESSING H - U. Göttingen：Vandenhoeck &

Ruprecht Verlag，2011.

［2］DILTHEY W. Briefwechsel. Band II. 1882 – 1895 ［C］. hrsg. von KÜHNE – BERTRAM G und LESSING H – U. Göttingen：Vandenhoeck & Ruprecht Verlag，2014.

［3］DILTHEY W. Briefwechsel. Band III. 1896 – 1905 ［C］. hrsg. von KÜHNE – BERTRAM G und LESSING H – U. Göttingen：Vandenhoeck & Ruprecht Verlag，2019.

［4］DILTHEY W. Briewechsel zwischen Wilhelm Dilthey und dem Grafen Paul Yorck von Wartenburg 1877 – 1897 ［C］. hrsg. von RATHACKER E. Halle：Verlag Mar Riemener，1923.

［5］DILTHEY W. Der junge Dilthey. Ein Lebensbild in Briefen und Tagebüchern 1852 – 1870 ［C］. hrsg. von MISCH C geb. DILTHEY. Leipzig：B. G. Teubner Verlag，1933.

（三）相关研究专著、论文集

［1］BENEKE F E. Grundlinien der Sittenlehre，ein Versuch eines natürlichen Systemes derselben ［M］. Berlin：E. S. Mittler，1837.

［2］DAMBÖCK C，LESSING H – U（Hrsg.）. Dilthey als Wissenschaftsphilosoph ［C］. München：Verlag Karl Alber，2016.

［3］DIETRICH R. Die Ethik Wilhelm Diltheys ［M］. Düsseldorf：L. Schwann Verlag，1937.

［4］DROYSEN J G. Historik. Vorlesungen über die Enzyklopädie und Methodologie der Geschichte ［M］. Darmstadt：Wissenschaftliche Buchgesellschaft，1977.

［5］HERBART J F. Allgemeine Pädagogik aus dem Zweck der Erziehung abgeleitet ［M］. Göttingen：Johann Friedrich Röwer，1806.

[6] HERFURTH T. Diltheys Schriften zur Ethik. Der Aufbau der moralischen Welt als Resultat einer Kritik der instropektiven Vernunft [M]. Würzburg: Königshausen & Neumann, 1992.

[7] HERMANN U. Die Pädagogik Wilhelm Diltheys. Ihr wissenschafts-theoretischer Ansatz in Diltheys Theorie der Geisteswissenschaften [M]. Göttingen: Vandenhoeck & Ruprecht Verlag, 1971.

[8] HODGES H A. The Phiosophy of Wilhem Dilthey [M]. Westport: Greenwood Press, 1974.

[9] INEICHEN H. Erkenntnistheorie und geschichtlich–gesell–schaftli-che Welt. Diltheys Logik der Geisteswissenschaften [M]. Frankfurt am Main: V. Klostermann, 1975.

[10] JOHACH H. Handelnder Mensch und objektiver Geist. Zur Studie der Geistes–und Sozialwissenschaften bei Wilhelm Dilthey [M]. Meisenheim am Glan: Verlag Anton Hain KG, 1974.

[11] KRAUSSER P. Kritik der endlichen Vernuft. Wilhelm Diltheys Revoution der allgemeinen Wissenschafts – und Handlungstheorie [M]. Frankfurt am Main: Suhrkampf Verlag, 1968.

[12] LESSING H–U. Die Idee einer Kritik der historischen Vernunft. Wilhelm Diltheys erkenntnistheoretisch – logisch – methodologische Grundlegung der Geisteswissenschaften [M]. München: Karl Alber Verlag, 1984.

[13] MAKREEL R A. Dilthey. Philosopher of the Human Studies [M]. Princeton: Princeton University Press, 1992.

[14] DE MUL J. The Tragedy of Finitude: Dilthey's Hermeneutics of Life [M]. Translated by Tony Burrett. London: Yale University, 2004.

[15] NEAL A. How Skeptics Do Ethics: A Brief History of the Late

Modern Linguistic Turn［M］. Calgary：University of Calgary Press，2007.

［16］NELSON E S.（ed.）.Interpreting Dilthey［C］. Cambridge：Cambridge University Press，2019.

［17］NOVALIS. Schriften. Band II. Das philosophische Werk I ［M］. Stuttgart：W. Kohlhammer-Verlag，1981.

［18］NOVALIS. Schriften. Band III. Das philosophische Werk II ［M］. Stuttgart：W. Kohlhammer-Verlag，1983.

［19］RICKEMAN H P. Wilhelm Dilthey. Pioneer of the Human Studies ［M］. Berkeley：Carlifornia University Press，1979.

［20］SCHLEGEL F. Athenäums. Fragmente und andere Schriften ［M］. Ditzingen：Reclam-Verlag，2010.

［21］SCHLEGEL F. Kritische Gesamtausgabe. Band II ［M］. Berlin：Walter de Gruyter，1988.

［22］SCHLEIERMACHER F. Schleiermachers Werke. Auswahl in vier Bänden. Band II ［M］. Leipzig：Meiner-Verlag，1927-1928.

［23］STEGMAIER W. Philosophie der Fluktuanz：Dilthey und Nietsche ［M］. Göttingen：Vandenhoeck & Ruprecht Verlag，1992.

［24］ZÖCKLER C. Dilthey und die Hermeneutik. Diltheys Begründung der Hermeneutik als „Praxiswissenschaft" und die Geschichte ihrer Rezeption ［M］. Stuttgart：J. B. Metzler，1975.

（四）相关研究论文

［1］AMARAL M N C P. Sozialethik von Dilthey und Schleiermacher ［C］//RODI F（Hrsg.）. Dilthey-Jahrbuch für Philosophie und Geschichte der Geisteswissenschaften 10. Göttingen：Vandenhoerck & Ruprecht，1996：151-160.

[2] CROWE B. Dilthey's Ethical Theory [C] //NELSON E S (ed.). Interpreting Dilthey: Critical Essays. New York: Cambridge University Press, 2019: 159-177.

[3] FAILLA M. Phenomenology and the Beginnings of the Moral Problem (Dilthey-Brentano-Husserl) [J]. Analecta Husserliana, 1991, 25: 53-65.

[4] HELLE H J. Dilthey's "Verstehen" Sociology, Philosophy of Culture, and Ethics [C] //HAUK A M, KOSLOWSKI P (ed.). The Theory of Ethical Economy in the Historical School. Berlin: Springer-Verlag, 1995: 109-125.

[5] IWANTSCHEFF D. Die ethischen Auffassungen Wilhelm Diltheys [D]. Tübingen: Tübingen Universität, 1946.

[6] KRAUSSER P. Diltheys Philosophische Antropologie [J]. Journal of the Philosophy, 1963, 1 (2): 211-221.

[7] KROß M. Kritik der ethischen Vernunft. Zu Wilhelm Diltheys Vorlesung "System der Ethik" aus dem Jahre 1890 [C] //RODI F (Hrsg.). Dilthey-Jahrbuch für Philosophie und Geschichte der Geisteswissenschaften 9. Göttingen: Vandenhoerck & Ruprecht, 1994/1995: 235-269.

[8] LESSING H-U. Der Zusammenhang von Leben, Ausdruck und Verstehen. Diltheys späte hermeneutische Grundlegung der Geisteswissenschaften [C] //KÜHNE-BERTRAM G, RODI F (Hrsg.). Dilthey und die hermeneutische Wende in der Philosophie. Wirkungsgeschichtliche Aspekte seines Werkes. Göttingen: Vandenhoeck und Rupprecht, 2008: 57-76.

[9] MAKREEL R A. Dilthey as a Philosopher of Life [C] //CAMPBELL S M, BRUNO P W (ed.). The Science, Politics, and Ontology of

Life-Philosophy. London: Bloomsbury Publishing, 2013: 3-14.

[10] MAKREEL R A, RODI F. INTRODUCTION TO VOLUME I [M] //MAKREEL R A, RODI F (ed.). Wilhelm Dilthey Selected Works. Volume I. Introduction to the Human Sciences. Princeton: Princeton University Press, 1991: 3-43.

[11] MAKREEL R A, RODI F. Introduction to Volume VI [M] //MAKREEL R A, RODI F (ed.). Selected Works, Volume VI: Ethical and Worldview - Philosophy. Princeton: Princeton University Press, 2019: 1-10.

[12] NELSON E S. Interpreting practice: Dilthey, epistemology, and the hermeneutics of historical life [J]. Idealistic Studies, 2008, 38: 105-122.

[13] NELSON E S. Self - Reflection, Interpretation, and Historical Life in Dilthey [C] //LESSING H - U, MAKREEL R A, POZZO R (ed.). Recent Contributions to Dilthey's Philosophy of the Human Sciences. Stuttgart: Frommann-Holzboog, 2011: 105-134.

[14] PUGLIESE A. Der Ausdruck als die Lebendigkeit der Moral. Diltheys System der Ethik [J]. Gestalt Theory, 2016, 38: 163-176.

[15] WELTHY P J. The Ethical Import of Objective and Social Structures in Experience: A Study of Dilthey and Heidegger [D]. Atlanta: Emory University, 2000.

[16] ZOLLER D J. Moral Theory and Moral Motivation in Dilthey's Critique of Historical Reason [J]. Idealistic Studies, 2017, 46 (1): 97-118.

（五）其他文献

［1］MAKREEL R A. Dilthey, Wilhelm ［Z］//LaFollette H（ed.）. The International Encyclopedia of Ethics. Oxford：Blackwell Publishing Ltd.，2013：1357-1362.

［2］MAKREEL R A. Wilhelm Dilthey ［DB/OL］//ZALTA E N（ed.）. Stanford Encyklopedia of Philosophy（Spring 2021 Edition）. URL=<http：// plato. standford. edu/archives/spr2021/entries/dilthey/>，2021-12-10.

后　记

　　本书系 2018 年度国家社科基金项目"从德国古典哲学到古典实用主义认识论：承接、转换及当代效应"（项目编号：18BZX096）和 2020 年度黑龙江省省属高等学校基本科研业务费科研项目"狄尔泰构造性伦理学思想研究"（项目编号：2020-KYYWF-0948）的课题研究成果。本书对狄尔泰伦理学思想的基本内容和发展过程进行了深度挖掘和整理，丰富了国内学界对狄尔泰哲学和伦理学的认识，具有较高的理论价值。作者在深入阅读大量第一手文献的基础上，系统梳理和建构出狄尔泰伦理学的基本体系，并在此基础上对其作出了客观、公允的整体性评价。文献基础扎实，结构清晰，内容完整，文字表述准确流畅，格式符合学术规范，体现了作者良好的理论素养和扎实的知识储备。尤其值得一提的，是作者能够使用德语从《狄尔泰全集》中获取相关研究资料，翻译到位，特色鲜明。

　　本书的不足之处，主要体现在以下两方面：第一，未能在阐发狄尔泰伦理学观点的基础上，充分回应当代伦理学所面临的理论难题，因此在思想性方面仍有较大提升空间；第二，鉴于狄尔泰自身哲学思想复杂多变的特性，本书对狄尔泰原著中的表述引用较多，吸收、转化还不是很充分，这也在一定程度上影响了对狄尔泰思想的评析工作。除此以外，由于理论视野和研究精力的限制，本书未能更深入挖掘国内外海德格尔和伽达默尔研究中关涉狄尔泰伦理学思想的部分，以及从狄尔泰的"构造性伦理学"对其人文科学方法论的意义角度挖掘研究选题的当下性意义。这些也是作者在今后课题研究中要着力解决的问题。

时光荏苒，转眼已是我在黑龙江大学德语系任教的第 16 个年头。初次接触狄尔泰，还是 2002 年在北大德语系念大一的时候。甫一入学，谷裕教授便推荐我们这些新生去读狄尔泰的经典作品《体验与诗》。对彼时初入象牙塔的我来说，这部作品属实难懂，读起来只觉兴味索然。但人生就是如此奇妙！机缘巧合下，狄尔泰的伦理学思想竟然成为我博士阶段研究课题。回头再看那段经历，不禁感慨万千。谁又能料到，当年老师无意间在少年心中埋下的种子，已然悄悄生根、发芽、结果。如今，谷教授早已成为著作等身的德语学界大牛。她若听到这个消息，大概也会感到惊讶吧。在这段难忘的岁月里，我一边学习，一边工作，不仅收获了宝贵的知识和友谊，还完成了结婚生子等人生大事。如今能够顺利完成本课题研究工作，我最要感谢的就是罗跃军教授。师恩难忘！恩师不仅在课题研究方面予以悉心教导，还十分关心我的生活和工作。尤其在我因怀孕和健康问题萌生退意的时候，他不厌其烦地开导我，使我重新鼓起完成课题的勇气。罗教授严谨的治学态度和脚踏实地的工作作风也深深影响着我。在今后的工作和生活中，我也将以罗教授为榜样，努力做到严谨治学、笔耕不辍，以实际行动回报恩师一直以来的支持与关爱！

在本课题选题和研究过程中，我还得到了黑龙江大学哲学学院丁立群教授、王晓东教授、赵海峰教授、高来源教授、蒋红宇教授、周来顺教授以及刘振怡教授等多位师长的热心帮助与指导。每当在研究思路和解决方法上遇到难题，我总能够在诸位师长那里获得有益的建议和启发，在此一并表示衷心感谢！

　　此外，我还要特别感谢王旭东博士的无私帮助。我与旭东亦师亦友，他一心向学、勤学敏思，短短两年间便做到德语从零到通。更加难能可贵的是，他在清华大学忙碌的学习和科研工作之余，还不辞辛劳地为我奔波于清华大学和北京大学图书馆之间，帮助我顺利获取德文版《狄尔泰全集》和英文版《狄尔泰选集》等重要研究资料。感激之情溢于言表！另外，我还要感谢宋婷婷（博士）、徐苗苗（博士）、徐雪野（博士）、王宏健（博士）、李文杰（博士）、谷若峥（博士）、贾如（博士）等诸位学友、同仁对本课题提出的宝贵建设性意见，感谢黑龙江大学西语学院诸位领导和同事们对我的鼓励和支持！我尤其感怀于徐文培院长、黄萍副院长和尚晓明教授对西语学院青年教师培养的一贯重视和大力支持，感激韩璐璐、孙坤、贲琳、张畅、董悦、杜枝珩、王极天、王艳玲等亲爱的同事们在自身教学任务尚且十分繁重的情况下帮我分担诸多工作！

　　最后，我要特别感谢父母和爱人在我读博期间给予的理解和默默付出。他们承担了大部分家务杂事，不仅为杨心悦小朋友的健康成长付出艰辛努力，还要忍受我的各种坏脾气。如果没有他们的鼎力相助，我根本无法安心完成课题研究工作。今后，我也会投入更多精力去照顾家庭，陪伴孩子，以回报他们给予我的无限温情！